马克思主义研究译丛

典藏版

「十三五」国家重点出版物出版规划项目

批判的资源

The Resources of Critique

［英］亚历克斯·卡利尼科斯（Alex Callinicos）／著

臧峰宇／译

中国人民大学出版社

·北京·

总　序

　　"马克思主义研究译丛"问世已逾十五个春秋，出版著作数十种，应当说它已经成为新世纪我国学术界有较大影响的翻译介绍国外马克思主义最新成果的大型丛书。为适应我国哲学社会科学繁荣发展的新形势，特别是满足马克思主义理论研究和教学的迫切需要，我们将继续加大这套丛书的翻译出版力度。

　　"译丛"在不断成长壮大，但初衷未改，其直接目的是为国内学术界乃至整个思想文化界翻译介绍当代国外马克思主义研究的最新成果，提升我国马克思主义理论研究水平，并推动建构有中国特色的哲学社会科学体系，包括学科体系、教学体系和话语体系等；而根本目的是借鉴当今世界最新文明成果以提高我们民族的理论思维水平，为实现中华民族伟大复兴的中国梦乃至推动人类文明进步事业提供思想资源和理论支撑。

　　"译丛"的鲜明特征是与时俱进。它站在巨人的肩上不断前行。改革开放后，我国学者翻译介绍了大量国外马克思主义研究成果，特别是徐崇温先生主编的"国外马克思主义和社会主义研究丛书"等，将20世纪国外马克思主义的主要理论成果介绍到国内，对推动我国学术研究发挥了巨大作用。20世纪末，特别是进入21世纪后，世界格局出现重大转折，国外马克思主义研究也随之发生了很大变化，形成了一大批新的研究成果。我们这套丛书的使命，就是要在前人工作的基础上，继续进行跟踪研究，尽快把这些新的思想成果介绍到国内，为人们研究有关问题提供参考。

　　我们所说的"国外马克思主义"是"世界马克思主义"的一部分。"世界马克思主义"有广义和狭义之分。广义的"世界马克思主义"是指自1848年马克思、恩格斯发表《共产党宣言》以来的所有马克思主义，既包括经典马克思主义，也包括中国的马克思主义以及其他国家的马克思主义。狭义的"世界马克思主义"则是中国学者通常指称的"国外马克思主义"，即马克思、恩格斯、列宁等经典作家之后的中国以外的马克思主义。

160 多年来，世界马克思主义对人类社会的发展产生了巨大影响，不仅在实践上改变了世界格局，而且在思想文化上影响深远。仅从思想文化角度看，其影响至少表现在五个方面。第一，它是当今世界上最大的话语体系。如"经济-政治-文化""生产力""经济结构""资本主义""社会主义"等，已经成为世界通用的概念。不管人们是否赞同马克思主义，都离不开马克思主义的概念和分析方法。第二，它影响并带动了世界上一大批著名学者，包括卢卡奇、葛兰西、哈贝马斯、沃勒斯坦等。正是这些思想家在引领世界思想潮流中发挥着不可替代的积极作用。第三，它深刻影响了当今世界各国的哲学社会科学，包括哲学、经济学、社会学、政治学、法学、新闻学等。第四，它深刻影响了世界各国的社会思想文化和制度文化，包括文学、艺术、新闻、出版、广播、影视以及各种具有社会主义性质的制度文化。第五，它深刻影响了世界各国的大众文化，包括大众语言、生活节日，如三八国际劳动妇女节、五一国际劳动节、六一国际儿童节等。应当说，在当今世界上，马克思主义已经深入人类文明的方方面面。

160 多年来，世界马克思主义本身也在发生着巨大变化，从资本主义一统天下局面下的经典马克思主义发展到社会主义和资本主义两种制度并存局面下多种形态的马克思主义。20 世纪以来，在资本主义国家，先后出现过社会民主主义模式的马克思主义、与苏联模式相对应的"西方马克思主义"，以及近几十年来出现的"新马克思主义""后马克思主义"等；在社会主义国家，则先后形成了苏联模式的马克思主义、中国化的马克思主义，以及其他各具特色的马克思主义。

尽管世界马克思主义形态纷繁多样，但其基本的立场、观点、方法和价值指向是相同的，这就是在资本主义向社会主义转变的历史大潮中不断批判资本主义，寻找替代资本主义的更好方案，探索社会主义发展的正确道路。中国作为当今世界上最大的社会主义国家，同时也是最大的马克思主义理论翻译和研究大国，认真研究借鉴当代国外马克思主义的最新成果，对于推进中国特色社会主义事业和人类文明进步事业，都具有十分重要的意义。

世界潮流，浩浩荡荡。进入 21 世纪以来，中国的发展一日千里，世界的变化日新月异。全球发展中的机遇与挑战、中国发展中的成就与问题，都在不断呼唤马克思主义的理论创新。

从世界范围来看，全球化的深入推进、信息技术的广泛应用促使人类社会发展进入了一个全新的时代。同时，以中国为代表的新兴经济体的迅速崛起，以及世界各具特色的社会主义的新一轮发展，正在引发世界格局的重大变化。这些都为马克思主义、社会主义的发展提供了极好机遇。同时，也应当看到，尽管今天的世界是"一球两制"，但资本主义仍然占据主导地位，社会主义主导人类文明的时代尚未到来。时代的深刻变化向人们提出了一系列亟须回答的重大课题。比如，究竟应如何定义今天的时代？对此，国外学者给出了各种答案，诸如"全球化时代""后工业时代""信息时代""后现代社会""消费社会"等。又如，随着经济全球化、政治多极化和文化多元化的深入推进，人类世界交往的深度和广度都远远超越了以往任何历史时代，由此引发一系列全人类性的问题。如全球经济均衡发展、国际政治民主化、生态环境保护、人的全面发展、后现代状况、后殖民状况、多元文化、世界体系重构、全球治理等问题，越来越受到国际社会的普遍关注，也越来越多地进入思想家们的理论视野。近些年来，随着中国的发展以及资本主义世界金融危机的普遍爆发，马克思主义、社会主义又重新焕发生机，并受到世人的广泛关注。《共产党宣言》《资本论》等马克思主义经典著作又引发世界思想界乃至社会大众新一轮的研究热潮，特别是对"中国模式"的研究方兴未艾。关于社会主义、资本主义以及二者关系问题，马克思主义经典文本等的研究仍然是当代国外左翼学者普遍关注的问题。所有这些问题以及国外学者所做出的回答，都从不同方面反映了人类社会发展的时代潮流。了解这些思想潮流，有助于我们认识、研究当今中国和世界发展的问题。

从中国现实来讲，随着改革开放的深入进行，中国经济社会的发展突飞猛进，国际地位空前提高。中国正在逐步从世界舞台的边缘向中心迈进。中国化的马克思主义理论成果也不断推出。随着中央组织实施的马克思主义理论研究和建设工程不断向纵深发展，我国的理论研究与改革开放实践进程交相辉映，这使我国哲学社会科学在理论与实践、历史与现实、国内与国际、研究与教学的结合上愈加深入，愈加科学，愈加丰富，愈加具有实践性、时代性和民族性。中国思想界从来没有像今天这样朝气蓬勃而又富有创造精神。然而，也应当看到，我国的现代化建设还面临各种困难与问题、风险与挑战，如社会不公、贫富分化、权力腐败、物质主义泛滥、人文精神失落、生态环境破坏等。为解决这些发展中的突出问题，中央提出了"四个全面"战略布局、"五大发展理念"等。要把这些发展的新理念、新思想、新战略等变为现实，还需要做深入的研究。这是我们理论研究面临的首要任务。再者，我国这些年的经济社会发展成就斐然，但国际话语权还很小，这是制约我国走向世界的关键。中华民族要实现伟大复兴的梦想，就必须在未来世界文明的舞台上有所作为，不仅要解决好自己的发展问题，还要关注人类的命运。这就需要站在世界潮流的高度看问题，特别是要把握和处理好社会主义与资本主义的关系，既要做好社会主义与资本主义长期并存、相互影响的准备，又要培养担当精神，主动引领世界文明的发展，为构建人类命运共同体，最终实现社会主义新文明对资本主义旧文明的超越，做出我们中华民族的新贡献。而要赢得世界的话语权，乃至引领世界文明潮流，就需要认真总结人类现代文明发展的经验，特别是要总结中国特色社会主义建设的经验，把这些实践经验上升到思想理论和学术研究的高度，形成一套现代化的国内外人们普遍认同的价值理念、思维方式、话语体系、学术体系、学科体系等，使之能够进入世界各国的学术研究领域、教学教材体系乃至变成大众的生产生活方式。正是在这样的背景下，中央提出了构建有中国特色的哲学社会科学体系的历史任务。

作为 21 世纪的中国学者，要承担时代赋予我们的使命，就必须始终站在学术前沿，立足中国，放眼世界，不断汲取人类一切优秀的思想学术成果，以丰富自己的头脑，创新马克思主义理论，为推进中国和世界的发展提供理论智慧。

正是出于上述考虑，我们力求站在世界潮流发展的高度，结合我国现代化建设和理论研究的实际，从国外马克思主义研究的最新成果中选择有时代性、创造性、权威性、建设性的作品，译介给我国读者。这应当说是"译丛"选题的基本原则。

至于选题的内容，主要包括以下四个方面：一是有关基础理论研究成果，即关于马克思主义经典文本和思想发展史的研究成果，如关于马克思、恩格斯的文本、基本观点及其发展历程的研究成果，关于国外马克思主义发展史的梳理分析，以及马克思主义中国化的研究成果，等等。这些成果的翻译引进可以帮助我们更加深入地研究马克思主义经典著作，推进马克思主义基本理论和马克思主义发展史、传播史的研究。二是有关重大理论问题研究成果，即关于人类社会发展历史、规律和未来趋势方面的新成果，如关于社会主义的发展、资本主义的走向、人类文明转型、现代性与后现代性等的研究成果。这有助于我们科学把握人类社会发展的规律、现状和趋势，推进马克思主义基本理论的创新与发展。三是有关重大现实问题研究成果，如关于经济全球化、政治民主化、生态问题、后殖民主义、文化多元主义、人的发展问题、共享发展问题等的研究成果。这有助于我们回答和研究一系列重大社会现实问题。四是海外有关中国道路、理论、制度的研究。这是近些年来国外学术界研究的新亮点，也应当成为我们这套丛书的新亮点。翻译介绍这些成果有助于我们了解国际思想界、学术界乃至国际社会对中国改革开放和现代化建设的认识，从而有助于加强与国际学术界的交流互鉴，提升我们在国际学术界的话语权和影响力。除了这四个方面之外，其他凡是有助于马克思主义研究的新成果，也都在选题之列。当然，由于所处的社会文化环境不同，国外学者的思想认识与我们的观点不尽相同，也不一定完全正确，相信读者会用科学的态度对这些思想成果进行甄别和借鉴。

为更好地完成丛书的使命，我们充实调整了顾问与编委队伍。邀请国内著名的世界马克思主义研究专家作为丛书顾问，同时，邀请国内一批著名的专家学者作为编委，还适当吸收了青年学者。这些学者，或精通英语、德语、法语、日语，或对某一领域、学派、人物等有专门研究，或对国内某一地区、某一方面的研究有一定的权威性。有这样一支语种齐全、研究面广、代表性强的老中青队伍，加之广大学者的积极支持，我们有信心把丛书做得更好。

"译丛"自 2002 年问世以来，得到我国学术界乃至社会各界同人的广泛关注和大力支持。其中有的译作在社会上产生了较大影响，对推进我国马克思主义理论学科建设发挥了积极作用。这套丛书还日益受到国际学术界的重视，不少国际著名学者表示愿意将自己的新作列入丛书。为此，要衷心感谢所有关心、帮助、支持和参与丛书工作的朋友！需要说明的是，由于这方面的研究成果很多，而我们的能力有限，只能有选择性地陆续翻译出版，有考虑不周或疏漏乃至失误之处，也请大家鉴谅。希望新老朋友们继续为丛书推荐书稿、译者，继续关心、支持我们的工作，共同为繁荣发展我国哲学社会科学和理论研究事业奉献智慧与力量。

杨金海

2016 年 6 月 16 日

于北京西单

怀念

保罗·福特
（1937—2004）

中文版序言

　　《批判的资源》即将在中国出版，我很高兴，这是我的荣幸。我要对臧峰宇教授翻译这本书表示赞赏和感谢。人们将工作托付给翻译总是一场冒险。峰宇教授在马克思主义和欧洲大陆哲学方面有相当的造诣，曾在伦敦国王学院作为访问学者与我共事半年多，他将一些宝贵的时间用于这项翻译真是太好了。我也希望有机会与中国学者进行更深入的对话。

　　《批判的资源》确实体现了我在研究中一贯采用的总体思路。我试图延续经典马克思主义传统，在与当代思想先锋的对话中保留其批判的和革命的本质，同时努力发展它以阐明当代历史的不稳定之路。这开始于我的第一本书，《阿尔都塞的马克思主义》（1976），这在我的《劳特里奇马克思主义与后马克思主义手册》（2021，与斯塔西斯·库维拉基斯和露西娅·普拉德拉合编）中得到了延续。

　　《批判的资源》出版于 2006 年，当时存在着一个非常特殊的政治危机。一方面，美国及其盟友（特别是英国）正在对 2001 年 9 月 11 日纽约和华盛顿遭到袭击做出灾难性的反应，企图以武力征服"大中东"。另一方面，对"反恐战争"的大规模抵抗（特别是对 2003 年 2 月 15 日入侵伊拉克的大规模抗议）主要是由反新自由主义的另一个全球化运动组织的，这在西方首脑会议上特别是西雅图（1999）和热那亚（2001）的大规模示威活动中已经显而易见。

　　这提供了一个背景，其中一些批判理论家受到广泛的关注。最引人注目的是资深的意大利自治主义马克思主义者托尼·奈格里和他的长期合作伙伴美国文学理论家迈克尔·哈特，他们合写了三本主要著作：《帝国》（2000）、《诸众》（2004）和《大同世界》（2009）。但这些年具有标志性的是法国激进左翼的一位显赫人物——哲学家阿兰·巴迪欧，已在国际上崭露头角。他也是一位多产的作家，但他最重要的成就是在《存在与事件》（1988）及其续集《世界的逻辑》（2006）中发展的本体论。

巴迪欧和奈格里对《批判的资源》中所要解决的核心问题提供了有力的回应：超越——跨越现有的信仰和实践限度的政治的、社会的和知性的创新——是何以可能的？我提出这个问题，是对新自由资本主义文化特征的永恒重现的一种挑战。巴迪欧是支配性激进反应的最有力的表达者，他将存在视为封闭和超越，因而是一种存在的减法，是对物质现实强加给我们的限制的逃避。相比而言，奈格里则颂扬他和哈特所说的"存在的快乐"，即生活的多样性和丰富性。

在《批判的资源》第一部分，我探究这些相对照的立场，将其与其他激进思想家——于尔根·哈贝马斯、雅克·比岱、吕克·博尔坦斯基、夏娃·希亚佩洛、皮埃尔·布迪厄和斯拉沃热·齐泽克并列在一起。我觉得有所欠缺，因为他们没有认识到现实的矛盾结构是如何开启超越的可能性的。我试图通过提出马克思主义政治经济学批判来解决我在第二部分中指出的问题，这种批判被批判现实主义本体论和平等正义理论强化了。因此，虽然我在这些辩论中介入了马克思主义，但这本书绝不是对正统观点的简单重申，因为我试图借鉴平等自由主义哲学家，如 G. A. 科恩、罗纳德·德沃金、詹姆斯·格里芬、约翰·罗尔斯和阿马蒂亚·森的著作，以帮助克服马克思对诸如正义等规范性思想的排斥。我认为我的论点经得起时间的考验。虽然奈格里和巴迪欧都已经 80 多岁了，但他们仍然是当代批判理论的关键参照点。

我最近的著作试图基于这本书的一个主要结论，即"马克思主义政治经济学批判的中心地位"展开论述。我在《帝国主义和全球政治经济学》中试图根据当代趋势，发展马克思主义关于帝国主义的理论。在《解码资本：马克思的〈资本论〉及其命运》（2014）一书中，我详细研究了马克思政治经济学批判是如何在他的经济学手稿中形成的，并对其内在逻辑进行了重构。我打算在一本以黑格尔和马克思的关系为中心的书中进一步阐述这一点。

当然，这个世界与我写《批判的资源》的时候已经大不相同了。自2006 年以来，我们看到了 2007—2008 年国际金融危机、中国成为世界第二大经济体、唐纳德·特朗普当选美国总统，以及全球新冠疫情。尽管反全球化运动没有发挥其潜力，但新自由帝国主义仍在与"阿拉伯起义"、"占领华尔街"运动和"黑人的命也是命"抗议活动进行斗争。

这场流行病开启了所谓的"灾难资本主义"时代：马克思已经确认的资本对自然的破坏性关系正开始引发全球性灾难。在阿多诺所说的"永久性灾难"的阴影下，我们比以往任何时候都更需要批判性思维的帮助来理解正在发生的事情，并确定我们的政治行动方向。所以，我希望中国读者能从《批判的资源》中找到一些有价值的东西。

亚历克斯·卡利尼科斯

2021 年 4 月 26 日

序言与致谢

我是在纽约和华盛顿遭到袭击之前的那个夏天构思《批判的资源》 vii 的。但这本书的写作以及后来出版有些延迟，最主要的原因是，我因2001年9月11日以来的政治浪潮而有些焦虑。然而，从总体上看，这个延期被证明是必要的。《批判的资源》旨在探究政治和学术界所进行的社会批判的哲学前提，这个批判是由自1999年11月以来在西雅图复兴的抗议全球资本主义的运动背景下展开的。在20世纪90年代这段感觉良好的时期过后，世界跌入了"9·11"，人们不得不生活在全球性例外状态的阴影中。我认为，生活在这种阴影中，有助于而不是阻碍了这项事业的发展。在2005年7月7日伦敦爆炸案发生之后的日子里，我写下了上面这段话。在我居住了将近30年的城市里发生的这次袭击，如同"9·11"事件以及2004年11月美军对费卢杰的毁灭性打击一样，再次提醒人们：这次紧急事故的代价是由无辜者来承担的。

巴西马克思主义者埃米尔·萨德尔对我说，这本书的标题呼应了雷蒙德·威廉斯的《希望的资源》。这是我没有想到的——尽管威廉斯的著作是任何理智健全的社会批判的践行者都乐于与之相关的，这表明它具有深刻的影响。毋庸置疑，我在这本书中的思考，从很多人那里获益良多。我 viii 清楚地意识到，在学术上以及很大程度上，在以巴黎这个地方为中心的范围内，和我一起思考的思想家和朋友们对此都有重要贡献，其中包括丹尼尔·本萨德、塞巴斯蒂安·巴根、斯塔西斯·库韦拉基斯、彼得·托马斯和克里斯汀·维维尔。我常常在巴黎的小酒馆与他们争论，我确信这些争论中的很多好观点都贯穿于《批判的资源》中。

能在各种场合尝试验证本书的一些观点，也让我受益颇多——尤其是2001年9月和2004年10月在法国楠泰尔举办的国际马克思大会，2002年6月由欧洲哲学论坛在伦敦泰特现代美术馆主办的研讨会以及2003年2月由国际哲学学院在巴黎主办的"回到马克思"研讨会，还有 2003 年 2—3 月在布里斯托尔大学担任本杰明·米克社会学访问教授期间以及 2005 年 2 月参加约克大学政治理论工作坊期间发表的演讲。我特别感激让-雅克·勒塞克勒对我的哲学指导以及在 2004 年马克思大会期间对我的盛情款待，感激汤姆·鲍德温和苏·曼德斯对我在约克发表论文的回应，还要感激安尼德亚·巴塔恰亚和政体出版社的两位匿名评审人对《批判的资源》初稿所做的评论。不言而喻，尽管本书写作受益于上述诸位，但文责应当由我来承担。

像往常一样，政体出版社在所有的业务上都很耐心，而且很专业，我与他们的合作不仅限于本书。我想特别感谢大卫·赫尔德、瑞秋·科尔、艾伦·麦金利和卡罗琳·里奇蒙德。

在我写作《批判的资源》的时候，萨姆·爱许曼对我相当宽容。她也投入到自己的写作中，所以我们之间有互不侵犯的协议，有时这也会扩展为相互支持。

这是我在约克大学讲授政治学期间写的最后一本书。我要感谢所有的朋友和同事，不单单因为他们允许我在这段时间写这本书，而且因为我在约克的 24 年里得到了他们的深情厚谊、支持和激励。

ix 最糟糕的是，如今我发现一天天变老是自然趋势，我们喜欢的人接连逝世。最近去世的是保罗·福特，他在 2004 年夏天突然逝世，使整个英国的左派陷入巨大的悲痛之中。保罗是一个极好的人，他在生活和工作中毕生体现了从平等主义到马克思主义的革命民主的发展轨迹。在完成《批判的资源》之际，我开始阅读保罗最后的也是非常有个性的著作《选票》。其中引用了我的一些著作，这令我非常感动。所以，我将《批判的资源》题献给他，以回报他对我的赞赏。每当帝国不断使用自由和民主这样的语言将其征服和统治合法化的时候，想起使这些话语重新回归到更接近其本义的人，是一件有益的事情。

我还不知道对这一切有什么看法。我还不清楚应该支持还是反对它。但是，人们如何做出反对或坚持反对的决定呢？他什么时候选择，什么时候被选择呢？

——索尔·贝娄：《奥吉·马奇历险记》

目　　录

导　　论

　　我的出发点可能被认为是一个康德式的问题：超越何以可能？在这里，*1* 我并不是在通常意义上使用"超越"一词，例如，在正统基督教神学中，超越指的是上帝有别于并优越于他的创造物的属性[1]。本书毋宁是在更为基础的意义上理解"超越"，它的拉丁文词源是"transcendere"，意为越过、超过或跨越；因此，《牛津英语大辞典》赋予"超越"的最古老的意义含有越过或超出某种物理或非物质限制的意思。我最感兴趣的是在这个意义上理解"超越"，它涵盖了社会、政治和学术思想领域的独特创新。我们如何超越现有的惯例和信念的设定而创新呢？

　　在通过享有创新的特权而忽视上述问题重要性的现行的文化中找到答案并不困难。因此，占统治地位的新自由主义意识形态声称，自由资本主义是唯一适合解放各种人权尤其是其创造力的制度。所以，一旦正确的制度和政策得以确立，正如得到国际货币基金组织和世界银行青睐的结构调整方案以及由类似的国际机构拟定的"善治"原则所详加表明的——人们就可以预见，今后一系列反映人类创造力解放的创新（以及生产力和产出 *2* 增长率的提高）将接踵而至。然而，在南半球应用这类补救措施已经有20多年了，它带来的是经济停滞。这个事实被上述意识形态的阐述者视为异于常理，因而通常忽略不计，因为他们追求的并不是真理，更多的乃是占优势的支配关系[2]。

　　与新自由主义类似，当代知识场域中那种庸俗的后现代主义，即新自由主义的初级合伙人，也对超越加以平庸化，在20世纪的最后20年，后现代主义开始从制度上嵌入了英语学界。例如，让-弗朗西斯·利奥塔在后现代主义的奠基性文本中认为，作为"社会关系的'原子化'"结果，现代性已经被突破了，这种关系"进入了语言游戏的复杂网络"，理解这一点，需要一种"作为奠基性原则的竞技游戏"，因为"在游戏的意义上，

1

言说就是斗争"。这样，各种语言游戏之间的关系就是冲突性的；因此，利奥塔拒斥于尔根·哈贝马斯的交往行动理论，依照这种理论，理解的先决条件是预设一种将达成共识的隐性取向："这种共识与语言游戏的异质性产生冲突。而且，创造总是在冲突中诞生的。"[3] 利奥塔对后现代性所做的著名定义是，对启蒙、黑格尔和马克思的宏大叙事的瓦解：代替对整个人类历史进程的这些宏大叙事，我们扩展了"微小叙事"（*petits récits*），使碎片化话语成为语言游戏的内在异质性和冲突的实例。在这里，超越是语言自身的内在潜力，而且是一种为碎片化的即后现代性的流动的社会结构所解放的内在潜力。

当然，新自由主义和后现代主义之间有重大差别。最明显的是，前者将主体当作一个能动的统一体：在资本主义制度下被解放出来的具有内在创造力的个体的人。相比而言，后现代主义者往往倾向于批判这种自主的、连贯的主体。这种批判在法国"1968 年思潮"特别是路易·阿尔都塞、吉尔·德勒兹、雅克·德里达和米歇尔·福柯的思想中得到了发展。不过，在这两种思维模式之间也有些有趣的相似之处。首先，创新（利奥塔比较喜欢用"创造"这个概念）依赖于个体之间的冲突，无论是被概念化为处于自由资本主义意识形态之中的市场竞争，还是利奥塔所认为的内在地处于语言游戏之中以及各种语言游戏之间的更为抽象的"竞技"游戏。其次，当代社会结构被系统地视为一种进步的创新，无论是因为它被认为是自由资本主义制度的特性，还是因为人们声称人类社会已进入后现代主义的不确定性和碎片化的状态中。

在我看来，这两种路径都以规范的方式将超越平庸化。它们将创新作为占优势的社会关系的常规结果，其作用在于将超越只是等同于实际上体现我们社会的习惯性特征的各种变化——技术改进或（更为难得的）创新与生活方式的变化，实际上这些变化反过来得到由市场所提供的商品和服务范围的变化所带来的物质上的支撑。不可否认，我们的生活经历是通过这些变化而改变的，但是这些变化不仅触动社会和经济权力的分配，而且也没有触动在我们社会中广为流行的思维方式和感觉形式。于是，如果没有停滞的话，那么在广泛流传的极为肤浅的变化——漫无目的却为媒体短暂炒作的主题——和根深蒂固的稳定性基础之间形成了显著的对比。

这种对比呈现的既不是新自由主义的问题，也不是后现代主义的问题。对前者而言，技术的改进和生活方式的变迁化正是制度结构明显地适应人性—社会需要的社会创新之所在，也就是说，它已经抵达弗朗西斯·福山声称的自由资本主义的胜利所带来的"历史的终结"。对后现代主义也是如此，一旦利奥塔所谓的"语言游戏的异质性"得到适当的确认并被赋予社会表达，微观的变化恰恰就是我们应当期待的；它们表明，我们离开了恐怖主义和极权主义的宏大叙事的结论，这种宏大叙事在追求整体的变化时，试图将存在的多样性强加于一致性的牢笼中[4]。尽管这两种立场看起来是连贯的，但是，它们未必对敏感于占优势的社会经济结构——（主要是）自由资本主义，它表现一种为利奥塔所忽视的且为之欢呼的多样性以及创造的理论总体性——所设定的限度，而且渴望超越这些限度。

正如这里所表明的，超越既是政治问题，也是哲学问题。作为后现代主义的次要主题之一，社会批判——取决于超越的可能性，因为它以现存的社会关系的限度为主题，因此只是隐晦地显示超越这些关系的可能性——不再是可能的。因而，让-鲍德里亚主张，在一个由仿真构成的社会中，异化概念不再具有任何针对性，因为在这个社会中，图像的流行表明，表象和真实之间的差别消失了。在黑格尔和马克思的传统中，当一个主体失去其部分或全部的本质力量的时候，就被异化了。诊断异化就要在当前状态（在这里，主体可能被表象误导，而认识不到其本质力量之所失）与反事实的本真状况（在这里，主体拥有自己应有的全部力量）之间进行对比。但是，当表象和真实之间以及现象和本质之间的区别消失的时候，这种对比就失去了意义。因此，鲍德里亚认为，"今天，我们作为文明的存在所产生的全部问题……不在于过度的异化，而在于异化的消失引发的主体间最大限度的透明性"。对异化所引发的批判和反抗，我们已经普遍地没有兴趣了："相信或不相信在我们眼前掠过的图像，已经不再是一个问题。我们可以折射这些实在和符号，但不必相信它们。"这种对形而上学的漠视映现着"一种更普遍的问题：制度或政治对它们本身漠视的问题"[5]。

虽然鲍德里亚这样认为，但千禧年之交并不以坠入更深的漠视的黑洞为标志，而是以新兴的大量抵制资本主义全球化的国际运动和（"9·11"之后的）帝国主义战争为标志。而且，社会批判令人瞩目的复兴是由瓦尔登·贝罗、皮埃尔·布迪厄、诺姆·乔姆斯基、苏珊·乔治、米歇尔·哈特、内奥米·克莱恩、乔治·孟波、托尼·奈格里、约翰·皮尔格和阿兰达蒂·洛伊为他们对布迪厄明确称为悲惨世界（ la misère du monde）——新自由主义和英美军国主义的受害者所谴责的那些现存的悲剧——所做的诊断找到大量的读者为标志的。这些运动并不是对过去的激进主义的简单重复。一方面，自1848年革命以来，马克思主义以及传统左派的意识形态的影响比以往任何时候都弱。另一方面，通过西雅图（1999）和热那亚（2001）等地的抗议以及由国际社会论坛及其分支如欧洲社会论坛所提供的辩论和相互感染等非常事件，史无前例的国际动员和协调的新形式得到了很大的发展。[6]

吕克·博尔坦斯基和夏娃·希亚佩洛呼吁，对于法国来说，"社会批判的重建"回应的是新自由主义的攻击形式，我希望在这个语境中解决超越的问题[7]。本书不是一部对创新状况的泛泛之论——一个大规模的，甚或是不可能，想来有些疯狂的任务。我所关注的更为具体：试图找到处理今天的社会批判得以可能的条件，社会批判在这里被理解为一种理论类型，它既以占优势的社会关系设定的限度为主题，又要超越这些限度。"今天"指的是具体的历史形势——冷战之后的世界，在这种形势下，自由资本主义在全球取得了统治地位，美国取得了不可挑战的霸权，这已经产生了新的危机和新的论战形式。"今天"指的还是一种特定的学术思想群体，社会批判的新模式已经在其中产生了——这些模式不仅能揭示具体的制度或政策，而且要指出，其中什么是它们存在的哲学根据。

所以，本书的第一部分力图对这些在我看来是最重要的模式做出批判的评价。在第一章，我探讨了形式主义的现代性理论，于尔根·哈贝马斯创作了这个理论的当代最有影响力的版本，虽然我也认为雅克·比岱使这个理论发生了有趣的变型。第二章致力于探究法国批判社会学——不仅是皮埃尔·布迪厄的著作，还有为吕克·博尔坦斯基和夏娃·希亚佩洛创作的更具有相对主义色彩的版本。在第三章，我讨论了与此有关的两位当代哲学家：阿兰·巴迪欧和斯拉沃热·齐泽克。最后在第四章，我转而处理他们的对面，即托尼·奈格里的生机论（vitalism）。

正如这里概要明确指出的，本书第一部分聚焦于当代的法国思想。这里所评论的思想家不都是法国人：哈贝马斯是德国人，奈格里是意大利人，而齐泽克是斯洛文尼亚人。但是，后两位思想家也是法国哲学文化的积极参与者，虽然没有人会对哈贝马斯是德国人这一点有片刻犹豫，然而，他最重要的著作之一——《现代性的哲学话语》——却是一部关于法国后结构主义的批判谱系学论著。我专注于来自巴黎的一组理论争论，其理由不是法国人在某种程度上垄断了当代的批判思想。相反，在政治经济学的关键领域，英语世界的马克思主义者做出了更重要的贡献[8]。但是，在我看来，当代的超越问题却必须由20世纪的法国思想定义的术语来加以规定。当然，我不是要提供对社会批判理论的当代模式的一般考察，而是选择了一组可以被设想为相互对话的思想家，他们正希望回应超越问题。

思考这个问题可以按如下方式进行：我在前面就批驳过新自由主义和后现代主义，因为它们都没有考虑到社会经济结构的创新所设定的限度。

更广泛地看，人们可以将这一点视为物质性负担：支撑想象和行为的物质结构（既是自然的也是社会的，对我而言，主要是社会的）为想象和行为规定了范围。假若如此，这个负担如何与超越的可能性保持一致呢？在当代法国思想中占主导地位的答案是，超越来自对存在的否定。巴迪欧在关于真理-事件的学说中为此提供了最系统的阐述，他将其视为对存在所做的减法，从虚无中凸显，并从中消解。但是，有证据表明，不同思想家曾经以不同的形式提出了这一思想的最强有力和最考究的版本。例如，在《辩证理性批判》第一卷中，让-保罗·萨特构想了群体融合的形成，这时一种突然间发生的简直就是天启的事件，它打破了实践惰性（practico-inert）——社会经济结构的凝固性，其本身就是实践的一种沉积——只有实践本身最终屈从于制度化过程并反而沉浸到实践惰性中。这有点类似于科内利乌斯·卡斯托里亚迪斯在《社会的想象性建制》中设定的一个周期性的过程，在这个过程中，创意的激增来自想象力的飙升，并最终引发了一套新的、进一步限制创新的制度。

　　甚至德里达的延异（différance）概念也具有同样的意思。与那些庸俗的后现代主义者不同，德里达不是简单地赞赏差异。差异包括在场与不在场的游戏：换句话说，内在包含的变异过程确定了在场的环节，即设定了直接进入真实的环节——然而，这个环节从未完成，相反，这个环节只是作为先验所指而被持续延迟了。"延异"这个新词就是要涵盖在场和不在场必然的共在性——在场必然是要被设定的，但它却总是延迟到来。在这个意义上，利奥塔所赞赏的差异性、多样性以及异质性不能卸下德里达所谓"在场的形而上学"的负担——换言之，这个理念是西方哲学传统的构成要素，这个传统认为思想能够直接地、未经中介而抵达现实。最后，福柯在他的"中期"作品（《规训与惩罚》和《性史》第一卷）中解析的著名问题是：如果权力关系不可避免且成为真实的时候，例如通过诸如规训的机制，这些关系建构的恰恰是各个特定的个人，他们是潜在的反抗的主体，那么该如何说明反抗能够内在于这些权力关系呢？这种反抗意味着一种作为限制的存在观念。

　　然而，也有少数人拒绝将存在理解为限制。德勒兹和奈格里是持有这种观点的著名的人物。根据这个观点，创新并非依赖于存在，而恰恰是源于存在的——这恰恰要感谢存在的慷慨。这个思想在《帝国》的结束段落中得到了表述。哈特和奈格里写道：

　　　　考察他的工作可见，为了谴责他提到的大多数人共同贫困，他采用了那种共同境况，发现了一种新社会的本体论力量。圣弗朗西斯在反对初生资本主义（nascent capitalism）时，拒斥所有工具性的规则，在反对（贫困和构成秩序中的）禁欲时，他主张一种欢愉的生活，包括所有的存在，例如，自然、动物、月亮修女、太阳神父、田野里的鸟儿、贫穷和被剥削的人们的欢愉的生活，共同抵抗权力意志和堕落。在后现代性中，我们再次发现自己处于圣弗朗西斯的境遇中，反抗权力之痛而主张存在的欢愉。[9]

这段话，在例如"存在的欢愉"这样的短语中暗含着一种生命哲学的本体论（同时排除了这种可能性，即他们可能滑向任何一种有神论），这个短语极大地借鉴了德勒兹和他的合作者费利克斯·瓜塔里的诸如《千层台》（*Mille plateaux*）这样的著作。我在这本书中的一个主要关注点是，若将巴迪欧和奈格里加以对比——前者将存在理解为超越的一种障碍，后者则将超越视为丰厚的存在之涌流——两者之间的两极的观点就会显示出来。在我看来，这两种立场都是站不住脚的：巴迪欧的本体论将超越弱化为一个奇迹，并认同在当代左翼自由主义的思想文化中蔓延的一个决断论的版本；而奈格里的生机论依赖于那些在哲学上站不住脚的假设，导致一种被动等待的政治。

但是，如果巴迪欧和奈格里都未能不负众望，如果在本书第一部分中考察的其他思想家也未能如愿，那么如何解释超越的可能性呢？我在第二部分描述了一个解决超越问题的答案。它有三条主线：批判现实主义的本体论（第五章），马克思主义的社会矛盾理论（第六章），以及实质正义的原则（第七章）。在这里，我的策略是将两种更为学术性的传统引入论证。第一个就是马克思主义。正如我已经注意到的，在西方世界，马克思主义已经在社会批判和反资本主义的当代复兴的争论中被相对边缘化了。理由显而易见是充分的——20 世纪 70 年代中期以来，随着极左派和共产主义政党在政治上的衰落，苏联解体了，马克思主义遭到了后结构主义及其各种化身——例如，后现代主义和后殖民主义——的思想上的挑战。但是，无论是单个理由还是这一系列联合的理由，都不会使马克思主义出局，因为这些理由都比不上马克思主义曾经历过的那些思想危机。诸多迹象表明，马克思主义思想的力量以及对它的广泛兴趣正在复兴。我在这里考察的很多思想家——最明显的是巴迪欧、比岱、哈贝马斯和奈格里——都认为，他们延续着在他们看来仍然有效的马克思主义；除了齐泽克之外，他们在这个意义上确实都被统一描述为厄尼斯特·拉克劳和查特尔·墨菲使用的术语"后马克思主义者"——尽管他们在学术上借鉴了这个版本或那个版本的马克思主义，但是，他们还是试图避免陷于他们所认为的马克思主义的局限中[10]。因此，在关于超越的讨论中，如果不将马克思主义作为一个重要的参照点，可能是一个严重的错误，随着我的阐述的展开，其错误轮廓就会呈现：特别是，如何理解并延续马克思主义政治经济学批判，是本书中一个反复出现的主题。更普遍的是，我试图展示这个传统中的一条主线——众所周知，它被称为经典马克思主义——所做的特殊贡献。20 世纪70 年代以来，由罗伊·巴斯卡和其他学者发展的批判现实主义的科学哲学蕴藏着与马克思主义的深层关联，我在第六章和第七章对此做出了描述。

我在第二部分阐述的另一个传统是平等的自由主义——换言之，由罗尔斯的《正义论》（1971）开创的思维模式，也在布莱恩·巴里、G. A. 科恩、罗纳德·德沃金和阿马蒂亚·森等其他学者的著作中得到了体现，他们力求阐明平等主义的社会正义原则。我曾经在其他地方讨论过，尽管他们在这个著作群用为人们广泛接受的术语表明市场经济的存在是理所当然的，但是，他们也为当代反资本主义运动提供了丰富的哲学资源[11]。而且，我还认为这个著作群有助于澄清社会批判的本性。我在讨论哈贝马斯和比岱的第一章中解释过事情为什么会如此，可是，直到本书第七章快结束时，这个问题才得到清晰的解答。

可能有一种对这个策略的反对意见，认为我只是将一些理论家和一些思维模式混为一谈，除此以外什么都没有做。罗尔斯和奈格里，或戴维森和巴迪欧，抑或德沃金和齐泽克可能有什么共同之处吗？的确，想象这些奇怪的交锋或商榷很有趣。这总是有一种脱离文本的风险，因为除非有人恰好读到了这些人所写的全部作品，否则人们笔下的这些作品就没有共同之处。我不认为这里有多大风险。本书不是总览这些学派，而是要探究超越的问题。之所以在这里选择对这些思想家进行讨论，是因为他们都与这个问题相关。此外，具有重要意义的是，这些最鲜明的对立双方——在第一部分中的欧陆学界的批判理论家和第七章中的英语学界的平等自由主义者的优势和劣势是相互补充的。正如我试图表明的，在第一部分讨论的全部理论观点有一个巨大的漏洞，这里应该有一个平等主义正义论的规范概念。上一代平等的自由主义哲学家的著作告诉我们这个概念可能包含什么更好的看法，但他们很少谈及平等主义正义论如何在一个社会世界中实现，遑论这些作者试图阐明的规范性理想的本体论预设是怎样的——实际上，在《正义论》之后，罗尔斯思想发展的主要推动力之一就是试图（在我看来是不成功的）使他的论点摆脱一切形而上学的纠缠。巴迪欧、齐泽克和奈格里尤其重要，因为他们由此引发的面对本体论的思路一般来说是平等自由主义者通常寻求回避的问题。事实上，他们应该都能够在（由批判现

10

实主义的本体论彻底加固的）马克思主义政治经济学批判提供的场域中找到共同的根据，这对仍然相信这一点的人来说毫不感到惊讶，在弗雷德里克·詹姆逊看来，马克思主义是"总体化命令的领域"，旨在将其他理论家的真知灼见整合到对持存世界的综合理解之中——事实上，资本主义生产方式的主导地位比以往任何时候都更加明显了[12]。

在这个导论的开头，我描述了康德式的超越问题。我铭刻在脑海中的事实是，在《纯粹理性批判》中，康德追问什么是数学和物理学的可能性条件。他给出的答案包括一种先验论证的建构，从离开意识的经验事实开始，到这种经验范畴的必然性结束，它是一种客观存在、受因果律支配的自然界。我的问题——什么是超越的可能性条件——可能是康德式的，但我的答案不是。它包括一套推测的理论和一部分实证的理论，这些理论不具备康德为其先验论证所主张的无可置疑性。此外，我在第五章概括的批判现实主义的本体论和我论述的另外两条线索——马克思主义的社会矛盾理论和实质正义的原则之间没有演绎关系。如果我是对的，那么这三条线索是保持一致的和相互支持的，但是，它们各自的真和视其为真的理由是独立于其他两者的真和视其为真的理由的。这反映了一种广泛的自然哲学的方法，这个方法在这里被看作是与科学相连的，据此所做的判断被认为不比科学具有更大的权威性。但是，当我在第二部分讨论批判现实主义的时候，我才能清晰地说明这种哲学观念之所以具有吸引力的某些原因。

正如前面已经做出的充分的表述，这是一本哲学书。接下来的论证过程旨在解决一些难题，并力图解读一些通常被认为很艰深的文本。但是，这并不是说这本书仅仅应当被看作一部学术著作。在这里讨论的很多理论家也是政治活动家——其中，最明显的是奈格里，他在整个职业生涯中都参与政治，此外，也要考虑布迪厄直接介入了自 1995 年以来的公共机构的罢工。我也一直积极参与反对企业全球化和帝国主义战争的当代运动。但仅有激进主义是远远不够的。有时候，还得有些反思我们的信念和实践的必要环节。哲学擅长这样的反思，无论是为了其自身的发展，还是希望澄清概念，都有助于我们的生活变得更加美好。无论如何，这对于《批判的资源》来说都是希望。

第一部分

四种僵局

第一章
现代性及其承诺：哈贝马斯和比岱

一、在社会学的疑虑和法治之间：于尔根·哈贝马斯

什么是新一轮社会批判的哲学前提？从表面上看，批判观念本身意味 15
着某些隐性或显性的善的观念或一套在其中可以看到自由资本主义缺陷的
道德原则。然而，当代学术思想图景的显著特征是规范性政治哲学与解释
性社会理论之间的一道鸿沟，前者关注自身的概念、原则及其社会意义，
后者试图揭示那些使我们深陷不公正和苦难的各种机制。这种理论上的脱
节明显表现在最近已经在法国出版的关于社会理论的两部最重要的著作，
它们都在 1999 年出版——雅克·比岱的《总体理论》和吕克·博尔坦斯基
和夏娃·希亚佩洛的《新资本主义精神》中。正如比岱所说的，

> 当代的批判思想似乎经常在两极之间不断地震荡：一极诉诸各种
> 怀疑的社会学，另一极则着迷于契约主义、法治学说以及人权和公民
> 权。当批判思想试图思考世界是其所是的时候，就会诉诸前者，而当
> 其试图为社会勾勒一种规划的时候，就会着迷于后者。[1]

当然，社会思想中的解释性和规范性的差别是一个老问题。马克思和 16
韦伯以不同的方式表明这个问题的存在，但都没能解决它。今天这个问题
显得尤其尖锐，因为在过去的一代思想家中，规范性政治哲学获得了质的
飞跃。平等自由主义——其开创性的文本是约翰·罗尔斯的《正义论》，
极大地促进了我们对社会正义观诸前提条件的理解，它可以同时满足平等
和自由的需要——虽然在哲学上屡见不鲜的是，进步经常是对满足这些需
要所遇到的困难有更为清晰的认知[2]。

平等的自由主义本身提供了一些概念资源，通过这些资源可能会将解释性思考和规范性思考贯通起来。因此，在罗尔斯看来，正义论的主题（在其原则适用于这个主题的意义上）是他所谓的社会基本结构——也就是说，确定相关社会中社会善品的分配的制度安排。正如布莱恩·巴里所指出的，这个概念至少与某些重要的社会理论见解具有一种家族相似性——对马克思来说，生产关系，即用于确定获得生产资源的结构；而在韦伯那里，它是负责分配生活机会（life-chances）的权力关系的星丛[3]。但是，这种连接点仍然在很大程度上没有得到探究。

在本章中，我通过考量两位哲学家——于尔根·哈贝马斯和雅克·比岱最近所做的尝试，他们努力克服社会批判理论和规范性政治哲学之间的鸿沟。他们都源自马克思主义的（非常不同的）变体——分别是哈贝马斯源自法兰克福学派的批判理论和比岱源自阿尔都塞的马克思主义。然而，他们都试图从马克思对资本主义生产方式的批判转换为一种更普遍的现代性理论，并由此超越马克思。尽管以截然不同的方式，他们都试图在这个理论中寻求调解解释性和规范性的要求。尽管在我看来，这两种做法都是不成功的，但我希望借由对它们的深入洞察，澄清我在本书后面的部分所探讨的那些议题。

当然，20 世纪 60 年代以来，哈贝马斯已经成为西方思想文化界的一位
17 杰出人物。《现代性的哲学话语》（1985）也许是他最伟大的著作，确立了他作为西方左派首屈一指的哲学家的地位。这部后结构主义的批判史文本更广泛地论述并拓展了在《交往行动理论》（1981）中所阐述的现代性话语[4]。这部著作的核心是对（包括早期法兰克福学派在内的）马克思主义的批判，因为它依赖于"意识哲学"，认为主体是独白式的。这个主体不是由与其他主体之间的关系构成的，而是由同自然的斗争构成的，这表现为生产力的发展。在经典马克思主义中，生产力的发展被赋予主导性的阐释。法兰克福学派的创立者霍克海默和阿多诺，曾将马克思对资本主义的批判激进化为一种对工具理性更广泛的批判，他们也像韦伯一样认为工具理性内在于人类利用自然的活动中，一旦如此，理性本身就在控制自然界和人类的关系中重叠了，它自身也因而妥协了。霍克海默和阿多诺因此撤掉了他们自己的根基，因为理性怎么能够被用来批判它自己生产的这个过程呢？正如阿克塞尔·霍耐特所言，在霍克海默和阿多诺的《启蒙辩证法》（1947）中，"哲学是批判理论的反思形式，它在概念反思的每个步骤中发现一段持续支配的历史。因此，严格来说，哲学阻碍自身"[5]。

哈贝马斯将独白式的主体性观念和理性观念转化为对话式的或交往的

主体性观念和理性观念，由此解决这个两难的困境；他嘱咐我们要——

> 放弃意识哲学范式——即主体再现客体并与它们一起磨炼——而赞成语言哲学范式，即主体间性的理解或沟通的哲学——并将理性的认知—工具性置于适当的位置，作为更具包容性的交往理性的一部分。[6]

在《交往行动理论》中得到发展的语言哲学基于这项主张，即语言理解预设了一个隐含的走向言说者和倾听者之间的非强制性认同的指向。因此，每个言语行为都意味着接收者对言说中所包含的"可兑现的有效性要求"的承认。如果有必要，言说者就有责任为确保其倾听者的认同而进行辩护。这项分析使交往行动优于人类其他形式的行动，而工具理性只是被弱化为复杂的原初的交往理性中的一种"从属环节"，从中可见，理性被用来判定实现既定目标的最佳方式[7]。从广泛的意义而言，哈贝马斯的现代性理论沿着大致相似的思路展开。追随韦伯、涂尔干和帕森斯的道路，他认为现代化在本质上是一个分化的过程。其分化的结果是，打破了生活世界即共有的前理解，这些前理解构成了为任何言语行为都预设为理所当然的背景，也就是说，以传统和宗教的形式把前现代社会的社会生活黏合起来。一方面，科学、法律、道德和艺术分离开来，形成独特的"诸文化领域"。另一方面，系统和生活世界分离开来：经济和政治分为专门化的子系统，它们不再通过语言沟通而是通过它们各自的媒体——金钱和权力来协调。哈贝马斯与马克思不同，因为他将这些发展看作一种坦率的好事，而且是现代性的一种非此不可的特征。然而，他警告说，这些发展可能走得太远："资本主义现代化遵循这样一种模式，其中，认知—工具理性激增，超越了经济和国家的约束，进入其他在沟通中建构起来的生活领域，并以道德——政治的和审美的——实践理性为代价而实现其主导地位。"[8]这种"生活世界的殖民化"代表了由韦伯、早期法兰克福学派以及像福柯那样的后结构主义者提出的现代性批判的理论内核，但是，解决的办法不是拒绝理性或现代性，而在于发展那种制度手段，它们可以使市场和国家回归到适当的领域，能够保护生活世界免遭进一步的侵犯。

如果接受这个判断，哈贝马斯后来致力于撰写一部关于法治和民主的哲学社会科学大部头著作，就不足为奇了。我在这里关注的文本是《在事实与规范之间》（1992）。正如我们已经看到的，哈贝马斯将法律和道德的分化视为现代化进程的结果："在后形而上学的正当性层面，法律规则和道德规则是同时从传统生活和伦理生活中分化出来的，并作为两个不同而互

13

补的行为规范一起出现。"但是，他进一步指出，法律在分化了的现代社会中具有优越地位，它在这里"充当了系统和生活世界之间的枢纽"。正是通过法律进行的传动，日常语言提出的要求才能在市场和国家这些子系统中具有可读性："在规范性意义上，实质性信息只有透过法律语言才能在整个社会流通。如果不将它们翻译成同时影响生活世界和系统的复杂的法典，那么在由媒体操纵的诸行动领域，这些信息就会被置若罔闻。"[9]

为了理解哈贝马斯为什么相信法律能够起到这种批判性的整合作用，我们需要将他自己的阐述以及他所认为的两条错误的法律思路三足鼎立。第一个就是被哈贝马斯称作"自然法"的传统，当然，也许最好将其理解为包括洛克、卢梭、康德、潘恩和罗尔斯的《正义论》在内的契约论传统：在这里，关于政治正义和宪法秩序的要求被视为从一种道德理论中推断出来的，它试图确认自由和平等的人们在什么条件下能够行使他们凭借自身的存在而具有的权利。在哈贝马斯看来，这种立场之所以是站不住脚的，有一个原因在于，现代性建构的祛魅过程成功地破坏了前现代世界观的宗教基础，得益于此，自由社会正面临着后来罗尔斯所说的"合理的多元主义事实"：

> 一种现代的民主社会不单具有多元的整全性宗教、哲学和道德学说，还具有合理化的整全性学说之间不相容的多元主义特征。这些学说中没有一种能得到公民的普遍认可。也没有人期待，在可以预见的将来，会有一种整全性学说或某些合理的学说会为所有的或几乎所有的公民所肯定。[10]

在被哈贝马斯称为"后形而上学"思想即我们要归功于启蒙运动的一项框架中，对理性的运用产生了不同的而又都合乎情理的世界观的多样性。此外，伴随着现代社会理论的发展，启蒙运动产生了一种替代性思路，它也颠覆了"理性的自然法传统"。哈贝马斯认为市民社会的概念转变开始于斯密和李嘉图，经由黑格尔进一步发展，最后由马克思完成：

> 它最初是作为使自由成为可能的**授权性**条件的一个整体——在这些条件下，个人得以自愿和自觉地联合起来，并使社会进程处于他们的共同控制之下——现在它成为一个**匿名的**系统，独立于不知不觉地联合起来的个人意向，遵循自己的逻辑并使整个社会服从经济解码的自身稳定的必要条件。[11]

于是，尽管哈贝马斯也认为社会关系的这种"理想模型"最终是站不住脚的，但他还是相信这种模型包含着真理的内核（实际上，他同样认为这种"理想模型"是无与伦比的）。正如我们所看到的，他认为以功能分化形式出现的现代性是诸独立的文化领域产生、经济和政治这些专门子系统分化而导致的结果。但是，什么制止这个社会分崩离析呢？沿着塔尔科特·帕森斯的思路，哈贝马斯拒绝这个想法，即单个行动者通过亚当·斯密的看不见的手来追求它们自身的利益，现代自由社会能够仅仅借助于个人的行动整合在一起。在现代性的条件下，社会凝聚力依赖于规范性的整合——也就是说，依赖于公民共享一套共同的规范和价值观："我像帕森斯和涂尔干一样假设，如果仅仅立足于面向成功的行动者对彼此的相互影响即互动，行动的复合体是不能被稳定下来的，那么，归根结底，社会必然是通过交往行动而整合起来的。"[12]

在这里，"交往行动"这个术语表示，哈贝马斯以规范整合概念为特定的轴心。尽管哈贝马斯借鉴了帕森斯的观点（他借鉴的是，例如，帕森斯关于权力和金钱是功能分化的子系统的媒介这个观点），但是他对帕森斯写于第二次世界大战之后的晚期著作中发展的系统思维方法，并为尼科拉斯·卢曼对此做出的进一步大幅度发展提出了尖锐的批评，因为他们试图将法律和交往行动更笼统地弱化为客观存在的社会功能。

> 在社会学漫长的激浊扬清过程结束的时候，系统理论已经扫清了 *21*
> 在现代自然法中发现的规范主义的最后遗骸。法律被归入一种自我生
> 成的系统，此后，它就被陌生的社会学所凝视，并被剥夺了所有的规
> 范性内涵，这些内涵在最后的分析中却涉及法律共同体的自组织。法
> 律被描述为一种自我生成的系统，它孤独自恋而又被讽刺性地边缘化
> 了，只能对它自己的在最外部引致或诱发的问题做出反应。因此，法
> 律既没有觉察到，也不能处理社会整体所遭受的沉重问题。[13]

与此相反，哈贝马斯将交往行动构想为社会融合的中介："具有特殊功能的生活世界以这样的方式发挥作用，简单来说，它的组成部分——文化、社会、人格结构——只是在一种多功能语言内部分化它们自己，但仍然通过这个中介彼此交织在一起。"但是，鉴于多元化的合理性，交往行动如何扮演好这种角色呢？

> 交往行动诸领域已经剪断了与神圣权力之间的纽带，已经从古代
> 制度的束缚中解放出来，与此同时，在这些领域中产生分歧的风险越
> 来越大，如果这样，那么祛魅的、内部分化的、多元化的生活世界如
> 何才能得到社会整合？[14]

哈贝马斯对这个问题的回答体现在两个层面。第一个层面关注交往行

动自身的性质，它不直接产生指令性规范：

> 交往理性在一个去中心的无孔不入的先验地具有结构性条件的复合体中得到了表述，但它不会告诉行动者他们应当怎样去做，也没有这样的主观能力。

> 与实践理性的古典形式不同，交往理性没有指令性的直接来源。只有当交往行动着的个人必须承诺他们遵守反事实的语言学前提，它才具有规范性内容。[15]

正如这里提到的"实践理性"所表明的，他的批判是以康德为对照的。交往行动不会产生绝对命令，即康德认为那些普遍规律是可以构成道德思想的。有关交往行动的规范源于言说者和倾听者彼此的承诺，因为每一个言语行为都预设了一种可交换的有效性要求其中一方做出承诺，而由另一方接受。当然，在哈贝马斯所谓的"弱先验必然性"看来，这些预设甚至允许行动者与他们的日常信仰和实践保持一个批判的距离："一套不可避免的理想化条件构成了反事实的基础，达成理解的实际做法由此形成，这种做法能够批判地转而反对其结果，进而能够超越自身。因此，理想和现实之间的张力就进入在语言上构建的那种生命形式的真实性之中。"[16]

所以，交往行动总是在某种程度上设法发出规范性力度，它不依赖于道德的普遍化，因为在内在断裂的现代世界，人们就此达成一致是相当困难的。但是，法律是交往行动的一种具体形式，具有鲜明的特性。这些特性提供了一个次要却更具体的理由，以便将法律设想为"系统和生活世界之间的枢纽"，并以社会融合的诸需要为基础，使之得到最好的理解：

> 如果个人成功的取向和达成理解的取向穷尽了行动主体的可选项，那么从行动者的角度看，如果要对策略性互动加以限制，那么具有社会整合作用的适当规范必须符合不能同时得到满足的两个相互矛盾的条件。一方面，这些规则必须实际上进行限制，并改变相关信息，以至于策略的行动者感到必须以客观上可欲的方式来调整其行为。另一方面，他们必须同时对规范所涉对象强加义务，由此发展出一种社会整合的力量。——根据我的理论，只有在主体间承认规范有效性要求的基础上，这才是可能的。[17]

只有一种规范同时符合这两个条件，才是法律，事实也是如此。遵守法律由国家强制执行（因而表述为"具有法律效力"）；因此，纯粹自利的行动者必须调整他们的计划，以考虑到他们违反法律可能造成的消极后果。然而，与此同时，法律效力不单单是那种甚至连歹徒都可能施加的威胁[18]。法律要取得合法性：它们意指应当被遵守的规范。哈贝马斯所说的"理想和现实"之间的张力是交往行动中内在固有的，因而要采取这种双重性的形式，因为法律要"同时采用实际的限制性与合法的有效性"而确保其被遵守。这种双重性在现代的成文法中得到了充分的体现：

> 相对于惯例和习俗而言，制定法不依赖于继承下来的生命形式所具有的有机的真实性，而取决于人为产生的真实性，即可以在法律规定的通过行为而强加的制裁威胁中找到的真实性。另一方面，成文法的有效性是根据其规范的有效性声称所具有的话语权的情况来衡量的——在最后的分析中，是根据成文法是否来自一种合理的立法程序而制定，或至少根据成文法是否得到来自语用的、伦理的以及道德的观点看来是合理的而加以衡量的。[19]

哈贝马斯这种对法律的分析将其整体论证的两个维度结合在一起———一方面是他的具有奠基作用的交往行动理论，另一方面是他在临近《在事实与规范之间》的结尾发展出来的协商民主的观点。第一个方面是请我们理解法律是一种交往行动，第二个方面则提出这样的强制要求：法律要是合法的，就应当是"一个合乎理性的立法过程"的结果。哈贝马斯认为，正是民主提供了立法过程在其中展开的制度形式。但是，要恰当地体会哈贝马斯对民主的这种处理方法，我们必须首先认真思考他的迄今为止已被概括的观点。这个观点露出了两个战略性破绽，对其哲学课题来说，这种破绽是致命的。

第一个问题涉及哈贝马斯对理性概念的重构。一旦我们使语言学发生转向，他认为，我们将逐渐意识到，理性不是包含在任何实质性的原则中，而是包含在隐含于每一个话语所做的承诺中，即提出一种可兑现的有效性要求，它能引起听者非强制性地认同。换句话说，这是一个程序理性概念。在哈贝马斯看来，程序主义在道德领域获得的东西与其在物理学和社会科学中获得的东西一样多。因此，像黑格尔那样，他区分了道德和伦理，道德被他视为康德重视的那种普遍义务，伦理则是行动者在参加具体到特定的社会形式中的实践时履行的承诺。但是，黑格尔认为伦理生活是"家庭和个人的现实精神"，由于他设想道德是抽象的、主观的和原子化的，哈贝马斯则认为，就像道德律一样，伦理实践极易消融在现代性的后果中[20]。因此，哈贝马斯这样描述：

> 今天在后形而上学思想的条件下，任何声称普遍有效性的伦理学都遭遇困境。也就是说，只要伦理学做出实质性的声明，它的前提就

仍然被局限在特定的历史语境中，例如，对自我和世界的各种特殊的历史阐释或个人阐释。然而，一旦伦理是充分形式化的，那么其实质内容最多就是阐明那种旨在实现自我理解的道德话语程序。[21]

现代法律的有效性同样取决于一种规范化的过程，这种规范化的过程聚焦成文法的制定和司法判决的程序，"实证法再也不能从高阶的道德律中获得其合法性，而只能从预期的合理性意见和意志形成的程序中获得其合法性"[22]。但是，程序理性并不缺乏内容。相反："关于和解和自由的乌托邦观点在个人社会交往的条件下是根深蒂固的；它被嵌入类的语言再生机制中。"[23]

但是，一个纯粹程序性的理性概念能够承受如此沉重的负担吗？哈贝马斯认为现代法律和宪法秩序的合法性来自人权和人民主权这两个规范性概念。人权与"道德自我决定"这个概念密切相关，这个概念构成了由康德诠释的自由主义传统；人民主权与"道德自我实现"这个概念紧密相关，这个概念宣告了在现代为卢梭所代表的最强有力的共和主义传统，它们都植根于政治自治的观念：

> 一旦嵌入宗教和形而上学传统中的民族精神的规范性的精神实质被迫经过后传统的正当性的过滤，可以这么说，人权和人民主权的原则……代表在这个过程中遗留的积淀物的再现，在道德和伦理问题已经彼此分离的意义上，经过话语过滤的规范实体就具体表现在自我决定和自我实现这两个维度上。[24]

25

但是，当程序理性被用于以前不容置疑的背景信念并对它过滤时，这个过程为什么留下了诸如自我决定、自我实现和自治这些强大的且不受挑战的实体性概念呢？哈贝马斯做出的回答符合他一贯的思路，即阐明这些概念的原则是从理想的言说境遇中推论出来的，在这种境遇中，言说者和倾听者都暗自力图实现一种非强制性的认同。由此引起的麻烦是，哈贝马斯的交往行动理论备受争议：我曾经像维特根斯坦、奎因和戴维森这样的语言哲学家，已经在其他地方论证过，达成一致远远不是言说的目的，在实体性信念中的大规模认同是理解的一个先决条件[25]。在《在事实与规范之间》的结论性语句中，哈贝马斯在有关法律和民主的哲学基础方面十分接近这样的立场。在提及"每个人都可以参与其中对宪法做出解释的前理解的视域"时，他写道：

> 当然，与法治本身一样，这种理解保留着教条主义的内核：自主的观念。根据这个观念，只要他们遵守仅仅加诸自身的法律，这个法

律是基于以主体间性获得的洞见而制定，他们就是作为自由的主体而行动的。这是一种无害意义上的"教条主义"。它体现了真实性和有效性之间的张力，这个张力是被"赋予"的，这种被"赋予"的张力与生活的社会文化形式的象征性结构相一致，就是说，对在这种生命形式中培养了个人身份的我们来说，这个事实是不能绕开的。[26]

考虑到哈贝马斯的前提，他所做的绝对是一个灾难性的改变。记得他分析过法律具有双重属性，我们服从法律的命令，这不单是因为破坏法律可以被送进监狱，而且因为它们是合法的，也就是说，因为我们应当遵守它们。但是，如果自主的观念是自由民主规范的"教条主义的内核"，而且在某种程度上与"我们"（大概是西方自由资本主义社会的居民）共同的特殊"生活形式"紧密相关，那么它何以不同于那种限定在社会氛围的伦理学呢？哈贝马斯主张，一旦交往理性的程序施加于这种生活形式上，这种伦理学就会被过滤出来。他的这种立场似乎危险地接近同样向往"后形而上学文化"的理查德·罗蒂，但罗蒂拒绝为这项研究提供"民主的哲学基础"。罗蒂认为，"在我们目前使用的、特殊的、受历史限定的、暂时的词汇表之外，没有我们用来评判这个词汇表的立足点"，因此，我们必须摒弃"那种认为在学术或政治上的进步是合理的这种概念，无论这个在各词汇之间具有中性特征的'合理'概念具有什么意义。"他因此批评哈贝马斯这个观点，"它对于一个民主社会是具有本质性的，其自我形象就体现了启蒙的普遍主义，以及启蒙的某种形式的理性主义"[27]。现在，哈贝马斯凭借一种"道德观点"拒绝他所谓的罗蒂的"语境主义"，尽管"它不增加特定文化的权利，而是不断走向深入的，实际上最终被固定在交往行动主体普遍的相互认可上"[28]。但是，在上面引用的这段话中，他意味着自主的理念，毕竟这可能是一种"特定文化的权利"。

这种矛盾心态与《在事实与规范之间》中建构（我认为是颠覆）的另一个思路是紧密相关的。正如我们所看到的，哈贝马斯经常提到事实性（Factizität）和有效性（Gültigkeit，Geltung）之间的张力。确实，这本书最初的德文版标题是"Factizität und Geltung"，译成英文是"Facticity and Validity"。但是，为什么这两个德语词翻译成英文都是"有效性"（validity）呢？这可以在哈贝马斯的一种保持最长久的哲学立场上找到答案。他拒绝古典的实在论真理观，即句子的真或假根据世界的状态来判断，而赞同一种确保断言能力（warranted assertability）的实用主义真理观。说一个主张是确保可断言的，就是说它是正当的。正当性的一个弱版本将正当的句子规定为一种为我们目前的信念所蕴含的东西。实用主义和实在论之间的差别在于，根据后者，一个句子无论得到我们流行的信念怎样好的支撑，都可能会变成假的：托勒密的行星系理论牢牢地盘踞在古典和中世纪的思想中，但是，世界被证明并非这个理论断言它将会成为的样子。然而，有一种实用主义真理观依赖一种弱正当性概念——例如，有时罗蒂为这个概念辩护——使我们无法说一个得到确证的理论可能是错的。继皮尔斯之后，哈贝马斯认为，如果讨论研究继续下去，那么真理可以等同于那种最终将被接受的概念。他由此捍卫一种保持真理和可断言性之间的张力的强正当性概念。皮尔斯这样说：

> 那么，真实，迟早会在信息和推理中产生，因而它独立于你我的变幻莫测的思想。于是，原初的实在概念表明，这个概念实质上包括共同体构想，它没有明确的限制，能够使知识无限地增长。所以，这两种系列的认知——真实与虚幻——包括那些由共同体在足够遥远的将来，一直持续重审的认知，也包括，在相同条件下，此后将要遭到否定的认知。[29]

正如哈贝马斯所指出的，"皮尔斯将真理解释为理想的断言，也就是说，将其解释为一种可批判的有效性要求的辩护，这是在一个称职的阐释者进行倾听的交往行动的条件下展开的，这些阐释者在理想的意义上跨越了时间和空间"[30]。在这个理想的阐释共同体中，托勒密大概认为以太阳为中心的太阳系是假的。真理，如同理解一样，因而被哈贝马斯包裹在理想的言说境遇中。与目前的信仰和理想的断言之间的张力相对应的是两个有效性概念之间的张力：

> 陈述和规范……在概念上提出了超越时间和空间的有效性主张，在任何情况下，实际的主张是在一个特定的语境中被实时实地提出的，并在其中被接受或拒绝，并会有立竿见影的结果。我们为我们的言说和正当的实践所声称的有效性与既定标准和期望所具有的社会有效性或社会接受度（soziale Geltung）不同，其稳定性仅仅基于既定的习惯或者对威胁的制裁。这种无条件的理想环节在实际交往过程中是根深蒂固的，因为有效性要求是有两面性的：作为要求，它们超出了所有语境；与此同时，现在如果它们愿意支持对有效协调的认同——对此而言，这里没有任何语境的立足点，它们就必须在这里被提出和接受。被主张的有效性的普遍意义超越了所有语境，但是只有接受地方性限定（local binding）的行为，才能使有效性主张承受社会整合的重负，以便人们在一种限定语境中展开日常实践。[31]

因此，这里有两种有效性——一种是具有普遍性的、超越语境的真理的力量，如果讨论可以无限地进行下去，那么它可以被理解为在理想的言说境遇中被接受的合法性（Gültigkeit），另一种是在一个特定的社会语境中被接受并由习俗或胁迫而强制施加的有效性（Geltung）。有一种重新表述法律的双重性的方式，它同时汇集了两种有效性："在法律有效性的维度，规范的有效性或理性可接受性的环节与社会承认或接受的事实相结合。"[32]但是，哈贝马斯的体系却使社会接受——"事实上的"有效性——超越规范的有效性。在这个意义上很有针对性的是，当他将他的书称为 *Factizität und Geltung*，而不是 *Factizität und Gültigkeit* 时，问题就在这个意义上显示出来了。结果是，正如我们将要看到的，哈贝马斯缓和其不断援引的在事实和有效性之间的张力，从而将社会批判毁灭在对现有条件的描述中。

这种从合法性到有效性，从普遍的可接受性到社会接受状况的滑动，在下面这个论述事实和有效性的段落中显而易见：

> 作为可能的事实总和的世界仅仅由于解释共同体才被建构起来，面对在主体间共享生活世界的背景，这个共同体的成员参与到就世界上的事情达成彼此理解的过程中。"实在"是能在真实的陈述中得以表征的东西，而"真实"反过来可以被参照着解释为要求一个人在他者表明一个命题之前提出自己的主张。言说者以其陈述具有的断言力量，对断言命题的有效性提出了批判性的主张，而且，因为没有人可以直接接触未被解释的有效性条件，所以"有效性"必须从认识论上被理解为"对我们来说是被证明了的有效性"。一个正当的真理的主张应当允许其赞同者以反对其可能的对手的异议的理由来加以捍卫；最后，作为整体的解释共同体会在理性驱动下对言说者表示赞同。[33]

这段话的最后两句似乎彼此具有潜在的矛盾。第一句来自这个前提，独立于我们的实在而解释的人，不能直接透视实在，我们可以由此得出的结论是，普遍的、超越语境的合法性必须在一个特定的社会语境中被等同于有效性。危险的是，这个观点使哈贝马斯再一次靠近罗蒂。在罗蒂的后现代主义的实用主义版本中，"真理不可能就在那里——不可能独立于人的头脑而存在"，因为"真理是语言实体的属性，句子的属性"，而语言是人类的或然性创造物。因此，如果独立于我们在一个既定时间里恰好接受的词汇，一个既定句子的真与假就不能被判定。[34] 在由我们流行的信仰所蕴含的弱意义上，哈贝马斯在倒数第二句中的说法和罗蒂的观点似乎都将真理等同于弱意义上的正当性。然而，上面引用那段话的最后一句，援引了一个强正当性概念，据此有效性最后源自超越时间和空间的解释共同体所接受的东西。

公正地说，哈贝马斯在《在事实与规范之间》中系统地消解这个矛盾心态，而赞成有效性。他这样做的原因是，在分析法律和民主时，他认为压倒性的当务之急是分离社会整合的各种条件。但是，即使考虑到这一点，道德仍然是这个链条上的一个薄弱环节："从功能的角度来看，它能够表明为什么原则性道德的后传统形式要依赖实在法作为其补充。那么，从一开始，法律理论问题就粉碎了纯粹从规范性视角看待事物的框架。"或者再说一遍："法律，正如其所是，弥补了道德的功能性缺陷，从观察者的角度来看，道德经常会带来在认知上具有不确定性和在动机上具有不稳定性的结果。"[35]

现在，几乎可以毫无争议地说，道德不足以确保一个已分化的社会的再生产。举例来说，罗尔斯在他的晚期著作中试图解决的正是这样的问题，即如何确保他所说的"出于正当理由的稳定性"（根据罗尔斯的观点，这是一个比社会整合更强有力的概念，因为在一个秩序良好的社会里，"每个人都接受，而且知道每个人都接受，同样的正义原则"，这 30 些原则支配着那个社会的基本制度结构），即使存在理性的多元主义事实——也就是说，即使存在这些理性的个人，他们能被期望，特别是就社会秩序应当如何安排，提出不同的完备性学说。[36]哈贝马斯说，"如果不把法律作为经验性的行动体系，那么哲学观念就是空洞的。"换句话说，规范性政治哲学需要功能主义社会学作为补充。人们可能对哈贝马斯赞同的社会理论的其他特定版本有疑虑——例如，观念论者声称，"社会秩序……由于承认规范的有效性主张而存在。"同样，谁能在原则上反对他在这里提出的基本观点呢？但是，在 1994 年写的《在事实与规范之间》的后记中，他增补了一个引人注目的段落，他走得更远，断言规范理论完全可以被消除："当哲学试图表明它不只是在功能上建议，而且在道义上要求我们通过实证法管理日常生活，从而使我们形成法律共同体的时候，它本身的工作就变得没有必要了。"[37]

于是，哈贝马斯还要再次指出，实际的有效性战胜了规范的合法性，社会接受度（这时被解释为社会整合）战胜了普遍有效性。规范性政治哲学不再需要补充，它完全是可以被消除的。这样说的麻烦在于，哈贝马斯也主张现代民主制度的合法性来自人权和人民主权这些典范性的规范观念。但是，当我们思考他是如何运用这些概念于其政治学和民主理论的时候，我们就可以看到他再次滑向"功能性观点"。记得哈贝马斯对卢曼的系统理论有一个批评，卢曼认为法律是一种自主的、自动生成的系统，其发展是由内部生成的问题驱动的。哈贝马斯恰好开始于相反的立场：

> 借由协商政治产生的这个合法的法律再现了一种解决问题的过程，它需要知识，也要消化和汲取知识，以便有计划地调解冲突和追求集体目标。当其他社会整合机制不堪重负的时候，各个政治步骤用以填补那种功能上的裂痕。[38]

因此，政治就是"要处理一切未被解决的整合问题"。哈贝马斯提出了一种协商民主理论，根据这种理论，合法性来自程序的性质，特别是讨论程序的性质——并不只是包括对正式的国家制度的讨论，也包括对整个社会的讨论，法律就是从中产生的。他赞同伯恩哈德·彼得斯的民主的"水闸模型"（sluice model），其中"具有约束力的决定，要具有合法性，就必须由交往来控制，交往始终在边缘的地方，然后通过民主、宪政程序的水闸和位于复杂的议会制度或法院入口（而且，如果需要的话，这些程序也处于执行机构的出口）"。在这个模型中，民主程序的出发点处于正式的政治系统之外的非正式的公共领域，公共领域是市民社会和自由民主制的代议、司法结构之间的桥梁，在这里，市民社会指的是"那些或多或少自发产生的联合、组织和运动，它们与在私人生活领域中发生的问题产生共鸣，并以放大的形式将这种共鸣反应提炼和传输到公共领域"[39]。

因此，哈贝马斯认为"政治公共领域是必须由政治制度来处理的问题的共振板，因为这些问题不可能在其他地方得到解决"。在这个意义上，公共领域就是一个预警系统，它虽然是非专业化的，但具有对整个社会都很灵敏的传感器。不过，他承认，这种民主的模型在相当大的程度上是理想化的，正如下面这些言论所表明的："大众媒体应当将自己理解为开明公众的代理人，这种公众的学习愿望与批判能力是大众媒体既当作预设，又提出要求并予以强化的东西。"[40] 于是，人们倾向于回归库珀勋爵的时代。在福克斯新闻、梅地亚塞特和新闻国际主宰资讯的时代，"是"与"应当"之间的裂痕又多了几分。

这里的问题一部分归因于市民社会概念，哈贝马斯认为它连接着市民真正的"私人生活领域"和非正式的公共领域。他写道："市民社会被期望去吸收社会地位的不平等分配以及由此产生的权力差异，并使之中立化，所以，仅当它有利于而不是限制公民行使自主权时，社会权力才会发挥作用。"[41] 在这里，哈贝马斯所说的是我们应当对市民社会有所期望和当代资本主义政治经济学之间再次出现了一道裂痕。市民社会，作为今天使用的表述，基本上是一个模棱两可的概念，因为一方面，它要求它的组成部分是独立于国家的（例如，对有些非政府组织来说，其中包含虚假的成分，因为它们往往严重依赖政府的资助），另一方面，它设想生产性资源、财富和收入的不平等分配将不会影响到市民社会的社团生活及其在政治进程中的影响。当然，后一个设想也是错误的，正如所有这些途径的证据所表明的，在新自由主义时代，企业资本系统地塑造了公共政策[42]。

当然，哈贝马斯承认，彼得斯的民主模型依赖于一种"强条件"，而"政治的正常情形"不符合这种强条件。但是，他认为在危机时刻，政治的外部环境能调动自身起到这个模型所需要的初始性作用，这是根据这种假设得出的：非正式的公共领域有"找到、识别和将社会整合的潜在问题有效地主题化（这需要政治上的解决方案）的能力；此外，被激活的外部环境必须引导它们通过议会的（或司法的）水闸，将这些问题引入政治系统，从而以此打破政治系统例行公事的做法"。但是，他又说，这是一个"有问题的假设……它将有关审议政治的大部分规范性预期寄托在意见形成的外部网络"[43]。在一定程度上，正如哈贝马斯在他的早期著作中所表明的，公共领域已经被商品化进程和具有晚期资本主义特征的媒体公司渗透了，这似乎的确是一个值得怀疑的假设[44]。

然而，人们可能同样争辩说，连哈贝马斯的协商民主的理想模式都是明显依赖于弱条件的。他声称要提供一种自由主义和共和主义传统的综合体："话语理论从这两个传统中提取要素，并将其整合到一个关于协商和决策的理想程序概念中。"[45] 按照古典自由主义的思路，政治过程主要关注的是如何限制国家干涉个人自由的能力。但是，在共和主义传统中，自由被认为是共同主体的特征，因为当市民积极参与政治的时候，这些东西只能由他们共同使用[46]。在从马基雅维利到列宁的共和主义的辉煌的批判史中，托尼·奈格里发展了一种对制宪权（pouvoir constituant）的阐释，这种创造性的权力从新宪法的秩序中产生的：

> 谈论制宪权就是谈论民主。在现代，这两个概念共处于同一时空范围已经是司空见惯的事……也就是说，制宪权不仅被认为是在所有司法秩序中宪法规范赖以产生的全能的和广泛的来源，而且被认为是产生这种秩序的主体自身，它本身就是全能的和广泛的活动。从这个角度看，制宪权往往在民主的社会所理解的形式下把自己等同于政治概念本身。[47]

现在，哈贝马斯已经没有时间顾及这种共和主义了。他的协商民主概念提升了传统的人民主权概念，它"将公民们的自我决定的实践视为宏观的社会主体的协商民主观"，"达成理解过程的高层次的主体间性。""这个自组织的法律共同体中的'自我'在调解话语意见和意志形成的潮流的无主体的交往形式中消失了。"哈贝马斯认为，这种转变有一部分由于他拒斥"意识哲学"，赞同一种交往理性观念。但是，这也是由于某种更为具体的政治和经济考量，他才允许这种转变：

> 如果协商政治可以被夸大为一种社会整体性的结构，那么在法律制度内所期待的那种话语的社会交往模式就将扩展为一种社会的自组织化，并作为一个整体渗入后者的综合体中。但这是不可能的，原因很简单，民主程序必须被嵌入它自身不能调控的语境中。[48]

在哈贝马斯的现代性概念中可能隐含着必须限制民主的范围这方面的要求，但我们不能由此认为，它的必然性是不言而喻的。他争辩说，"政治运作……必须……离开内在于功能系统和其他高度组织化的行动领域。因此，在市民社会中涌现出来的民主运动必须放弃对一种自组织社会的整体主义愿望，这些愿望也强化了马克思主义社会革命思想"[49]。正如在哈贝马斯谈到马克思主义时所表明的，从他的进化论的历史哲学中可以得出限制决策民主化范围的结论。根据这种历史哲学，从市民社会中分离出来的自主子系统，是现代性的一个值得欢迎和不可逆转的特征。但是，在哈贝马斯关于社会的总体构想中，政治占据着一个模棱两可的位置，因为它既是这样一种具有自己的专业化媒介（权力）的子系统，又是社会整合问题借助于非正式的交际网络凸显出来的关键，这些网络立即被嵌入日常语言中，并透过公共领域正式的政治制度而牵动。

但是，哈贝马斯对民主范围的限制的考虑又与另一种矛盾心理有关。一方面，他表明法律能够"驯服资本主义经济制度，也就是说，重新以这种方式在社会和生态方面'重构'这个系统，即能够以同时控制行政权力的方式重构"，但是，另一方面，福利国家在立法上的问题是，"满足人们的物质条件，使个人有享受自由的平等机会，运用个体的自由权，这改变了生活状况和权力地位，将弥补缺陷与监护形式联系在一起，各种形式的监督将那种使人们运用自由的授权行为转换为一种监督式看管"[50]。这听起来非常像标准的新自由主义对福利国家的批判，即其涉嫌鼓励一种依赖文化。在这一点上，哈贝马斯赞同这种批判，人们就此可以看到，他为什么要拒绝所有"自组织社会"的观念，并主张民主进程应当尊重一个特定的子系统，即市场经济的自主性。在比岱看来，这种举措内在于哈贝马斯关于系统与生活世界的定位，这表明他以新古典主义的经济合理性概念作为前提："在我看来，这种做法的结果是，制造出一种完美的市场化。如果资本主义经济被规定为一种系统的交换领域……，那么在这个层面就不再有任何概念资源可以被用来谈论剥削现象。"[51]

结果竟是一个奇怪的民主概念，其中，一种缺乏活力的人民主权被放*35*逐到处于政治制度边缘处的那种去中心的交际网络中，哈贝马斯要求这种边缘要限制自己的野心，与此同时，他承认，除非在例外的危机中，公共领域启动政策的条件是不太可能确保得到实施的。于是，哈贝马斯的协商政治不足以承受共和主义传统的民主诉求，却又太强势，以至于在实际存在的自由资本主义社会中不能实现。这种自我否定的民主阐述针对的是比岱所说的"批判的功能主义"的症结，正如我们已经看到的，这种功能主义在系统上使社会整合所需要的有效接受优先于合法性所依赖的规范的有效性[52]。当他将规范性和解释性融为一体时，批判理论的指控力就被剥夺了。因此，哈贝马斯对 1991 年反对伊朗的海湾战争和 1999 年北约在南斯拉夫证明"消解国家主权的趋势"的干预措施均表示赞同，认为"新兴的全球公共领域的视域中，这种趋势可能预示着一种新的普遍性的世界秩序开始形成"[53]。自 2001 年 9 月 11 日的事件发生以来，一种更为黑暗的东西笼罩在全球政治之上，在这个背景下，人们反而可能认为，可以从社会学怀疑的立场出发，考察那种诉诸人权以使战争合法化的做法，将这视为在意识形态上将当代帝国主义合法化。佩里·安德森确实指责哈贝马斯（连同罗尔斯和诺伯托·博比奥），他们急于在今天"污浊的国际关系的现实中"辨认世界民主即将到来的迹象，并指控说，它"把美帝国作为人类进步的标志并提供许可"[54]。这种试图将规范性的政治哲学和解释性的社会理论紧紧夹在一起的做法过于草率了，最终可能会陷于马克思曾说过的"非批判的实证主义"中[55]。

二、赞同与反对马克思和罗尔斯：雅克·比岱

我已经从哈贝马斯法哲学和民主思想中发现这种矛盾心理和局限性，这有助于我确定本书其余部分的议题。有两个问题尤其突显。首先是现实主义和真理的问题。哈贝马斯已经提出了一种旨在反现实主义和反语*36*境主义的认识论。换句话说，他否认这个观点，即句子的真或假要根据

世界状态加以确定，但他又想拒绝罗蒂的实用主义版本，这个版本断言，如果独立于语境，那么我们无法做出关于不同词汇的相对优点的判断，罗蒂说："在我看来，我只不过如同让自己的学生读《先锋报》（*Der Stürmer*）① 的纳粹教师一样，是一个偏狭的语境主义者；唯一的区别是，我从事着一份更好的事业，我来自一个更好的地方。"[56] 在这里，罗蒂的"更好的"含义，没有任何通用的标准，以便使我们确定哈贝马斯更喜欢自由民主的美国而不是他最激烈抵抗的纳粹德国这一点是否正确。他坚持认为："我们所秉持为真的事物必须基于好理由而得到捍卫，这不是仅仅处于不同的语境中，而是处于所有可能的语境中，也就是说，无论何时，面对任何人，这都是成立的。"[57] 但是，我已经追溯过在《在事实与规范之间》中他从合法性（Gültigkeit）到有效性（Geltung）的持续滑动表明，哈贝马斯将真理等同于理想的断言，可能不是一种稳定的立场，而有陷入语境主义的倾向。这确实是罗蒂的看法："我不能确定，像哈贝马斯和［阿尔布雷希］·魏默尔一样的人们如何在语境依赖性和语境独立性之间做出区分，因为他们已经放弃了真理的符合论，因而就无法对关于行为习惯的主张和再现实在的主张之间做出区分。"[58] 换句话说，在现实主义和普遍主义之间有一种联系，这种联系可能比哈贝马斯准备承认的联系更紧密。

正如罗蒂给出的关于希特勒统治下的德国教授们的例子所表明的，在这里处于危急关头的不仅仅是认识论和本体论中的哲学问题，还有批判理论能否立足这个根本的政治问题。对哲学和社会理论来说，有可能与流行的信仰和习俗保持足够的距离，以便为社会批判提供一个制高点吗？在这里，我们触及第二个问题。哈贝马斯的交往行动理论不仅旨在为研究世界确立超越语境的基础，还旨在建立能够主张普遍有效性的"道德观点"的合理性。然而，一种概念的不稳定性再次出现了。一方面，哈贝马斯坚持认为，体现在特定的社会形态中的伦理观和康德式的普遍主义道德必须经过一种过滤过程，以移除任何实质性的原则；另一方面，他又主张人权和人民主权构成了"顽固内核"，自由民主的合法性就基于此。当哈贝马斯明显地滑入语境主义的时候，一种系统化倾向伴随其中，就是他倾向于以如何让信仰和实践有益于社会整合的功能主义问题取代规范性的合法性标 *37*

① 反犹主义教师尤利乌斯·施特赖歇尔经营的报纸，报纸的字里行间对犹太人极尽侮辱之能事，在纳粹时期发行量很大。希特勒对这份报纸十分青睐，后来任命施特赖歇尔为国家社会主义的宣传者和抵制犹太人商业的负责人，二战后施特赖歇尔被判绞刑。——译者注

准问题。然而，这同时也产生了一种令人不安的弱协商民主模式，尽管这种模式成功地使在西方政治制度中占主导地位的实际情况理想化了。这意味着，首先，与哈贝马斯在规范性原则和流行的信仰和实践之间确立的距离相比，任何为社会批判确立基础的尝试都应当寻求一个更大的距离；其次，如果采用这种策略，那么这就意味着要放弃他那种失败的尝试，即在道德话语中排除各种实质性学说。

这两个问题将最终在本书第二部分得到解决。然而，在本章的余下部分，我要考察另一种阐述一般性的现代性理论的尝试，这与哈贝马斯相关，但在重要方面也与他相左。这种努力试图建立在马克思的基础上又超越马克思；这项课题，就它自身而言是值得讨论的，它能澄清哈贝马斯的探索和我已经强调的问题。雅克·比岱将自己描述为"赞成和反对"马克思的写作者[59]。但是，作为《今日马克思》（*Actuel Marx*）杂志主编和自 1995 年以来在巴黎举办的三年一届的国际马克思大会的主办者，与哈贝马斯相比，他更深地植根于马克思主义论争的知性语境中。此外，自从他对马克思经济学著述的第一部精彩的研究著作《如何理解〈资本论〉》（1985）出版以来，比岱就力求对《资本论》进行批判性解读，发展他自己的现代性理论。在其早期阶段，这种探索得到了路易·阿尔都塞的欢迎，并被阿尔都塞作为他和他的合作者在《读〈资本论〉》（1965）中开创的课题的延续[60]。但是，正如比岱的一篇文章的标题——"为了一种革命的契约主义"——所表明的，他与马克思的对话使他逾越了正统观念的边界，而与平等自由主义特别是与罗尔斯的观点相吻合[61]。那么，如同哈贝马斯，他是在解释性社会理论和规范性政治哲学相遇的知性领域中活动的。

还与哈贝马斯相似的是，比岱力图发展一种一般现代性理论，以克服 *38* 马克思主义的局限性。因此他写道："马克思主义，借助于一系列生产方式的演替、其线性的和历史目的论的视野，剥夺了我们的现代性概念，这种概念被理解为各种可能性的综合，这些可能性仅仅在差不多同时代的（quasi-contemporaneity）条件下才这样存在着。"然而，与哈贝马斯不同，比岱试图更广泛地思考现代性，这种现代性不是通过交往行动理论，而是从解构性地阅读《资本论》开始的，并力图将全部的可能性作为研究主题。这种批判马克思的立场并不意味着对马克思主义经济学理论的全面彻底的拆毁。相反，比岱强烈谴责哈贝马斯同时误解并抛弃了劳动价值论；结果，他声称，在《在事实与规范之间》中，结构化的阶级对抗"失去了它的战略地位"，并从属于系统整合的功能性要求[62]。

　　比岱声称，这里没有与马克思政治经济学批判有关的真问题。从根本上看，马克思在《资本论》第一卷第一部分和第二部分未能充分论证他自己观点的预设。他（在第一部分）首先分析了商品和货币，在这里劳动价值论（根据劳动价值论，商品交换与用来生产它们的社会必要劳动时间成正比）出场了。马克思的基本原理开始于商品，正如《资本论》著名的开篇句，即"资本主义生产方式占统治地位的社会的财富，表现为'庞大的商品堆积'；单个的商品表现为这种财富的元素形式"。但是，只是在第二部分——"货币转化为资本"中，马克思才确认了资本的种差（differentia specifica）——它的自我增殖的能力，这意味着金钱是在确保利润增长的预期中被投入的——并指出使这种自我增殖成为可能的是"特殊商品"，即劳动力。劳动力，与其他任何商品一样，具有一种价值，但是它的使用价值包括在通过劳动而创造的新价值中。劳动力转化为商品涉及它从生产资料中分离出来，生产资料集中在资本家手里，结果是工人的"自由，具有双重意义：一方面，工人是自由人，能够把自己的劳动力当作自己的商品来支配；另一方面，他没有别的商品可以出卖，自由得一无所有，没有任何实现自己的劳动力所必需的东西"。由此而来的工人和资本家在劳动力市场上的不平等达成使之遭受剥削的交易。资本的自我增殖的秘密在被资本家剥夺的剩余价值——工人创造的超过了用来代替其工资的价值——中被找到了[63]。

　　比岱认为，马克思在处理从商品到资本这个重要的过渡上经历了一个前后连续的经济学草稿的转型。在《政治经济学批判大纲》（写于1857—1858年）中，马克思的论文（通过对他论述商品和资本的过程中形成的一种中间阶段的货币概念的分析）被比岱称作对过渡所做的"辩证的"处理。比岱的观点似乎指的是，马克思在《政治经济学批判大纲》中力图表明包含在商品概念中的资本概念，或者说在商品层面的相关分析与在资本层面的相关分析之间存在演绎性关系。但是，当我们读到最早出版于1867年的《资本论》第一卷的时候，马克思的"话语在从第一部分到第二部分的分析的连续性上并不是持续的，而是使用了一种建设性的介入"。在第二部分对劳动力概念的介绍中包括"一种建构主义的新举措，其中包括前面所述的范畴系统，即在商品系统中加入一个新的规定。马克思'规定'了一种作为'劳动力'的系统的商品"[64]。

　　比岱从这种解读中得出了一个非常激进的结论。一旦商品和资本不再是马克思所构思的那种演绎性关系，"那么我们就不可能将资本主义（在逻辑的层面上）设想为独特的和必要的市场发展的结果"。"劳动力"是这个连接的操作符，而策略问题是劳动力作为商品的地位问题。只是在劳动力的商品地位得到实现的范围内，人们才可以真正讨论资本主义[65]。但是，马克思没有认识到他在《政治经济学批判大纲》和《资本论》第一卷的方法中做出的改变所引入的这种不确定性。然而，在比岱看来，这种不确定性意味着现代性"元结构"概念的在场，它超越了资本主义生产方式的更具体的结构，掩藏在马克思的话语中："元结构概念实际上隐含在这个观念中，恰当的资本主义社会关系被收入一个更普遍的'信封'，即商品关系的'信封'中；如果不先阐述商品制度的抽象含义，就不能阐述资本主义制度。"[66]

元结构是比岱的核心概念。它意味着"可能性的领域"，即现代性，它比资本主义更宽泛[67]。但它不是一个超历史的概念。相反，元结构是一种"历史的先验之物"，是"现代社会的各种形式——从最自由的市场资本主义到最集体主义的中央集权——所具有的普遍的'前提'，现代社会的各种形式从其虚拟性中得到了多元化的发展"。比岱将元结构称为"三项式"（trinome），因为它包含三种元素。第一个（最模糊的）元素是比岱所谓"自由—平等—理性这种直接的话语关系"：伟大的现代民主政治（1776 年，1789 年，等等）的创立宣言清楚地表明哈贝马斯强调的内在于交往行动的这种东西，也就是说，言语产生于彼此承认是自由的、平等的、理性的主体之间。但是，这就需要两种"'契约式的'中介"或形成元结构"三项式"中第二个和第三个元素的"转述器"（relays）。比岱认为，"契约性"是市场内在固有的，正如我们所看到的，属于现代性的元结构的构成体。但是，它有两种形式。一种是"个体间的契约性"，这主要体现在市场参与者之间的交易中。另一种是"中心的契约性"，或曰"中心性"，即基于社会契约的国家宪法。比岱强调这两种契约性形式的相互依存关系："如果没有中心的契约性对其确认，自由个体间的商品类型的契约性就不能存在，没有个体间的契约性的自主性，中心的契约性也不能存在。"[68]

作为上述内容应明确的是，比岱没有对他的主要概念给出清晰的阐述。如果我们看看这些概念是如何被使用的，就很容易弄清楚它们的实际含义。比岱认为，个体间的契约性和中心的契约性的更具体的同类物（homo-logues）分别是市场和组织。他坚信"个体间性的契约和中心性的契约的完全同源性"。市场和组织必然共存，这意味着国家的必要性，比岱认为这是"至高无上的中心性，作为在事实上主导整个市民社会的全球性组织"。于是，马克思的错误就不仅仅是认为市场与资本主义不可分离，而且还低估了组织的重要意义，他将其作为次要内容而不是作为现代性的构成特征来加以考量。因此，"一个抽象的国家理论被发现了，正如我们所见，必然首先涉及现代社会理论阐述的元结构的环节"[69]。比岱的元结构概念因而使他有可能同等对待科层制和国家制度的诸维度，从巴枯宁到韦伯这些批评家都认为马克思忽略了这些维度。理论上的初始调整引发了一系列重新定位。首先，比岱旨在表明，他的理论"并不是要对马克思的总问题进行拓扑学重构，而是一种理论的重建，它从衔接两个阶级要素（市场和组织）和它们的两个面向——合理的（契约性）、理性的（协调性）——的干预开始，由此恰当地界定了阶级关系的现代动力学"。处于现代性中的阶级结构是这两个要素的"结构冲突"的结果："这种阶级关系不是单方面构建的商品交换中的剥削关系，而是由组织的等级要素彼此相关地构建起来的，这些要素浸透于整个社会组织中。"[70]

比岱在这里对合理的和理性的做出区分是一种征兆，表明他在何种程度上进行运思的知性范围，这比马克思主义更广阔。他将这种对比归因于罗尔斯，对罗尔斯来说，"有理性的人……为了他们自己渴求在其中是自由和平等的社会世界的愿望，能与所有可以接受有关条款的其他人合作"，而"这种理性……适用于一个单一的、统一的行动者……在寻求其自身特有的目的和利益时具有判断和慎思的能力"[71]。这样，这种合理性概念试图把握契约主义的核心，即把握公正社会的概念，它是自由和平等的主体之间的非强制的协议的产物，而合理性概念则与自利的行为者的工具理性相关。比岱似乎是说，市场和组织都属于这种合理的维度，由于它们都包含契约，而且也属于理性的维度，由于他们是协作的方式，经由这些方式，经济系统可以在简单或扩大的规模上再生产自身。

其次，市场和组织同时相互依赖，又是这两个维度的承担者，这个事 *42* 实导致了一种历史哲学。比岱向我们呈现了"一个激进的悖论：赋予这个中心以规定性的东西，在从个体间的商品交换的规定性中被剔除了"。"现代性的悖论"是经济协作必须采取集中式计划或去中心式的市场的形式。结果，现代性有一个周期性结构：比岱勾勒了一种周期，在这里，去中心化的市场关系带来的是国家借助资本进行的统治受到日益发展的工人运动的挑战；在工人阶级的压力下，国家对市场的控制日益增强，直至抵达一个极限，在那里市场扩大被完全消除，它产生的不是消灭剥削，而是比岱最近呼吁的"掌握在管理阶层手中的世袭的占有形式"；那么最终的反应是恢复市场，所以我们再次回到原点[72]。然而，随之而来的不是我们不得不重复这个循环，它会在1848年革命过去150年之后的今天，让我们回到自由放任（laissez-faire）的资本主义：元结构"提供了适用于现代性的循环原则，然而，它是在一个不可逆转的历史中实现的"[73]。还有就是，我们应当看到，在现代性中存在着迈向进步的方向性，这种方向性可以让我们摆脱这种恶性循环，或者至少对其进行控制。

最后，比岱的元结构理论形成了一个更大的概念架构的基础。事实上，他的分析主要有三个层面。第一，这种元结构，是构成现代性的诸可能性的母体。第二，这种结构，颠倒了在元结构中内在固有的自由—平等—理性的承诺，这得益于阶级剥削关系和来自市场和组织的联合行动的统治。而第三是一个体系。这种在现代性中内在固有的结构趋势产生了铰接式的总体，即在全球范围内形成了一个联合起来的经济和政治空间。在这里，比岱的观点在很大程度上借鉴了为布罗代尔、沃勒斯坦、乔瓦尼·阿瑞吉和其他人从多方面发展的世界体系理论。因此，他认为这个体系，是支配和暴力的领域，比结构更甚。但是，他批评诸如卢森堡、考茨基和布哈林这些论帝国主义的经典理论家，因为他们仅仅透过世界经济范畴来概括全球性状况。

于是，世界体系不只是一个市场：它包括政治秩序，尽管这仍然需要采用国际关系的主导形式。这里没有"契约性的中心机构"，没有全球国家。"因此，在全球的框架中……，'个体间的契约性'时代早于潜在的中心性契约的时代。"言下之意是有一种逐步走向全球国家的趋势。跨国经济和文化关系的日益增长使这种国家具有必要性。各种具体的制度，从联合国到调节企业之间全球贸易的商法（lex mercatoria），都见证了这种迈向跨国性中心的努力。正是这个全球契约的思想也蕴含着对全球国家的需要，"因为它只是处于人类的具体的总体性层面上，人类要共享地球，只有在这个意义上，支配社会秩序的真正普遍原则才能确立起来。契约性的秩序是地缘契约性的或者说它并不存在。这种国家是全球性的或者说它不是契约性的"。在一定程度上，如同哈贝马斯，比岱也将1991年的海湾战争（这不像最近美国的军事远征，而是由联合国安理会授权的）解读为"标志着世界国家方向上的一个决定性的演化，因为在其中，中心性的两种形象——一种在很大程度上仍然是潜在的，是超级大国［sur-Etat］，另一种是过于现实的，帝国主义——开始融合在一起了"：即使第二种形象支配第一种形象，美国还是力图获得安理会决议以争取合法性，这表明世界国家的观念不只是一个"意识形态的外衣：一旦它的出现是必要的，那么它就不只是某种现象性的事物了"[74]。

如果，正如比岱所说的，与但丁不同，他在乐园（Paradise）里从一开始就承诺了内在于现代性的自由和平等，但即便如此，他的一般性理论也并未让我们回归到那里。但是，这个承诺没有使我们沦于剥削和统治的"人间地狱"中；而是让我们留在"总问题的炼狱"中，在那里，一个世界国家的雏形至少为我们提供了控制全球资本主义的前景[75]。比岱拒绝简单地宣告放弃马克思的政治经济学批判，这无疑使它的现代性理论具有比哈贝马斯以功能主义为基础的社会系统观念更坚实、更关键的边界。但是，将这种雄心和智慧加以理论化会引发很多问题。或许从实质性角度来看，最重要的问题是，比岱主张，市场经济（在马克思的意义上即"广义的商品生产"，在那里，大多数商品和服务都是为在市场上出售而生产的）是现代性的本性所内在固有的，而且与资本主义是可以分离的。我在别的地方批判过这种主张：在这里，我只是想重申，在我看来，比岱错了，此外，也没有任何"现代性的悖论"，因为民主计划既是西方模式的自由资本主义，也是斯大林主义的指令式经济的（有人敢说，其中有第三条道路吗？）的一种选项[76]。

在这里，我所关注的毋宁是被比岱看作他的重要哲学创新的元结构概念。虽然他发现马克思在《政治经济学批判大纲》和《资本论》中处理商品和资本之间关系的方式不同，但这项研究并不能表明将《政治经济学批判大纲》和《资本论》分离的做法是正确的，他将那种比资本主义更广阔的元结构的市场包括在元结构中。在《资本论》第一卷第一章中，马克思确实运用抽象力将商品从资本主义生产方式的实存中剥离出来。但是，这只是他在《资本论》中运用的更普遍的程序的一个例子，其中涉及将资本主义理解为一个阐释性的、多层次的结构，它可以通过逐步引入更为复杂的规定而被概念化[77]。然而，如果认为这个理论建筑的每个层面都有一些与之对应的独特现实，就可能是错误的：借用阿尔都塞的一个术语，《资本论》的真正研究对象是作为整体的资本主义生产方式，它在概念上被重构为"许多规定和关系的丰富的总体"[78]。因而，马克思只是没有在《资本论》的开头假定资本主义生产关系的存在，但这并不意味着他在第一章中对商品的分析与不同于资本主义的社会现实——市场——相对应。这个分析使马克思构建了一个广义的市场生产模式，也就是说，他试图确认相互依赖而又自主的商品生产者的经济模式。正如《资本论》的展现所表明的，仅当劳动力本身是一种商品——也就是说，仅当存在资本主义生产关系的时候，这种经济模式才存在。

当批评古典政治经济学家罗伯特·托伦斯时，马克思明确说明了这一点，托伦斯提出了一个关于劳动价值理论的历史解读的早期版本并因而著名。他指出应按前资本主义的简单商品生产者的经济形式（这丝毫没有使之降低雇佣工人的地位）控制生产资料本身，这样商品才能按其价值（即生产它们所需要的社会必要劳动时间）进行交换。

> 这就是说……适用于作为商品的商品的规律，只要商品一旦被当作资本或当作资本的产品，只要一般说来一发生商品向资本的转变，就不适用于商品了。另一方面，只有整个产品全都转化为交换价值，产品生产的构成要素本身全部作为商品加入产品，产品才全面地具有商品的形式，就是说，只是随着资本主义生产的发展并在资本主义生产的基础上，产品才全面地成为商品。因此，商品的规律应该在不生产（或只是部分地生产）商品的生产中存在，而不应该在产品作为商品存在的那种生产中存在。[79]

马克思清楚地看到这是一个历史阐释的化约（reductio）。这与先前历史上描述的社会形态或（在比岱的版本中的）资本主义生产方式之前的本体论上的社会形态相去甚远，劳动价值论使马克思构建了一个广义的商品生产体系的模型，它要在资本主义的生产关系中才能操作。因此，只有当直接生产者已经转化为雇佣劳动者，他们才变得完全依赖市场，以满足他们的生活需求；除了在非常特殊的情况下，简单的商品生产者大体上都要依赖有用品（通常在家庭的框架内）的生产，以满足他们的大部分需求。因此，劳动力转化成商品才导致资本主义生产关系的盛行，在这里，大部分产品被生产出来，用于在市场上销售：正如马克思所说的那样，"正是从这时起，劳动产品的商品形式才普遍化"[80]。那么，比岱的这个看法是正确的，在《资本论》这一时期，马克思不再将他所分析的不同层次之间的关系设想为一种演绎，但他没有看到马克思对这种关系所做的分析有一个重要方面，即市场经济和雇佣劳动制度在功能上是相互依赖的，这种雇佣劳动制度是资本关系的构成性要素[81]。

当然，比岱的元结构概念在哲学上的可靠性问题不能由我已经提出的对他的《资本论》解读的那种挑战来解决。但是，很难理解元结构的本体论地位究竟是什么样的。我们记得，比岱将它设想为一种可能性矩阵，它规定了各种具体的初具规模的现代社会形式的边界条件。他还将其称为"历史的先验"，一种与福柯的"历史的先验"（historical a priori）概念产生共鸣的表达式[82]。这样的构想援引了康德的先验论证观念，其目的是建立经验的可能性条件。但是，康德最关心的是，他的论点能确立普遍的结论。除了其他问题之外，福柯的构想恰恰要尝试颠覆这个先验论证观念。在特定的时间和地点中的历史性存在，其定义不具有普遍性：这意味着，我们的信仰和习俗的前提是一个先验的预设，但它们没有普遍的有效性。这对福柯来说不是一个问题，因为像罗蒂一样，他希望在语境主义和反普世主义的方向上推进我们的思想。但是，比岱确实试图为普遍原则奠基：因此，正如我们所看到的，他认为这种契约主义原则的"普遍化特征"要求这些原则具有世界范围的广延，这是建立在世界国家的基础上的。

比岱主张"元结构的前提""远非只是一个初步的阐述，远非一个简单的逻辑前因"。理解它的最佳方式是依据内在于现代性的承诺而将其理解为一种历史形态。"只有当支配的结构形式开始取得普遍性地位的时候，才会这样构想它们自身。"这就是现代性的诞生时刻（过程）。因此，比岱多次坚称：（a）元结构从由资本主义开创的剥削和支配的独特的现代结构开始。（b）它是一项宣言，或是作为一项宣言开始的："元结构因而被视为现代'宣言'，它具有两个面孔，合理的真理—有效性的面孔和理性的、正义的面孔。"[83]

为了满足他的现代性概念的要求，当比岱说到通过元结构包括的这两方面含义时，他试图包含在现代性中的内容就太多了，元结构赖以显示自身的宣言，一方面是真理和工具理性，另一方面是合理性，罗尔斯声称的合理性本质上是契约主义，它基于公民对民主政体的渴望，在其中公民自由和平等地对待彼此。关于作为现代性前提的真理和理性，比岱没有提供任何可靠的论点加以证明。但是，如果我们坚持元结构的地位的第二个方面，元结构的地位就更站得住脚。于是，将元结构理解为宣言的思想就援引了一些真实的历史宣言，例如，经由英国、美国和法国革命肯定了的公民诸权利的宣言。这种政治现代性思想具有一种由艾蒂安·巴里巴尔强有力地阐述过的永久的颠覆性潜力，他创造了"平等自由"（égaliberté）这个混成词，作为这个论点的一部分，用以论证平等和自由的思想具有得以实现的相同的历史条件，而由伟大的资产阶级革命所肯定的这些思想不断地鼓动人们挑战现存的制度，克服那些妨碍人们彼此自由和平等相待的压迫性或排斥性结构，无论这是什么结构[84]。

那么，将这个论点发展成一篇历史论文是很有诱惑力的，即在推翻封建等级制并对整个世界发生普遍影响的过程中，资本主义创造了可以肯定这些理想的条件，但是，这样做就使资本主义创造了一种伴随它发展的二重性，还不断地提醒人们关注在自由和平等的承诺和资本主义社会关系的诸剥削性现实之间的结构性差距。当马克思认为"人类平等概念"可能获得"国民的牢固的成见……而这只有在这样的社会里才有可能，在那里，商品形式成为劳动产品的一般形式"的时候，他也按照这种思路指出，不同种类的劳动因此被视为等价物来对待：资本主义生产方式因而产生了这种历史语境，其中平等的思想可以得到广泛接受，但是，与此同时，资本主义不断颠覆这个理想，因为对雇佣劳动的剥削取决于工人和资本家在现实的经济上的不平等[85]。比岱的一些说法似乎为这个论点提供了注解："这种契约主义的自命不凡被铭刻在……一种现实主义的社会本体论中：元结构往往只有在结构的诸条件下，只有在冲突中，才能得到发展。"[86]

但是，比岱拒绝将任何自由和平等的理想置于历史境况中。因此，在最充分地阐明元结构性质的尝试中，他写道：

> 元结构不能被理解为一种上层建筑……它可以被定义为社会制度的"环节"，它既不是一个纯粹的话语秩序，也不是一个独特的制度。这个"宣言"有一种本体论地位，是一个现实的索引，在这个意义上，无论强度怎么样，宣言都标记着、规定着、浸透着具体的历史制度。一方面，因为宣言处在有效的合法律或合习俗的地位，处在他们共同的象征性空间的实质性条文中。另一方面，事实上，由于这个宣言越出了这些规定和条文，并回想起它的无限期开放性（与此同时，这些规定和条文倾向于固定宣言），持续激发被宣言排除在外的人们，即了解这种激发作用的人们，强行进入公民的公共空间中。[87]

这段话的大部分内容似乎与巴里巴尔的平等自由概念非常接近，这个概念持续激励人们革命，从而消除那些阻挡这个观念得以实现的制度。但是，人们可以接受在革命的宣言中得到肯定的这种自由和平等的理想，当其制度化和保有颠覆性潜力同时得到确认，都具有一种历史的现实性，尽管这些宣言在制度化的时候没有得出这个结论，上述两方面因此必须被假定为元结构，即现代资本主义社会所预设的元结构的构成要素。比岱坚持这个结论的原因之一是在这段话的第一句最后提到的，他否认元结构是一种上层建筑[88]。可能他担忧将自由和平等的理想化约到历史语境中，会将这些理念简化为生产关系的反映。但是，这种担忧是没有正当性的：就像确认所有人都是自由和平等的那种规范性的句子，与其他任何句子一样，都具有一种真值。人们断言这类句子的理由既独立于这些句子最初在其中流行的历史语境，也独立于持续维系（或颠覆）这些句子的社会条件。

　　像哈贝马斯一样，比岱试图建构一个理论空间，其中，马克思主义者在传统上追求的那种解释性社会理论能够与被诸多平等的自由主义者付诸实践的规范性政治哲学交相融合。他拒绝那种经常为正统的马克思主义者所倡导的相对主义的元伦理学，他是正确的，这种伦理学将道德和政治信仰简化为占主导地位的生产关系在功能上的要求。但是，这种拒绝并不能为元结构的想象，即伴随这些关系而产生的一种阴影辩护，在这种想象中，人们将富有契约主义政治哲学特征的道德命令纳入元结构中。在另一方面，还是与哈贝马斯一样，比岱的策略也导致了一种道德和伦理话语边缘化的后果。因为构成元结构的那些命题不能被视为道德确证，而被视为对现代社会结构的前提的阐述，因此，它们具有与诸如劳动价值论相同的认识论的地位，遵循马克思，比岱将这些命题当作揭示资本主义生产关系的出发点，当作一种不做规范性承诺的解释性理论。但是，如果元结构只是一个可能性的客观矩阵，那么人们为什么要实现一种可能性而不是其他可能性呢？而且，如果我们自由而平等地对待我们的人类同胞的要求仅仅是现代社会的一个前提，那么，我们用什么理由来说服那些追随尼采并简单地谴责现代性的谎言的人们呢？换句话说，尽管比岱想要拒绝那些以化约主义方法对待道德和政治话语的标准做法，但他自己的论证就其方式来说恰恰 *50* 体现了化约论，因为它忽略了这些话语严格意义上的评价性质，反而这些论证聚焦于说明元结构中的某些命题在现代社会的制度中所体现的作用。他力图继续"这项哲学课题，即在概念的同一性中思考是什么以及应当如何做的问题。这项课题为斯宾诺莎和黑格尔在最高程度上做出说明"，但事实上这项课题以"应当"被卷入"是"而告终[89]。

　　从我对比岱的一般现代性理论所做的这些批判中可以得出两个结论。首先，简单地强化了本节开头提出的一个想法，也就是在为社会批判构建一个坚实的哲学基础时，我们可能要严格地采用和寻求规范理论，并借助它建立独立的实质性正义原则。我在下面的第七章回到了这个话题。其次，在这个语境中提出的现代性的观念有何益处呢？为了论证起见，让我们这样考虑，伟大的资产阶级革命开辟了一个超越资本主义的想象的空间，它是由普遍自由和平等的理想构成的。不过，现代性采用的实际形式是资本主义。比岱自己提出了某种貌似合理的历史断言——认为斯大林主义社会代表了一种非资本主义现代性，并将这个唯一的候选对象看作现代性的异常情况[90]。在将现代性勾勒定为我们已经在这一章考察过的那种独特的社会形式时，这类尝试或者将具有资本主义发展特征的那些趋势同质化（在哈贝马斯看来，这是将社会区分为各种自主的子系统，以及生活世界的殖民化），或者假定一个伴随资本主义结构的元结构阴影（比岱）。弗雷德里克·詹姆逊最近提出，"这种试验性的程序，即在现代性出现的所有语境中都以资本主义替代之"，并将其作为一种"治疗性的……建议"[91]。当然，正如我们在下一章将有进一步的理由所看到的，社会批判的主要目标仍然是资本主义。

第二章
在相对主义和普遍主义之间：
法国批判社会学

一、资本主义及对其所做的批判：博尔坦斯基和希亚佩洛

由哈贝马斯所主导的关于现代性的辩论似乎不再被看作批判理论的急 *51*
先锋。哈贝马斯的立场曾使他在学术思想和政治的结合上发挥了举足轻重
的作用，一方面，在 20 世纪 60 年代和 70 年代实现伟大复兴的马克思主义
理论在危机和崩溃中终结了，另一方面，后结构主义对这项启蒙工程发起
了一种全面彻底的挑战[1]。但是，20 世纪 90 年代是以学术思想和政治氛围
的重要变化作为标志的。冷战结束后，自由资本主义取得大规模的胜利，
一些国际金融机构，诸如国际货币基金组织和世界银行等，努力将新自由
主义的一系列经济计划，即被称为"华盛顿共识"的计划普遍化，这就使
如何或是否与资本主义相伴而生成为一个日益紧迫的问题。就在 20 世纪的
最后十年，当西雅图抗议活动标志着另一个全球化的国际运动出现的时候，
议题的这种变化在政治上变得明显了，当时，在学术界里也有重要的信号，
即现代主义和后现代主义的伟大争论不再居于理论辩论的最前沿了。

足够令人惊讶的是，其中一个发出这个信号的人是罗蒂，他开始谴责
他所谓的在美国学院派中的"文化左派"的自恋症，并呼吁人们回归到 *52*
"阶级政治"中，以解决由新自由主义全球化带来的日益增长的不平等问
题[2]。事实上，罗蒂借由在美国实用主义的惯用语中推广后结构主义主题，
促进了后现代主义学术研究（这不能使他的批判得到任何相应的减弱）的
内向性合法化。但更重要的是，法国不仅是后结构主义的故乡，而且随着
1976—1977 年新哲学的出现，马克思主义危机在法国第一次凸显了[3]。
1993 年，有两本书在法国出版。第一本是《世界的重量》，以皮埃尔·布

迪厄为首集体创作的论文集，试图通过记录、收集和分析大量的个人叙事，来传达由 20 多年来的新自由主义经济学引起的物质和精神的痛苦。第二本是雅克·德里达的《马克思的幽灵》：在马克思显然已经被冷战的胜利者永久地遗忘的政治和意识形态的语境中，德里达谴责了"新世界秩序"中的邪恶要素——失业、排外、竞争、债务、军火贸易、核扩散、战争、全球化犯罪、由大国和大企业操控的国际机构——而且肯定了："没有这一点，就不会有将来。不能没有马克思，没有马克思，没有对马克思的记忆，没有马克思的遗产，也就没有将来：无论如何得有某个马克思，得有他的才华，至少得有他的某种精神。"[4]

丹尼尔·本萨义德已经写过，这两本书"遏制了得意忘形的自由主义的花言巧语，宣告了社会抵抗的复兴，并有助于人们改变这十年的情势"[5]。这个复兴在法国首先显现为 1995 年 11—12 月的大规模公共部门的罢工，这些罢工明显地将重心推向左派，并加快了由反新自由主义者组织的新政治网络的发展；其中在国际上最重要的是征收金融交易税以援助公民协会（ATTAC），它成立于 1998 年，是关于全球金融市场监管的运动[6]。正是在 1995 年罢工期间，布迪厄成了主导这些新抵抗运动的学术捍卫者。作为法兰西学院的国际知名教授，他有效地利用大量（用他自己的词汇来说）象征资本，发起了一场反对新自由主义独特思想的坚定的文艺运动，并召集了一批学者-活动家，名为"行动理性"，以寻求一项能够满足这些运动所需要的研究议程[7]。

布迪厄在 1995 年的罢工和他 2002 年 1 月去世之间这些年的积极介入使他在过去 30 年里发展的批判社会学发生了强烈的政治转折。但是，在 20 世纪末，系统地探索社会批判的学者并非布迪厄，而是吕克·博尔坦斯基，一个资深的社会学家，布迪厄此前的合作者，后来被他疏远了。《资本主义的新精神》，由博尔坦斯基和管理理论家夏娃·希亚佩洛共同撰写并出版于 1999 年，这一项大规模研究，探索了资本主义及对其所做的批判之间的一般关系以及 1968 年以来这些关系在法国的变迁，力图"为重启批判贡献力量"[8]。无论是对这本书的基础的丰富研究，还是博尔坦斯基和希亚佩洛对资本主义问题的明确意识——凸显的是学术界已经越来越远离现代性和后现代性的辩论——我们有理由开始于此前的《资本主义的新精神》，受书中各种困惑的促动，在下面的第二章第二节中，我还要继续思考布迪厄对社会理论的地位的阐述。

我们已经在哈贝马斯和比岱的论述中看到，他们都全神贯注于超越社会批判理论和规范性话语的极端对立。因此，很有趣的是，我们发现博尔坦斯基和希亚佩洛恰好也表达了这种关注：

> 资本主义的精神这个概念，正如我们所规定的，使我们从今以后克服了这种理论之间的对立，它一直主导着过去 30 年的大多社会学和哲学……，经常受尼采－马克思主义（Nietzscheo-Marxist）启发的这些理论，把社会仅仅视为暴力、权力关系、剥削、统治和利益冲突，而且，另一方面，这些受契约主义政治哲学启发的理论，强调民主的辩论形式和社会正义的诸条件。[9]

如果对立的后一派暗指罗尔斯和哈贝马斯，那么前一派肯定不仅让人想起福柯，而且让人想起布迪厄，他们最有影响力的社会学著作以象征性支配和结构性暴力为主题。资本主义的精神这个概念意味着我们可以逃离这种两极性，并将我们引向另一个重要的社会理论家——马克斯·韦伯。对韦伯来说，为使基本积累在社会上流行开来，就要有"资本主义的精神"这种生活风格，就要让所有的生命活动都从属于工具理性，这又通过加尔文教派支持的那种内在的世俗禁欲主义的传播得以实现。对于现代资本主义最先站稳脚跟来说，这乃是历史的必然，但是，一旦人类服从于"机器生产的技术和经济条件"，这就变得可有可无了。"因为这种条件以不可抗拒的力量规定了个人的全部生活，而不仅是决定那些涉及经济盈利的生活。"[10]

相比之下，在博尔坦斯基和希亚佩洛看来，"资本主义的精神……在资本主义的过程中发挥着关键作用，它通过限制资本主义而服务于资本主义"。这种限制的必要性是资本主义自身的本性内在固有的，他们将这种本性定义为"一种采取形式上和平的手段实现无限的资本积累的需要"。这是

> 一个荒谬的系统：工薪阶层已经失去了对其劳动产品的所有权以及摆脱从属地位，从而积极生活的可能性。至于资本家们，他们发现自己卷入一个无止境的贪得无厌的过程中，这个过程完全是抽象的且与满足消费需求，即对奢侈品的需求无关。对这两类主人公来说，嵌入资本主义过程是完全无法用正当理由来加以论证的。[11]

当然，这个评价让人想起马克思对资本主义剥削和异化的批判。但是，博尔坦斯基和希亚佩洛最为关注的是另一个韦伯式的主题——社会秩序的合法化。"体制性约束"不足以激励行动者参与到资本主义中去，即进入资本主义的精神——"这种信仰的总和与资本主义的秩序联系在一起，致力于确认这个秩序的正当性，并使与此秩序相一致的行动模式和性格趋向

合法化，从而致力于维持这种模式与性格的趋向"。这可能使资本主义的精神看起来像马克思主义意义上的意识形态，它使掩盖自身矛盾的资本主义合法化。但是，博尔坦斯基和希亚佩洛否认资本主义的精神是一种上层建筑[12]。此外，在与劳伦·泰弗诺合写的《论正当性》（1991）中，博尔坦斯基甚至专门批判了韦伯的合法性概念，因为它

55

> 往往无视协作的强制，而躲避在价值相对主义中，并由此将正当的理由与欺骗手段混淆起来。我们感兴趣的是正当的行为，因为我们是从如下事实中得出结论的：人们所都需要的是确认他们的行动具有正当性，也就是说，不是在事件发生后捏造虚假的理由，以掩盖秘密动机，并以这种方式为自己找到一个借口，而是以这种经得起正当性检验的方式来行动。[13]

这个从意识形态和合法化到正当性的问题转换发生在两个层面上。第一个也是更抽象的层面是博尔坦斯基和泰弗诺在《资本主义的新精神》中再现的正当性理论。因为在这个晚期文本中，博尔坦斯基和泰弗诺志同道合地"抛弃了这个制度，即从实在论的或批判的角度看，使所有的社会关系取决于支配和强力，并支持那些在城市中谋求均衡的架构，其共同目标是为区别于其他生物的人类的世界塑形，在基本平等上让彼此和睦相处"。这里对均衡的引用再次强调，尽管博尔坦斯基对将社会关系化约为支配诸等级的社会学怀疑持敌视态度，但他还是希望避免陷入规范的政治哲学。因此，他和泰弗诺力图运用正义（juste）这个法语词根，将解释性社会理论和评价性规范理论融为一体：

> 这就引导我们逾越恰到好处［ajusté］的两个定义之间的区别，其中一个定义指向正义［justice］，另一个则指向公正［justesse］，并且还引导我们用同样的概念工具来处理以下情形，其中的不适应被记录为不正义，或者不如说，例如，被记录为功能障碍。[14]

所以，博尔坦斯基和泰弗诺的目的是，在同一个理论空间，将规范整合的问题——例如，为涂尔干、帕森斯、哈贝马斯等共同主张的功能主义社会学所关注的是，建立某些共同规范和价值，以确保社会秩序再生产的机制——以及正当性的问题融合起来，正如我们所看到的，博尔坦斯基和泰弗诺主张的正当性问题不能被当作意识形态问题来看待，或基于价值相对主义来处理。一方面是博尔坦斯基和泰弗诺，另一方面是功能主义社会学，这两方面有一个关键的差别，前者不能够像后者那样赋予共识特权。相反，博尔坦斯基和泰弗诺特别关心的是分歧。在那些被他们称为测试

56

（épreuves）的案例中，分歧得到了调节，因此，这些案例很重要。尤其是，这些分歧正是存在着争议的各方都能诉诸的多种正当性原则。因此，"在合法性的建构中有两个主要困难"——首先是，各种不平等和"可以体现正当性的合法形式的总体性支配原则……即我们所谓的共同的人性原则"之间的冲突。其次是，"这个协议形式的多样性表现。当普遍性体现为合法性的要求，且往往被置于首位的时候，这种多样性如何可能呢?"[15]

这是一个好问题，尽管没有一个令人满意的答案。在这两本书中，博尔坦斯基和他的合作者都全神贯注于他们设想的正当性的多样性形式，这种多样性是不可化约的。他们认为，"在当代社会中有六种正当性的逻辑，或六种'城市'。"这些城市或政治共同体的本质特征可以从广泛传播的政治哲学经典中凝练出来，它们是灵感之城（奥古斯丁）、家族之城（波舒埃）、意见之城或声誉之城（霍布斯）、公民之城（卢梭）、市场之城（斯密）以及实业之城（圣西门）。博尔坦斯基和希亚佩洛增加了第七个城市，即由当代资本主义产生的"网络世界"出现了，它使适用于"网络世界"的那种正当性成为可能[16]。

每个城市都是由一种"高级的普遍原则"构建的；"今天在法国，最常见的是为了达成协议或处理争议"，很多"个人"通常诉诸的正是这些原则，但是，正当性的形式具有一个复杂的结构。博尔坦斯基和泰弗诺列出了一系列界定城市的"公理"。这些公理开始于"城市的成员们共同的人性原则"，同时也设定了城市的成员们所处的不同条件，尽管他们被认为能够平等地获得这些条件，但是可以在其中发现这些条件的多样性。为了 *57* "使活动和正当的分配相协调"，每个城市必须具有"一种价值尺度以衡量与这些条件有关的善品或福祉"。但是，从而产生的评价等级似乎与"共同的人性公理"保持着张力。这个矛盾要通过另外两个"公理"来解决。第一个是"投资公式"，"将一个高级条件的益处与获得这个条件的成本或牺牲联系起来"。第二个"假定，就福祉随着人们走向高级条件而增长来说，它使整个城市获利，在某种程度上，这是一种共同的善品"。在价值尺度上对这些条件排序因而是"一种宏大［grandeur］的秩序。这种共同的善品反对利己主义的享受，认为必须牺牲这些享受来实现更优越的宏大的地位"[17]。

这个思想似乎是——与法国大革命的著名口号相反——伟大的人似乎并不伟大，因为我们跪着。在某种程度上，伟大的人之所以伟大，是因为他们牺牲自己以实现他们的优越地位，并使我们大家都受益："伟大的人物与渺小［petits］的人物的条件无法区分，这不仅因为它将更多的福祉分配给那些同意这种条件的人，而且因为它使渺小的人物所得的福祉有意想不到的影响。"[18] 然而，宏大的品性的本质在各城市之间亦有不同——在灵感之城，它是神圣；在家族之城，它处于按等级排列的人格依附的链条上；在意见之城，它是荣耀或为公众敬重；在公民之城，它承诺共同的福祉；在市场之城，它是商业财富；而在实业之城，它是创造力和专业知识。但是，因为这些是所有人都能平等地获得的社会性特质，所以，这些观点对人们始终是开放的，在共同体成员之中，这些条件的现行分配方式是否与他们各自的宏大品性相对应。

正是这一点使以下"争议［litige］"成为可能，"也就是说，关于人格的宏大品性，人们的意见不同，因而，在这种情况下，对其分配的适当性［juste］或多或少也是意见纷纭的"。这种争议导致人们进行一种试验，其功能是"通过实现人格和重要对象的新品性"来解决意见分歧。只要这些试验能在一定程度上诉诸"一个更高级的共同原则以确立人们相对的宏大品性"，就能够化解冲突。然而，一旦争议牵涉不同的世界——不同的城市以及维持这些城市的更大的社会情境，就更难达成一致意见了。这些冲突在现代性中是不可避免的："在一个分化的社会中，每个人每天都必须面对不同世界的各种情况，知道如何识别它们，并表明自己能够适应它们。"[19] 但是，这里没有高于个别城市的立足点，人们可以从这个立足点出发，诉诸不同的普遍高级原则来裁定。因此，尽管没有成功的试验使这种解决方案内在地脆弱不堪，但有时妥协是必要的，人们应当一致同意停止争议，不再诉诸普遍原则来试验某些议题。

但是，多样的正当性逻辑也是使批判成为可能的逻辑。事实上，批判取决于两个条件——第一个是"另一个世界的存在者的在场"，第二个是人类"使他们自己从局势的束缚中摆脱出来，并质疑这些试验的有效性"的能力。这样的挑战包括"揭示带来另一种品性的存在者的价值而使陌生形式的宏大品性受到测验"。由此具有"揭露"的作用，这种作用"能使局势发生性质的变化"。其结果是，借由证明那些最初被设想为伟大的人物的作用，不会产生归因于他们的益处，来揭露这些人。因为这里没有任何独立的标准可以用来评价其他竞争城市的主张，批判的可能性会使争端的解决变得错综复杂，而批判在正当性的实践中起到了至关重要的作用。

对几个世界的思考使我们对正当性的限定更为精确。如果人们没有面对批判，他们就不会遭遇这个问题。因此，如果人们借由从外部原则获得支撑，结果是从多样的世界中获得支撑，那么他们就有可能摆脱并谴责当前的局势，因此这种可能性就构成了正当行为的条件。[20]

在第二个更具体的资本主义精神的层面上，批判也有一定的功能。在博尔坦斯基和希亚佩洛看来，这个概念"允许我们的分析所依赖的这两个核心概念——资本主义和批判——在一种动态的关系中……衔接起来"。就这种关系而言，资本主义是能动的一方，它持续地将对它的批判抛在身后，但是为了满足其合法化的需求，它也依赖于这些批判："由于资本主义不能在贪得无厌的积累过程的逻辑中找到它的道德基础（积累与道德无关），所以必然从正当性（这里被称作城市）的秩序中借用其本身缺乏的合理性原则。"[21] 新批判的出现迫使资本主义的精神发生转换，而使资本主义利用新的规范性资源，至少使自己部分地从这些批判中衍生出来，从而实现自身的更新。

博尔坦斯基和希亚佩洛这本书的主题，就是资本主义新精神的出现，这是一个很好的例子。他们认为，"与"各种不同的资本主义"相对应"——分别为家族资本主义、管理资本主义和全球化资本主义，先后有三种资本主义精神。第一种精神聚焦于单个的资产阶级所有者，从家族之城中推断出正当性的形式。第二种精神是"实业之城和公民之城之间的折中"，其核心角色是经理人。第三种精神是谱系学，其规范资源是当代资本主义从一种新城市即"项目之城"（la cité par projets）中借鉴而来的，它产生了为博尔坦斯基和希亚佩洛追溯的那种"为自治的人们所追求的多个计划的弹性世界"。他们的分析基于对管理文献的研究，他们认为，这种研究提供了"通往与具有划时代意义的资本主义精神相关的最直接的表述途径"[22]。

这项研究揭示了 20 世纪 60 年代和 90 年代之间的一种显著的不连续性。这反映在非常不同的实践中，从这两个时期的管理学话语中可以看到如下问题："20 世纪 60 年代的管理学文献，明确地或含蓄地，批判家族资本主义，而 20 世纪 90 年代的文献则主要受到等级制、有计划的大型组织的排斥。"换言之，后一部分文献非难的正是 20 世纪 60 年代的管理学文献力图为其小资本主义先驱辩护，并通过解决由"巨人企业"产生的组织问题，以确保管理人才（cadres）恰当的积极性得到有效的呈现。20 世纪 90 年代的论述提供的确实是一种解放的方案，从大企业的荒谬做法中解放出来，其最重要的主题是"精益企业，使之在计划的基础上，在网络中与众多的参与者、工作团队或以项目为基础的工作组织一起工作，这着眼于用户的满意度，并借助他们的领导者的愿景实现对工人们的总动员。"管理者不再是一个官僚，而是"网络人"（l'homme des réseaux），这样的人物具有

59

60

"艺术家和知识分子的素质",这实质上是其创造性的素质使然[23]。

任何阅读过商业报纸的人都已经对这种新话语足够熟悉了(实际上,《金融时报》已经运行若干年了,专门发表的每周专栏都相当有趣)。博尔坦斯基和希亚佩洛的方法的独具匠心之处在于,论证这个管理学思想完全借鉴了 20 世纪 60 年代的反资本主义话语。他们认为,对资本主义的各种批判汲取了由资本主义产生的四种"愤怒的来源"——(a)祛魅和非真实性,(b)压迫,(c)苦难和不平等,以及(d)机会主义和利己主义。这些来源依次使两种批判成为可能——取决于(a)和(b)这两个来源的"艺术的"批判,与聚焦于(c)和(d)的"社会的"批判。第一种批判谴责资本主义,因为资本主义以各种方式违反了人们的自主权,剥夺了个人过一种真正选择的对他们有意义的生活的能力。它也因此对始于波德莱尔的美学叛逆者具有吸引力。第二种批判针对的是由资本主义引发的社会丑恶现象——贫穷、苦难、不公正以及社会腐败,因而更多的是在道义上被驱动的。马克思的"异化和剥削这两个概念指的是这两种不同的敏感性"[24]。

博尔坦斯基和希亚佩洛认为,他们所谓的"新管理旨在回应在……'艺术批判'中历史地结合在一起的真实性和自由这两种需要,而将利己主义和不平等这些在传统中与'社会批判'联系在一起的问题抛开"。而且,这种话语的转变是 1968 年遗产的一个重要组成部分。博尔坦斯基和希亚佩洛将 1968 年 5—6 月在法国的工人和学生反抗描述为"一种危及资本主义运行的深刻的危机……但是,另一方面,也正是在回应在 5 月事件的过程中得到表达的一些抗议的主题时,资本主义才撤销了对它的批判,它重夺了主动权,并发现了新的活力。"这种社会批判传统在法国工人运动中占主导地位,但是,一种被恢复常态的艺术批判在 1968 年发现自己处于*61* "抗议的核心地带"[25]。在战后这些年,诸如社会主义或野蛮(socialisme ou barbarie)和境遇主义者(the situationists)这些激进知识分子的小团体所探讨的就是自主性、创造性、异化以及类似的这些主题。1968 年涌现的激进学生运动在传统左派为这些观念提供的新的、广泛的受众的控制范围之外。对雇佣者而言,更多的威胁仍然是,这些观念无论是在这场事件本身还是在延续到 20 世纪 70 年代的余波中都蔓延到了工作场所。而社会批判——例如,采取要求加薪的形式——是由共产党追求的目标,它的盟友是法国劳工总联盟(Conféderation Général du Travail)和极左派群体,这些艺术批判在所谓的拒绝工作中得到了表达——特别是由年轻工人发起的针对大规模生产的泰勒主义方法提出的反抗。

雇主们首先"在社会批判方面解释危机"，并提供物质上的让步以用来重建战后在资本和劳动之间的妥协。但是，面对工作场所中的权力危机和反对全球经济衰退背景的成本不断上涨，从20世纪70年代中期起，"老板们中的先进分子"根据艺术批判重新界定了其所面临的问题。在20世纪80年代，在弹性的口号下，人们"通过将自我控制替换为控制，通过将非常高昂的成本外部化，通过将组织的负担转嫁到工薪阶层身上"，重获对工作场所的管理控制权。这涉及各种各样的措施，一方面，压缩了管理的层次，缩减了企业的规模，并将责任转移到工人队伍中，而另一方面，通过诸如签订分包合同的做法，以充分自主的企业所组成的网络替换集中管理的企业，并使单个的工人直接遭受市场压力。后者"体现为一种无法控制的外部因素"，因而是一种比管理者对他们的下属发号施令的分层结构"更强大也更合法的"约束机制[26]。

也有人抵抗这种"对劳动世界的解构"，但这被政治因素削弱了——例如，20世纪70年代末的压倒法国左派的危机，其结果是共产党的极度削弱，即削弱了直至那时将手工业工人阶级中最激进的部分组织起来的这种力量。但是，"那些处于20世纪70年代的批判先锋中的人们往往表现为变革的推动者"，他们也以这种方式破坏了抵抗力量。这在哲学的世界中是真实的。博尔坦斯基和希亚佩洛注意到，"网络的隐喻正逐步趋向于承担多样社会的一般代表的新角色"，他们认为这个思路已经由前卫哲学家们诸如德勒兹准备好了，德勒兹以结构和系统概念为背景，率先提出了多样性思想，这种分支的、去中心的、横向联系的观念在根茎的比喻中得到了最佳体现。德勒兹和其他在1968年之后变得显赫的理论家——例如，布迪厄、德里达、鲍德里亚，也剥夺了一种必不可少的批判工具，他们试图从不同的角度消解真实性这个想法，乃是出于"渴望终结责任主体，对责任主体来说，这种在真实性和非真实性之间的选择将自己显示为一种生存选择，［它］被斥责为纯粹的幻想或资产阶级精神气质的表达"。作为一个更世俗的层面，在弗朗索瓦·密特朗于1981年5月当选为共和国总统之后，社会党进入政府，这表明很多左翼活动家被允许整合进这个国家和更广泛意义上的公共部门。从1983年起，在密特朗政府信奉新自由主义的语境中，他们的学术思想理论——极大地借鉴了20世纪60年代的艺术批判和20世纪70年代福柯在其影响深远的著作中对权力的质疑——呈现出不同的含义。"在一个自由主义修辞中得到阐明的是，20世纪70年代对国家的批判不承认其接近自由主义：它在某种意义上是自由主义的却不自知。"[27] 在20世纪80年代，这种天真被过于世故的——有时候是玩世不恭的——自我意识取

62

代了。

虽然新资本主义在同一个 10 年间被立法和敌视工会制度的意识形态氛围极大地增强了，同时也由于阶级概念本身的日益边缘化而被强化，但它也开始面临新的挑战。博尔坦斯基和希亚佩洛探索 20 世纪 90 年代的"社会批判的复兴"的多种来源，这一章由此开始——以往那种中性的排斥概念被日益政治化了，在 20 世纪 70 年代和 80 年代围绕与南半球有关的问题而展开的人道主义行动模式（例如无国界医生组织）得到重新定位，这就趋于抵制新自由主义在国内的影响，而且，1994—1995 年，在这些过程中产生的新的活动家网络与工会的武装分子尤其是那些来自激进的团结民主工会（SUD）的武装分子们结聚在一起了。博尔坦斯基和希亚佩洛强调将网络的使用比喻为新行动主义的一种自我描述，例如，新行动主义在下面团结民主工会邮政系统分工会（PTT）的一个好战分子克里斯托弗·阿吉东——不久之后就成为另一个全球化的新兴国际运动的关键人物——的这段评论中得到了体现："一种组织形式是这种情况的象征：网络，一个弹性的系统，人们在那里一起工作，同时保持自己的身份。"博尔坦斯基和希亚佩洛将此作为"在过去 20 年已落实到位的在新的抗议运动和资本主义形式之间的形态学同源性"的根据。博尔坦斯基和希亚佩洛试图为新社会批判提供它所需要的概念，资本主义和它的反对者宣称的网络形式为其尝试提供了出发点[28]。

甚至这个很具有选择性的概要应当厘清《资本主义的新精神》的大致状况和复杂论述。虽然这本书篇幅过长，而且很多地方杂乱无章、多次重复，但我们在这里面对的还是一部主要著作。如果只是为了解释它所提出的法国社会在 20 世纪的最后三分之一岁月的轨迹，它很可能仍然是一个重要的参照点。但是，《资本主义的新精神》引发了一系列批判性问题。首先，博尔坦斯基和希亚佩洛精确地提供了一个充满浓厚的法国色彩的叙事过程，它确实具有更普遍的意义。他们描述的这种"对工作世界的解构过程"最早发生在其他地方，特别是美国和英国。将 1968 年一代（soixante-huitards）纳入成熟的自由主义言辞的资本主义，无论如何都不纯粹是一种法国现象。托马斯·弗兰克这样描述当代美国的商业文化："我们生活在这个时代，毕竟，当铁石心肠的老板们以'变化'的性质撰写令人肃然起敬的论文时，朋克摇滚乐队揭露了领导力的秘密，关于真实性的肤浅奥秘兜售豪华轿车，高科技产业的亿万富翁建立了摇滚博物馆，管理学家思考炫酷的本质，而死之华乐队（Grateful Dead）的一个之前的词作家在达沃斯高端论坛上欢呼新经济资本主义的曙光。"[29]（虽然撒切尔主义和里根主义总体而言采取相当不同且具有更强硬的意识形态的框架，但是在很多方面，*64* 它们都是当代新保守主义的始祖。）遗憾的是，正如塞巴斯蒂安·巴德根指出的，"《资本主义的新精神》缺乏任何比较的维度"，这种维度有可能使人们从本地性和真正具有普遍性的东西中进行筛选[30]。但是，这本书的主要难度在于一种更深的理论和政治的层面上。

这个核心问题关注批判观念本身。还要指出的是，在我们思考博尔坦斯基和希亚佩洛的观点的更具体的困难之前，最好先在哲学层面探索批判观念。正如我们所看到的，他们希望避免从价值相对主义角度解释正当性，他们谴责韦伯的这种理论，但这种关于正当性的解释还承认各种政治共同体（或者，正如他们称其为城市）的不可化约的多样性。目前尚不清楚，这样的立场在实际上是否有效。博尔坦斯基和希亚佩洛在很多地方都提到迈克尔·沃尔泽，他提出了一种有影响的多元主义正义论。沃尔泽认为，"正义是相对于社会意义而言的"，"每一个对实质性分配正义的阐述都是地方性的阐述"，而"正义植根于对场所荣誉、工作以及各种事情的不同理解，这构成一种共同的生活方式。颠覆这些理解（往往）是不正义的行为"[31]。这种正义观念的含义——虽然沃尔泽多年来一直试图以一种令人费解的方式抵制它——没有超越语境的并为不同的生活方式通用的正义原则。

博尔坦斯基和泰弗诺在《论正当性》中努力挑战的正是这种困难。他们在该书即将结尾的地方写道："人与人之间根本上平等这个原则，排除了在等级制度中创造出各种层次的明确性，无论这种平等原则可能是什么，都通过将人性引入或多或少具有人类特性的统一体中来顺应它。"而事实上正如我们所看到的，规定城市的第一个"公理"就是"城市的成员们共同的人性原则"。据博尔坦斯基和泰弗诺所见，一个城市不能包括奴隶制度或农奴制度，他们还说优生学是一个"不合理的命令"[32]。但是，目前尚不清楚在什么样的基础上可以证明这一规定。为什么城市必须尊重其成员们共同的人性？博尔坦斯基和泰弗诺说，在当代法国，他们讨论的正当性的六个逻辑是隐含在个人的纠纷中的。但是，国民阵线（Front National）在 *65* 法国选举中不断获得大量选票表明，这里有第七个逻辑，它与新的"联系性"（connexionist）世界的逻辑十分不同，确切来说，它也否定了共同的人性原则，就是种族主义。

事实上，当代种族主义言论试图要做的是，并非明确地说非欧洲血统的人在生物学上属于劣等民族，而倾向于争辩说无论公民权的法律形式如何，是他们的"文化"使他们不能成为名副其实的欧共体的真正成员。共同的人性原则只适用于"城市的成员",这似乎提供了一种例外条款。因此,沃尔泽履行这个权利,将对共同体成员的限定作为基本条件:"准入和排斥是公共独立性的核心……没有它们,就不可能有身份的共同体,这种共同体是历来稳定的、持续的男人和女人的联合体,他们对彼此有某些特殊承诺,对共同的生活有着某种特殊感觉。"[33] 但是,如果"共同的人性"仅仅在城市范围内适用,那么博尔坦斯基和泰弗诺在禁止奴隶制和农奴制上似乎是独断的。如果它们被限定在非公民问题上,那么这些机构为什么要被取缔呢?毕竟,从历史上看,这类做法往往以这种方式得到了合法化。博尔坦斯基和泰弗诺当然会抵制这样的结论,但是,只要他们否认不同的城市具有任何共同原则,就很难看到他们基于什么理由抵制这样的结论[34]。

在普遍性和不平等之间的类似的张力贯穿在他们对正当性的详细阐释中。根据这种阐释,正义是确保对各种重要条件进行排序的事务,而这种排序又与涉及城市中宏大品性的分配相对应。正如雅克·比岱注意到的,宏大品性"在一种'弱'哲学-政治预设中发挥作用,它允许那些谈不上现代的'城市'得到一体化"[35]。表达相同观点的另一种方式可能会说,博尔坦斯基和他的合作者关心的是分配不平等的合法化。但是,这些不平等现象的重要意义就被限定在这个假设上,城市的成员能够平等地获得城市包含的不平等的奖赏条件。当博尔坦斯基和泰弗诺在稍早些引用的段落中大概表达同样的想法的时候,他们说人类平等"规则明确地排除了等级的产生"。但是,很值得怀疑的是,这些限定能否使这项工作符合他们的意图。例如,家族之城包括一种人格依附的等级:在这个意义上,这个等级中的位置是按照家庭状况来的,而家庭中的位置至少部分地是生物差异和生物属性的结果——就是说,作为一个父亲、母亲、孩子或妇女——在这个条件下,每个人真的都具有获得实现这些条件的同样的机会吗?

更为根本的是,认为平等主义显然和与事实不相符合的平等能力相关是对平等主义的误解。确切地说,真正的挑战是人们在需要、目的和能力上是不同的而如何实现平等的理想(参见下面的第七章第二节)。在这个语境中,比岱的主张似乎是正确的,"根据宏大品性的程度来探讨正义问题……在我看来,与现代的正义理念相反。因为这是在与同样宏大品性的相互映衬中确认差别"[36]。事实上,由博尔坦斯基和泰弗诺发展的正义观念似乎将正义和应得捆绑在一起。这就要求伟大的人物表现出他们为了优越地位带来的益处而做出牺牲,而且在这种境况下有助于共同的善,这样的要求意味着正义涉及与城市成员的道德品质相对应的分配。相比而言,罗尔斯通过分离正义与应得的关系而重建了平等主义思想，主张社会成员在生产中所做出的不同的富有成效的贡献反映了"自然禀赋的偶然性和社会环境的可能性"。罗尔斯的差异原则实际上要求，社会和经济不平等仅在有利于最小受惠者的利益时才是可以容忍的，但这个附加条件假设基本平等有一种不到位的情况，正如罗尔斯的"更普遍的正义概念"表明的两个规范原则："所有的社会基本善——自由和机会，收入和财富，以及自尊的社会基础——都应被平等地分配，除非对一些或所有社会基本善的一种不平等分配合乎每个人的利益。"[37]

　　当然，罗尔斯说过，它不会使任何事情成真。但仍然值得考虑的是，是什么促使博尔坦斯基和他的合作者在他们对正当性的阐述中含蓄地赋予应得观念如此重要的作用，从而使之与当代最有影响力的正义思想拉开距 *67* 离。再者，在我看来，比岱说得对，"'宏大品性'这个概念同时以现实主义和正当性的范畴暗中出现在这里"[38]。正如我们所看到的，博尔坦斯基和泰弗诺的正当性概念取决于诉诸规范性的正义概念和社会学功能性的平等观念。这种规范性和解释性的相互融合启发了《资本主义的新精神》，博尔坦斯基和希亚佩洛在这本书中认为城市"既是正当性的操作者，又是批判的操作者"。但实际上这或多或少明显倾向于让批判从属于功能性，正如下面的注释所表明的："因此，城市似乎是一种自我参照的批判布局，是一个内在的世界，它在创造自我的过程中，必须将自我限定到最后一刻。"[39]

　　这个批判的概念表现出限定批判本身的抱负，通过使资本主义抑制其破坏性倾向，服务于一种特定版本的资本主义。在这本书的开篇，博尔坦斯基和希亚佩洛区分了测试批判的两种类型——"矫正的"和"激进的"，通过测试一个城市能以某些特殊情况清楚地展现出来："矫正的批判针对城市进行测试并严肃地对待城市……是对城市的内在批判。相反，激进的批判是以其他原则的名义进行的批判，是相对于另外的城市而言的。"博尔坦斯基和泰弗诺在《论正当性》中似乎使所有批判的范式都成为激进的批判，因为他们认为批判包含的不只是一个世界的和平共处。但是，《资本主义的新精神》反其道而行之，它使所有的批判都成为矫正的批判。因此，博尔坦斯基和希亚佩洛将排斥视为一个过于有限的概念，以至于无法支持一种适用于项目型城市的批判形式，但是它摒弃了马克思主义的剥削概念，因为它过多地与19世纪的资本主义联系在一起。现在需要的是一种对"在联系性世界中发展的剥削形式"的阐述。他们详尽地对比了网络中的两种行为模式。一方面，"项目型城市中的伟大人物"的特征不单是他具有适

应性和灵活性的品质，还在于他能运用这种品质为自己和他人谋福利："只
68 要他是一个联系者，一个扩展者［passeur］，即他将在网络中收集的信息重
新分配给团队成员，而不是将资讯保存在自己这里，在这个意义上团队就
相信他。"另一方面，"致力于建立关系网的人［faiseur de réseaux］是'一
个机会主义者'，他拥有这个世界所要求的全部素质，但他只是出于纯粹利
己的目的使用这些素质"——尤其是他出于自己的利益而充分利用信息不
对称[40]。博尔坦斯基和希亚佩洛继续拓展他们对网络剥削的阐述："在一
个联系性世界中，宏大品性意味着转换，伟大人物从小人物的非流动性中
获得部分力量，这是后者的痛苦之源。但是，具有最大的非流动性的行动
者是利润形成过程中的一个重要因素，而移动性源自行动者随时可以转换
位置。"他们提供了一些"基于不同的流动性的剥削关系"的例子："金融
市场对于一定疆域内的国家；金融市场对于企业；多民族共同体对于国家；
大客户对于小分包商；全球性专家对于企业；企业对于不稳定的个人；消
费者对于企业"[41]。

他们试图提出一些概念工具以满足网络资本主义的自我批判的需要，
但这种尝试唤起两种反对意见。摆在首位的是，他们根据流动性/非流动性
重新概括了剥削概念，这打破了网络拓展者和网络使用者之间的区别。网
络拓展者和网络使用者都有在联系性世界中获得成功所需要的素质，这些
素质极其出色地包含在流动性中或在其中表达出来。他们的区别在于他们
的动机：网络使用者是自私自利的，只是为了自己从中获益，而拓展者与
整个团队共享信息。此外，甚至拓展者带来的益处似乎只是流向团队的同
伴，就是他们自己处于流动者之间，但是，宏大品性应当有助于共同
善——也就是说，应当既有助于小人物的利益，又有助于伟大人物的利益。
在这里，我们似乎看到了，博尔坦斯基和他的合作者悄悄进行的转变，即
从诉诸规范性原则到诉诸现实主义社会学的转变，比岱批判了他们所理解
的宏大品性。

其次，很不明朗的是，流动性/非流动性的对抗能够支撑起对剥削的辩
护性阐述。在当代资本主义，非流动性确实是人们处于劣势和苦难的一个
69 主要来源，这一点无疑是真实的。例如，英国那些以前的矿区，随着传统
产业即令矿区得以产生的那些产业实际上的消失，这些矿区已经废弃了，
成为失业、吸毒和犯罪之所。在这种情况下，不流动就注定遭受痛苦。但
是，被剥削不仅仅是遭受痛苦。剥削包括剥削者和被剥削者之间的相互依
赖关系：因此，在经典马克思主义剥削理论中，资本的利润来源于雇佣工
人的剩余劳动。博尔坦斯基和希亚佩洛充分意识到这个要求："对剥削的谴

责有效地颠覆了这句格言：'伟大人物的幸福产生了小人物的幸福'，这构成了城市不言自明的箴言，可以肯定的是，相反，小人物的不幸造就了伟大人物的幸福。"[42]

但是，他们没有表明，非流动性必然是因流动而获得的利润的来源。说新自由主义全球化将资本从全球漫游中解脱出来，而劳动力仍然受到束缚，这已经成为老生常谈。但是，这个情况比这种简单的对比所表明的更为复杂。博尔坦斯基和希亚佩洛提供了对"游动化"（precarization）的详细阐述——作为更灵活的劳动力市场建设的结果，一个低薪的、临时的、经常兼职的工人群体涌现出来了，给大企业供货的小分包商尤其愿意雇用这些工人[43]。很明显，这些工人特别容易受到愈演愈烈的剥削。但是，这个弱点似乎并不必然地与非流动性联系在一起。相反，这些工人可能是移民，所以流动性特别强。据估计，2003年，有9 800万流动工人已经离开农村，到亚洲某国的城市工作[44]。

很多流动的工作者是非常弱势的，因为他们是不合法的。我们看看当代英国的另一个悲惨世界的例子，2004年2月，23个工人在莫克姆海湾采鸟蛤的时候淹死了。在这里，正是他们的流动性——它本身是贫困的产物——导致了他们的苦难。哈特和奈格里在他们的诸众理论中重视当今世界劳动的流动性；这有其自身的弱点，但它捕捉到了被博尔坦斯基和希亚佩洛忽略的当代社会世界的一个方面[45]。这个问题至少有一部分是概念性的。剥削是一个关系型的概念。现在，流动性和非流动性至多透过它们的彼此相关性来定义，但这并不能产生那种正确的关系，因为在马克思的剥削理论中，资本家依赖于工人的劳动，流动的存在不能以这种方式使之依赖于不流动。博尔坦斯基和希亚佩洛将剥削理论视为19世纪的工业化的遗产而加以摒弃，但这里没有说明马克思假定的剥削关系为什么应当要求被剥削者从事体力劳动或帮助制造有形产品[46]。

这些反思表明，作为被20世纪90年代的管理文献所揭示的联系性世界的概念资源不足以支撑对资本主义的批判[47]。这个结论从表面上来看是不足为奇的，它赞赏马克思主义意识形态批判（Ideologiekritik）思想仍然是一个重要的批判工具，其中除了其他方面之外还将社会如何在寻求合法化的话语中表明自身与由剥削和阶级对立构成的现实结构之间加以对比。对博尔坦斯基和希亚佩洛来说，这可能是一个特别的难题，因为他们的重点是论述矫正型批判——也就是说，这是一种内在于一个特殊城市的批判，在这种情况下，这种特殊城市就是项目型城市。而且，他们的论证在总体上有反现实主义的转向。在一篇引人注目的文章中，博尔坦斯基和泰弗诺

53

宣称："客体性意味着对可证实的关系以及可接受的证据形式做出规定，因而这些关系和证据形式与一个世界以及这个世界的大人物的资源有关。"他们接着说道，"除了面向正当性的理由之外，我们并不关心世间万物的存在问题"[48]。这似乎是一种关于客体性的联系概念，在这里，存在指的是相对于某个特定城市的标准。事实上，《资本主义的新精神》涉及的范围可能比这里暗示的更大，因为它要遵循社会科学和历史学的程序标准，以描述各种资源并建构 20 世纪最后三分之一时段内资本主义转型的叙事。

但是，博尔坦斯基和希亚佩洛似乎仍然在很大程度上从城市多元性的视角来概念化这段历史，这个视角正是批判的资源。然而，在某一点上，他们似乎又限定了这个视角的范围。"资本主义本身的动力机制只有一部分与批判有关"，他们注释道，这指的是资本家之间的竞争激起的技术创新和熊彼特所关注的创造性毁灭的过程。但是，这种限定随后就被提出者收回了，因为竞争本身是批判的一种形式，这种形式是在退出市场的威胁或其现实——而不是呼声——的基础上运行的（在这里，博尔坦斯基和希亚佩洛借鉴了阿尔伯特·赫希曼的著作），而不是在话语——共同努力通过诉诸一种正当性的逻辑而寻求在改革中将自己合法化[49]。竞争因而是内化在批判的过程中的。这或许与这个事实有关：博尔坦斯基和希亚佩洛对资本主义的最低限度定义，即其"以形式上和平的手段取得资本的无限积累"，几乎没有任何努力将其重新阐述为一种超越最低限度的经济制度。事实上，他们似乎认为，资本主义的主要问题不是经济上的。他们驳斥任何关于资本主义在 20 世纪 80 年代和 90 年代处于危机中的观点："我们相信，过去的 20 年标志着资本主义的繁荣发展。"增长的速度可能放缓了，但资本的收益在增加。"因此，世界资本主义仍然十分健全。社会……的状况则相当糟糕。"[50]

因而，在博尔坦斯基和希亚佩洛对资本主义特征的阐述与各种马克思主义政治经济学家对资本主义做出的评价之间形成了明显的反差，多数马克思主义政治经济学家都认为，自 20 世纪 60 年代后期以来，发达经济体一直在与罗伯特·布伦纳所谓的由盈利能力的漫长危机导致的"长期衰退"抗衡[51]。这些对资本主义生产方式的结构性矛盾所做的阐述将资本主义生产方式视为一个已经存在的系统，其存在和动力无法化约为商谈的正当性。博尔坦斯基和希亚佩洛对竞争的模棱两可的处理表明，他们承认资本主义的存在无法获得正当性，这在马克思主义关于利润率下降危机的理论中起到了重要的作用。但是，他们无疑将资本主义经济逻辑理论化了，而且外化了这个逻辑和现行的合法化模式之间的张力——"只要我们处在资本主义制度下，而且这种制度看来是最具可能性的中期前景，那么资本主义及其批判的辩证法就必然是漫长的"[52]。

因此，比岱似乎完全有理由得出这个结论，博尔坦斯基和希亚佩洛的社会学"奇怪地将自己呈现为对资本主义的批判，这与对资本主义的治疗是同时进行的"[53]。这个结论是正当的。他们主张的改革——例如，"受雇用的权利"的制度允许工人自己跨越一个又一个项目而保持自立——是从联系主义世界的本质中推断出来的。此外，博尔坦斯基和希亚佩洛承认，项目型城市是适用于这个世界的正义的观念，"并不能为那些能有效限制商品化扩张的行动做出证明。然而，资本主义能否复兴的唯一关键的观点在这里得到了落实，因为资本主义在本质上以某种方式与商品联系在一起"。他们在略早的时候说，必须有一种新的资本主义精神，"因为对积累的追求必须得到确保，不仅出于人道主义的角度———一种限制由无节制的资本主义造成的苦难的角度，而且在一定程度上还出于内在于积累过程的角度"[54]。但是，如果新的精神不能够抑制商品化，这两种观点就有可能彼此冲突，而不是彼此保持和谐。今天，反资本主义的抵抗的最强大的动力可能就是商品化的无情蔓延，这既因为资本主义造成精神世界日益衰弱的后果（艺术批判），还因为其对物理世界和社会世界的破坏性影响（社会批判）。即使考虑到当代资本主义的发展轨迹，正义与其功能性也很难共存于一体[55]。

二、普遍的和特殊的辩证法：皮埃尔·布迪厄

在某种程度上，人们可以看到博尔坦斯基和希亚佩洛对批判——作为另一种全球化（altermondialiste）在政治上具有更广泛的不确定性的象征——的地位持一种矛盾心理。这场运动的一个重要分支，在法国尤其以课征金融交易税以协助公民组织为代表（ATTAC），它的宗旨是，为越来越无节制的自由市场资本主义强加一个新法规。如果你愿意，这就是矫正型批判的一种形式，它试图遏制资本主义的破坏性——以及自我毁灭——的趋势；这个激进批判的思想不只是借鉴与资本主义的流行形式无关的规范性资源，而且可能试图摆脱资本主义，简单来说，这个理念不在那些采用这种广泛的改良主义方式的人们的考虑之内。正如比岱对博尔坦斯基和希亚佩洛的观察，对他们来说，"资本主义是我们这个时代不可逾越的地平线"[56]。这里援引萨特关于马克思主义是"我们时代不可逾越的哲学"这

句著名表述，象征着当前的激进主义与上一代人的激进主义相分离的思想巨变[57]。但是，从前面的讨论中应当清楚地看到，《资本主义的新精神》还遇到了更深层次的哲学和方法论上的困难。

首先，由博尔坦斯基和他的合作者们提出的正义论有一种滑向规范功能主义的强烈倾向。虽然，与帕森斯和哈贝马斯不同，他们看重的主要是分歧（测试和诉讼），而不是达成共识，但介入这些冲突的批判的主要作用是纠正罪恶，从而使资本主义更有活力。这种观念毫无疑问是我刚才暗指的政治考量的延续，但它在理论上是从一种对正义的语境主义阐述中发展而来的——或者更好的是，如果考虑到城市的多样性，那么它来自一种关于诸正义的语境主义阐述——这种阐述如果没有进一步论证，就不能支持在现代政治共同体中常见的维持最低限度的普遍要求，这是博尔坦斯基和泰弗诺所坚持的。正如哈贝马斯和比岱在第一章中讨论的情况，道德意义上的规范性原则需要远离解释性社会理论，才能被大幅度阐发出来。但是，其次，由博尔坦斯基和他的合作者们含蓄认可的社会学的概念是反现实主义的，它重点在于从行动者的实践中引出隐含的那些概念，而不是对这些实践以及支撑这些实践的结构进行独立的阐述。这么做的结果是提出一个关于社会矛盾的弱概念，其中主要的冲突存在于尚未理论化的资本主义和嵌入其中的规范性组织之间。这种含义——将在第二部分得到进一步充分探讨——是一种现实主义本体论的维度，比我们目前遇到的社会结构理论有力得多，它的雏形初现，却是社会批判得以维持的必要条件。

但是，在这里简要地思考由布迪厄开创的批判社会学方法与博尔坦斯基和他的合作者们追求的方法之间的对比，无疑是非常有益的。当然，布迪厄的事业是一项与各种研究人员40多年来合作探索的庞大而复杂的计划。然而，在这里我感兴趣的是布迪厄著作的一个非常具体的方面，也就是他特别是在《帕斯卡尔式的沉思》[58]（1997）中对科学的地位所做的阐释。这本书不仅是他的社会理论的一部清晰而善辩的综合性论著，而且再现了这些问题所做的最系统的解释，即学术思想研究在社会上、哲学上甚至可以说在道德上如何定位。在他参与政治的最后那些年，这似乎一直是博尔坦斯基关心的主要问题。

"我并不喜欢自己身上的知识分子的东西。"他写道。这反映了他意识到"学术界以及他们的所有生产活动的根本是模糊的"，"通过排他性特权获得普遍性——［这］就在于知识生产远离生产世界，既是一种解放性的突破和断裂，也是一种潜在的破坏性的分离"。对布迪厄来说，学者的秘密由学术界本身的词源学揭示出来——"*skholè*，闲暇的时光，免除了世俗的紧迫性，这使他能够从那些紧迫的问题以及世俗的事物的关系中解脱出来"[59]。布迪厄并没有因为学术思想研究在社会位置上的这种模糊性而主张放弃学术。相反，在最后那些年，他似乎一直在寻求作为一个新知识分子的方式。在 1999 年 11 月西雅图大规模的示威游行刚结束后，他呼吁"学术的承诺，也就是说，……当他从政治上介入政治世界时，他要尽可能地遵循科学领域中实施的那些规则"[60]。

作为一个积极从事政治活动的知识分子，布迪厄试图开创一种介入理论。进入该理论的一种途径是借鉴黑格尔的普遍阶级这个概念，对他来说，这是一个"私人利益就在他那有利于普遍物的劳动中得到满足"[61] 的阶级。黑格尔认为，现代国家的官僚制履行了这一职责，但马克思在写于 1843 年的《〈黑格尔法哲学批判〉导言》中提供了关于这个普遍阶级的可能是最著名的讨论，正如我们将在下一章看到的，这是一个与当代激进思想持续不断地产生共鸣的思想："只有为了社会的普遍权利，特殊阶级才能要求普遍统治。"他为德国资产阶级缺乏 1789 年由法国第三等级显示出来的"革命的大无畏精神"——"对敌人振振有词地宣称：我没有任何地位，但我必须成为一切。"——而感到遗憾，马克思得出了只有无产阶级才能发挥这一作用的著名结论："形成一个被戴上彻底的锁链的阶级，一个并非市民社会阶级的市民社会阶级，形成一个表明一切等级解体的等级，形成一个由于自己遭受普遍苦难而具有普遍性质的领域，这个领域不要求享有任何特殊的权利，因为威胁着这个领域的不是特殊的不公正，而是一般的不公正……"[62]

因此，一个普遍的阶级是使自身利益能够代表普遍利益的阶级。无产阶级，在青年马克思看来，代表的是一种有限情况：正是因为它为社会所排斥，并遭受了"普遍苦难"，使它成为普遍的阶级[63]。那么，对这种普遍的阶级最重要的理念是，一种特殊的社会地位能够体现普遍的利益。这种普遍性和特殊性的辩证法在巴迪欧的著作中同样也能找到。因此，他谈到，"行动者……对普遍物有特殊兴趣"[64]。他们何以能扮演这个角色呢？我们仔细想想福柯对"普遍知识分子"的批判，普遍知识分子"能以真理和正义的主人的身份言说，并被公认为具有这种话语权。人们是将他看作普遍物的代言人来倾听的，或者他试图使自己的话语被人们听见"。萨特就是这种知识分子的经典例子。福柯声称他已经被这种"特殊的知识分子"取代了，由其对"权力-知识"的现代装置所具有的特殊能力出发而参与政治。因此："行政官员和精神病科医生、医生和社会工作者、实验室人员和社会学家不仅在他们各自的领域，而且通过交流和互相支持，参与到知识分子政治化的全球性进程中。"[65]

布迪厄的立场更加复杂。在《帕斯卡尔式的沉思》一书中，他采取的是他所谓的"最激进的历史化"的理性立场，希望因此避免抽象理性主义和后现代相对主义这两个错误的极端。一方面，他提出了对"学术理性"的批判——这种理性使知识分子们无法认识到使他们追求"自由的工作"的非常特殊而独有的社会条件，无法认识到"在这种节奏中工作，以及不受一切外部限制的干扰，特别是直接来自金融制裁的干扰。"布迪厄追踪了知识分子未能认识到这些学术思想工作的社会地位而产生的独特的失误，他将其特征描述为"学术上的认识论中心主义"、"作为利己普遍主义的道德主义"和"审美普遍主义"[66]。

76　　　另一方面，他认为知识分子正是凭借着这种独特的社会地位而能够成为这种普遍利益的捍卫者。这个想法似乎早在《艺术的法则》（1992）中就已经出现了，布迪厄在这本书中提出了对"普遍的知识分子"和福柯的"特殊的知识分子"的比较分析。布迪厄认为，这个身份之所以可能，是因为文学发展成一个自主的"生产领域"，特别是福楼拜和波德莱尔在法兰西第二帝国时期既是批判家又是文学典范的活动。但正是左拉在"知识分子的发明"中发挥了决定性的作用。尽管他是在德雷福斯事件①的过程中做出这个发明的。

> 通过使自己那种权力服务于政治事业的需要，并由此做出一种深思熟虑的合理的选择，左拉形成了一个有学问的人的独立立场及其配享的尊严。为了达此目的，左拉需要创造一个新的形象，为此他通过一种先知式颠覆的使命，赋予艺术家在学术思想和政治上密不可分的使命。[67]

这表明，这种干预公共生活的形式具有一定的独特性，它意味着不是文化对政治的从属，而是前者获得了完全的独立性："正是知识场域的自主性使一个作家的创作活动成为可能，因此，荒谬的是，正是当他以文学领域的规范的名义干预政治领域的时候，他才使自己成为一个知识分子。"[68]

---

　　① 1894年9月，法国军事情报处副处长亨利诬告总参谋部上尉军官德雷福斯向德国出卖军事情报，德雷福斯因此被判处终身监禁。1896年3月，经新任情报处长皮卡尔调查，真正的罪犯是亨利的朋友埃斯特哈齐。亨利为此伪造证件，诬陷皮卡尔失职。1898年1月，经法国军事法庭秘密审讯，埃斯特哈齐被宣布无罪。随后，力持正义的左拉在《震旦报》发表致总统公开信，要求重审德雷福斯案件。很快，亨利伪造证件的事情败露，埃斯特哈齐畏罪潜逃，德雷福斯被无罪释放并恢复名誉。——译者注

正是左拉作为一位小说作家所取得的成就——正如后来萨特作为一位作家和哲学家，福柯作为一位哲学史家——使他获得超越文学领域干预政治领域的权力。《艺术的法则》的结论清楚地表明，布迪厄在这里提供的不只是从历史学的或社会学的角度对知识分子和公共生活之间关系的特殊形式的一种阐释形式。他在这里概括地阐释：

> 知识分子是具有两个面向的人物形象，除非（也只是除非）他们被授予特定的权力，否则他们并不实际存在，这种权力是由他们尊重的自主的知识世界（意味着独立于宗教的、政治的或经济的权力）具体规律所赋予的，除非（也只是除非）他们在政治斗争中使用这种具体的权力，否则就无法生存。在追求自主性（这就是我们所说的"纯粹的"艺术、科学或文学的特征）和追求政治效能之间不存在人们通常所认为的那种矛盾，正是由于知识分子的自主性增强了（因而，此外，他们还有批判具有压倒性优势的自由），他们才能增强其政治行为的效能，而这些行为的目的和手段源于文化生产诸领域的独特逻辑。[69]

但是，布迪厄认为，这些文化领域的自主权现在遭到了新自由主义的威胁，他将这种威胁视为一种经济化约论的形式。作为回应，他主张恢复普遍的知识分子的角色，这是要保护（通常）源自其权威的文化生产的自主性。"因此，人们必须诉诸一种普遍性的现实政治，一种政治斗争的具体形式，其目的在于维护理性运用的社会条件和知性活动的制度基础，并同时赋予理性这种工具，它在历史上是理性得以实现的条件。"[70] 杰拉德·莫热试图强调，布迪厄对普遍的知识分子的解释和福柯的分析之间存在着连续性："'特殊的知识分子'满足了'普遍的社会主义'的要求：艺术家、作家或在各自研究领域得到承认的学者，他们以技术和与他们的工作相关的价值的名义对政治领域进行干预。"[71] 现在有这样一种主张：对于布迪厄来说，知识分子的公共权威来自他们在自主文化领域中的立场。在这个意义上，他们因作为特殊的知识分子而成为普遍的知识分子。然而，他们的公开主张超越了他们在其中发挥作用的特殊文化领域。正如他所说，这些知识分子对政治的干预是"以一种伦理普遍主义和科学普遍主义的特殊形式的名义进行的，这种名义不仅可以作为一种道德教诲的基础，而且可以作为用以促进这些价值观的集体动员的基础"[72]。这种教诲是认识论和道德意义上的。因此，布迪厄将他对妇女的压迫所做的解释作为一个象征性支配的例子是正当的，这种象征性支配诉诸"普遍主义，特别是通过获得对象总体性的权利，而成为科学共和国的基础之一"[73]。因此，我们很难不得出这个结论，布迪厄仍然将知识分子视为（用福柯的话说）"普遍性的代言人"。

但是，如果知识分子能够确证他们"获得对象总体性的权利"，那么他们就能合法地申明这种状况。布迪厄试图提供这种确证，在《区隔》（1979）一书的方法论附录中隐藏着一个有趣的段落，提供了这一确证的关键：

> 只有当它将对象化的场所对象化的时候，这个对象化过程才能完成。这个过程包括看不见的立足点和所有理论中的盲点——这些知性领域，有时是利益冲突，有时通过必要的事件而产生对真实的兴趣——以及它对维护象征秩序所做的微妙贡献都被具体化的时候，这个过程甚至是通过纯粹象征性的颠覆意图来实现的，这种颠覆通常是在控制劳动分工中体现的。[74]

所以，在对世界的科学研究中内在地包含了对象化进程，要完成这种对象化过程，我们必须将"知性领域"对象化，其视角是对象化本身的前提。在这种情况下，对象化的诸工具是社会理论诸概念——特别是相互关联的习惯和场域的概念。布迪厄认为，社会结构正是通过场域的隐喻而被概念化：每个场域都涉及为承认而斗争，承认的具体特征是稀缺性和不平等分配资源（或资本）的结果，资源是需要讨论的场域中人们竞争的对象；同时，习惯是个人惯常取向的集合，个人通过这种惯常取向并作用于这个世界，在个人预先适应的场域，即他被置于其中而尚未调整适应场域的过程中，这种取向才能形成。在此过程中，主体形成了一些期望，借由这些期望，惯常取向会再生产主导性的社会结构。这是一种关于社会的概念，其中这些结构对人们确实非常重要，他们通过自己的习惯（根据布迪厄持续使用的隐喻），融入这些结构之中。然而，在科学领域，通过竞争性斗争，"有时候，由于必要的事件，才产生了对真理的兴趣"。这何以可能呢？

布迪厄在《帕斯卡尔式的沉思》中给出的答案是，为了对世界的"真实再现"，在科学领域的竞争所采取的特殊形式限制研究者依赖仅仅以他们的习惯性偏好所选择的方法：

> 事实是，不管怎样，斗争［在科学领域内］总是发生在场域的结构性规范的控制之下，且只会运用该场域内被认可的武器。介入这种斗争的那些命题声称依赖于事物本身的性质，它们的结构，它们的效

用，等等，因此声称占据了真理的位置，即使在这时，这些命题仍然相互默认或明确承认经得起连贯的检验和实验的验证。[75]

科学领域的社会机制因而赋予其信奉者以追求科学客观性的兴趣：

> 如果普遍性确实得到发展，那是因为它处于社会微观世界中，尽管其中固有其模糊性，即由于地位将他们限制在特权和满足与其地位相分离的利己主义之间产生了模糊性，这处于斗争的场域，在这里普遍性得到赞赏，行动者尽管在不同程度上受其所处地位和经历的制约，但他们在理性、真理、美德、对武器的使用方面对普遍性特别感兴趣，他们拿起了武器，这些武器除了在以往的斗争中被用于最普遍的征服之外，别无其他用处。[76]

因此，理论上的进步是由社会机制带来的，这更像是斯密的"看不见的手"，为激励科学领域中利己主义的参与者赋予一种追求真理的动力。布迪厄在这里提供了一个有趣的分析，他试图超越科学客观主义和社会学相对主义之间的传统二分法，就是将法国"认识论"传统的创始人加斯东·巴什拉提出的"cité savante"即学者共同体概念纳入其场域理论中，将学者共同体作为科学客观性场域[77]。与博尔坦斯基认为我们的政治共同体的概念必然是复数的观点形成鲜明对比的是，布迪厄说，有一种特殊的、具有社会性的科学领域是"产生超历史的真理的历史场所"[78]。然而，他的观点引发了一些质疑。首先，这里所说的客观性的准确意义是什么？布迪厄在下面这段话中对这个问题做了最切近的回答：

> 科学领域是拥有武器的对手们的武装斗争，随着科学资本在各领域或通过科学领域被集中地增加（因而，科学资本在联合一体的状态中，在每个敌对者那里被集中），这些武器的力量和效力都在增加。他们也同意至少在经验上被诉诸"真实"，并将其作为一种终极标准。其他人明确指出或默认的这种"客观实在"最终只不过是参与该领域的研究者在特定的时刻一致同意如此考虑的东西，这种客观实在只能通过那些仲裁者给出的**表象**，而在该领域表明自身。[79]

80

在这里，布迪厄似乎赞同我在第一章第一节讨论实用主义真理概念的说法，其中"实在"与"真理"是根据研究者同意接受的那些标准来定义的。在法兰西学院讲授的最后的课程中，他在这个方面走得更远，宣称"真理是被认为真实的表象的总体，因为它是根据规定真理的产生规则而被生产出来的"，并且"这是……从康德的角度来看的，但康德完全排斥这

61

个角度，正是因为超验与经验之间的断裂，我才安置了自我，将自我置于研究知识的社会–先验条件的对象中"[80]。布迪厄在这里似乎接近于哈贝马斯发展的那种社会化的康德主义（参见第一章第一节）。问题在于，正如我们所看到的，这种认识论能否支撑一种足够充分的客观性概念，以使布迪厄如愿以偿。他的目的是通过将科学领域客观化，并使客观化达到极限，而不是使后者陷入相对主义的泥潭。但是，使真理和实在成为主体间协定的事情，就是使自己失去表达这个事情的能力：任何东西，即使它通过当前流行的"规定真理产生的规则"，都可能导致虚假的幻象。如果普遍物是研究者碰巧在一个特定时间看作是普遍性的东西，那么科学领域的参与者对普遍性特别感兴趣的整个想法就不再是一种悖论。布迪厄赞成的那种反现实主义的真理观与实在观，舒缓了普遍性中的张力，因而使冲突观念变得无趣。人们既能处于一定的社会境况中，又能获得普遍物，并使普遍物不受兴趣的干扰。然而，如果要富有启发性地分析科学领域，就需要如后面第五章所述的一种更强大的现实主义形式[81]。

其次，普遍性在科学客观性的意义上与伦理–政治的普遍性不同。布迪厄将"理性、真理、美德"包含在"普遍性"中，但是，如果没有进一步论证，这看起来就像是对不同概念的不合逻辑的混合。早期法兰克福学派的主题之一就是强调科学理性可以被用于野蛮的目的，正如大屠杀所见证的那样。人们可能试图通过诉诸在第一章第二节讨论的艾蒂安·巴里巴尔的"公平自由"原则——借此表明伦理–政治的普遍性的特征，自由与平等的最充分的可能的实现条件范围相同，它们都蕴含消除一切形式的支配和剥削的道德律令。但是，这种普遍性不同于布迪厄所声称的科学客观性，这种科学客观性在知识领域处于危险之中，或者至少需要进一步论证，但是他没有提供这种论证。

再次，根据科学领域的特殊属性，布迪厄对科学客观性做出解释，强调了社会结构的症候，他采用的这种社会结构观与博尔坦斯基及其合作者完全不同。例如，他在下面论述竞争为什么是社会领域所特有的现象这段话中认为：

> 为了解释为什么所有领域都是有竞争和冲突的地方，我们没必要用私自的或有攻击性的"人性"或"权力意志"来说明。这就像风险投资就表示参与游戏，这对所有参加者都是一样的规则，风险投资就让参加者在其中对抗并相互竞争，它是领域的特殊结构，也就是说，各种资本的（不平等）分配的结构，产生了某些位置及相应的利润之间的稀缺性状况，并由此偏爱某些策略，即那些旨在摧毁或减少这种

稀缺性的策略，而摧毁或减少这种稀缺性是要拥有这些稀有位置，或通过保护这些稀缺性状况来保存它。[82]

因此，解释冲突及其后果（正如我们所见，这包括科学客观性）的全部重担都在于社会领域的结构属性上。这里引发的一个问题让我们回到本书的开篇：根据布迪厄，超越——社会和知识创新——何以可能？总的来说，他坚持变革面临的阻力——例如，"对既定秩序要设法获得非同寻常的接受"：

> 因为惯常取向是各个客观结构相结合的产物，而且因为期望总是倾向于调整自身以适应机会，所以既定秩序即使对最小受惠者而言，如果不是不言而喻的，自然的，至少是更加必要的，比那些没有在如此无情的条件下成长起来的人所想到的更不言自明的，他们只能发现这些条件在自生自发的意义上是无法忍受和令人反感的。[83]

因此，他们的习惯——使个人的思想和行为符合社会结构的要求——往往会将诸众束缚在现状中。布迪厄说，"认为期望和机会的圆圈不会被打破，这可能是错误的"，首先是因为他所谓的"堂吉诃德效应"，例如，当职业结构的变化使行为者的期望与他们可获得的实际位置之间发生错位时，就会引起沮丧和怨恨，这种效应就可能出现。其次，由于"象征秩序的相对自主性，在任何情况下，特别是在期望和机会不相适应的时候，象征秩序的这种自主性就可以为政治行动留有自由的余地，由以重新开启可能性的空间"[84]。像博尔坦斯基及其合作者一样，在布迪厄看来，冲突是社会结构所固有的，他认为这是由各种资源相对稀缺和分配不均造成的。然而，与他们一样，布迪厄关于系统性矛盾的观念也相对较弱，这种系统性矛盾主要是在社会的演进不能满足一些行为者的习惯性期望而产生的。布迪厄希望打开"可能性的空间"，但他相信人们没有多少胜算。让我们现在来想想那些与布迪厄观点相反的理论家们，相比而言，他们的超越是典范性的。

第三章
触摸虚空：巴迪欧和齐泽克

一、例外乃是常态

83 到目前为止，我们探讨的一直是那些聚焦于规则性——系统、结构、长期模式和趋势的思想家们。在启蒙时代和法国大革命时代形成的现代社会理论取决于对一个中间领域，即普遍的人类特性和周期性运动与诸个别事件之间的林中路的确定，前者占据古希腊思想，后者是形成编年史与大规模历史叙事的素材。现在社会规则进入人们的视野，这些规则虽然不是普遍适用于一切范围的，但它们具有稳固性，有自我再生的能力，有需要一种从理论上予以特殊关注的内在逻辑。因此，亚当·斯密析出在市民社会发挥作用的系统性规则，使马克思有可能提出资本主义生产方式的概念，这是一种具有历史特殊性的社会制度。无论哈贝马斯、比岱、博尔坦斯基和布迪厄与他们的前辈们有什么不同，无论他们彼此之间有什么不同，都可以被认为投身于同一项知性的事业，就是说他们都对社会规则进行理论研究，这些规则决定性地支配他们拓展的有限时空。

然而，过去的这一代人对知识领域进行了引人注目的重构，他们越来84 越关注个别性和事件，而不是规则和结构。当然，作为一种知识范型，社会理论也有一些论敌，这些论敌长期以来特别用具有历史独特性的事物作为生命的能指，这种能指抵制在结构中对它的束缚：例如，德国的生命哲学在 19 世纪末试图找到物理学和人文科学之间的对立，这是一个主要举措，使社会理论变得不具有合法性。然而，有意义的进展是在这个相当乏味的争论之外产生的。这种转变的开端已经在福柯 1970 年在法兰西学院的就职演讲中体现出来了。众所周知，作为自觉地从结构角度研究历史的首创者之一，布罗代尔在他那部关于地中海的巨著的开篇，就出色地驳斥了"*l'histoire événementielle*，即事件的历史"，用以处理"表面的纷扰"，将其视为"历史潮流背后水沫的波峰"[1]。相比而言，福柯试图重置结构与事件之间的这种对立：

> 当代史经常为人们恰当地称赞，因为它消除了个别事件过去被赋予的特权，而且出现了长期持续的结构。但我不确信历史学家正在朝这个方向努力……重要的是，如果没有界定一个事件所属的系列，未明确其所需的分析模式，不试图了解现象的规则及其出现的概率的限度，不询问曲线的变化，即其变形及其表现，如果不希望确定现象所依赖的条件，就不能说历史考察了这个事件。[2]

福柯接着指出，事件的概念"几乎从未被哲学家思考过"。事件没有任何通常由主体支配的属性，但是

> 它根本就不是非物质性的；它始终处于物质性层面上，它在起作用，它是有效的；它有其定位，包括关系、共存、生产、离散、交集、积累和对各种物质性因素的选择；它不属于主体的行为或属性；它将自己作为物质生产过程的结果。让我们这样说，事件的哲学乍看起来必须在非物质的唯物主义矛盾的方向展开。[3]

福柯在这里的主要目的是，通过将结构化约为事件概率化的分布，将结构概念去实体化，此举可能使他随后更容易发展一种尼采式的历史观，将历史看作"支配的危险游戏"[4]。但在这样做时，他将事件本身从本质上视为一种统计现象：事件必然是复数的，而且各种事件在他们彼此形成的各种关系中得到研究。但是，随后支配讨论的"事件的哲学"以单数的形式看待事件，认识它与其他事件和任何相应的结构与趋势无关。这种转变反映在德里达在晚期著作（例如《马克思的幽灵》）中坚持的主张中，反映在他将历史视为（用哈姆雷特的话说）"礼崩乐坏"——异质的、分离的、不同步的、意外的——作为正义和民主所必需的开放性的一个先决条件，这种开放性不只要为现存的明显不公正和不民主的政体提供应有的合法性，而且它是一种对这样的事件的开放，这样的事件的实际发生只能以完全意外的、没有根据的、本质上外在的、缺乏任何保证的、未得到任何神圣目的或历史目的论的方式支撑。德里达认为，解构表征的并不是马克思主义批评家们经常声称的那种批判前卫思维（avant-garde thinking）的去政治化，而是"重新政治化的条件，也许是另一种政治概念的条件"，通过

85

思考另一种历史性——不是一种新的历史性或者甚至不是一种"新历史主义",而是作为历史性事件的另一种开放,这种开放允许人们不是谴责,而恰恰相反,是开启走向一种肯定性思考的道路,这将弥赛亚主义和解放承诺作为承诺而不是作为本体论-神学或目的论-末世学的纲领或计划来思考。[5]

对事件的这种持续聚焦,并认为事件是异常的和非联系性的研究,与他关注的魏玛时期德国两位重要思想家卡尔·施密特和瓦尔特·本雅明有关。本雅明在这里出现一点也不令人惊讶。他是在 1939 年 8 月之后写的《历史哲学论集》,随着历史幻灭的新时代的出现,这部论集成为对从 20 世纪 70 年代后半期开始的西方左翼危机的一种回应。

86 然而,施密特是另一回事。作为魏玛政权的权威法哲学家,他是在希特勒掌权前几个月的独裁军国主义者施莱谢尔圈子的紧密成员,在纳粹统治的最初岁月,他是杰出辩护士,在联邦德国的第一个十年,他是令人羞耻的保守的幕后人物,尽管如此,在过去 20 年里,施密特已成为自由主义和激进左派知识分子的主要参照。因此,在向马克思敞开心扉的同时,德里达也在审视施密特的政治著作:

清醒和恐惧使这个受惊吓和失眠的观察者预料到巨大风暴和地震般运动的来临,它们将要对历史领域、政治空间、概念和国家秩序、欧洲法律公理以及地球与政治、技术与政治、媒体和议会民主之间的纽带等造成严重破坏。因此,与其他许多人比起来,这样一个"观察者"更习惯于结构、边界和公理的脆弱性与不稳定性,即"可解构的"不稳定性,这些结构、边界和公理是他希望不惜一切代价保护、恢复并"保存"的东西。[6]

戈帕尔·巴拉克利什南在对施密特思想的一项杰出的马克思主义研究中提出了类似的观点,他认为施密特的思想是"在国内战争和世界战争相互交织的时间线上形成的"。巴拉克利什南认为,"因为无法将那些零散的见解和判断整合到一个统一的理论框架中,所以施密特选择了一种龃龉叠 *87* 现具有典型清晰度的说明,而非平淡而无特色的系统"。施密特在《政治神学》(1922)中提出对当代批判思想影响最大的见解,他尝试用行政部门采用特殊权力时的例外状态(Ausnahmezustand)或紧急状态来重新思考政治主权概念。正如巴拉克利什南所说,

紧急情况就像 X 射线一样闪烁,突然暴露出法律理性的二律背反。这个情况清楚地表明,国家不只是规定司法权的一套法律

规则。在紧急情况下规则也要屈服的语境中，"主权的"行动者获得了自由裁量权这种超出法律范围的剩余；用法律语言来说，诸如"威胁"、"危险"和"敌人"之类的术语，可以预期，就是僭越法律的引导。[7]

施密特宣称，"主权者是决定何为例外的人"。主权居于国家的立场上，站在这个立场上的国家决定紧急情况的存在，并因此为了拯救国家而暂时悬置宪法。此外，这个决定不能存在于规范的运用中（比如说，规定在什么条件下宣布紧急情况的宪法条款的适用性），这的确是因为该决定面对的是超出一般规则约束的异常情况："对何为例外的决定是决定这个词的真正意思。因为一般规范即普通的法律规定的规范永远不能包含全然的例外，因而，对例外做出的决定不是从这个一般性规范中衍生出来的。"因此，"国家主权的本质……必须在法律上被准确地规定，它不是作为对强制或统治的垄断，而是作为对决定何为例外的权力的垄断"。紧急状况因而揭示了国家权力的专断性的核心所在：就规范性而言是决定，就一般性而言是例外。对施密特来说，重新发现这个现实，不仅具有政治意义，而且具有形而上的意义，因为"启蒙运动的理性主义拒绝了各种形式的例外"[8]。主权者的决定是异常性的硬核，它不能被归为对社会契约和绝对命令的泛泛而谈。

施密特在魏玛共和国陷入困境的情况下制定了这一主权理论，他在对宪法著名的第 48 条的解释中规定总统具有特别的权力，这很可能镇压重新兴起的左翼暴动——1917 年 10 月俄国革命意图引发全球革命进程，而 *88* 1918—1919 年的左翼暴动几乎使德国成为全球革命的第二篇章。施密特在《论专政》（1921）中设想了一个临时的"委托专政权"（commissarial dicta- torship）来捍卫现有的反对无产阶级专政威胁的秩序。他在《政治神学》中将这个观点激进化，塑造了他之前所说的"主权专政"理论，这不仅是暂时搁置宪法以保持专政，而且肯定了建立一种新的宪法秩序的权利，即主权范式。用多诺索·柯特斯这位施密特在反对启蒙运动的斗争中确认为反革命思想家的先驱之一的话来总结施密特创作这两本书的精神，就是："这是一个对自下而上的专政与自上而下的专政的选择问题。我选择自上而下的专政，因为它来自纯粹和更宁静的界域。"[9]

抽离这些历史条件，施密特给我们留下了吉奥乔·阿甘本所说的"主权悖论"："主权者在法理秩序的内部，同时又处于其外部。"例外不仅在规范之外，而且为规范确立基础。"例外不会在规则中删去自身；相反，规则通过悬置自身造成了例外及其与规则的关系，规则首先将自身构成一个规则。特定的'法律效力'在于法律使自身维持与外部事物的关系。"[10]
但是，正如阿甘本在他最近的著作《例外状态》中承认的那样，例外不只
是一个哲学问题。本雅明，施密特的魏玛左翼的伟大对话者，在他的《论
集》中写道："被压迫的传统告诉我们，'紧急状态'不是例外，而是规
则。"[11] 德里达在50多年后对他回应道："例外就是规则。"[12] 对德里达
来说，这反映了这样一个事实，即对任何规则的应用都需要一个必然超出
规则的决定："这个决定总是标志着法理、道德或政治认知的干预，但它们
在决定之前，而且必须在决定之前。"[13] 但是，本雅明的评价对他来说当
然主要有具体的政治意义：自由欧洲的规范面临灾难性崩溃，这引发了全
球性的灾难，他自己就是数以千万计的受害者之一。对阿甘本来说，在做
89 出必要的修改后，本雅明的阐述具有当代的现实性及其自身的紧迫性。阿
甘本采用了乔治·沃克·布什在2001年9月11日之后宣布的在永久性全
球战争状态下采取的紧急措施，由此确认了自1914年以来"法理秩序构成
性范式"的例外状态：

> 我试图表明的恰恰是，从第一次世界大战开始，经过法西斯主义
> 和纳粹主义，直到我们今天，例外状态几乎不间断地持续发挥作用。
> 今天，例外状态甚至达到了最广泛的全球分布。法律因此可以被肆无
> 忌惮地抹杀其规范性方面，这与政府的暴力是相抵触的，虽然这种政
> 府的暴力在国外无视国际法，在国内产生永久的例外状态，但它仍然
> 声称在执行法律。[14]

二、奇迹确实会发生：阿兰·巴迪欧的本体论

如果我们确实注定要生活在例外的标识下，那么在哲学上和政治上辨
认它，可能对我们有所帮助。施密特自己诉诸的是人们熟悉的生命哲学的
范畴："在例外状态中，现实生命的力量突破了一种被重复所束缚的机制的
外壳。"[15] 巴拉克里斯南称他为"一个编织他自己的政治纲领的勤杂工，
这个纲领没有任何最终设计的固定形象，或对其立即被应用于当代德国现
实没有固定设想"；尽管施密特的理论努力提供了引人瞩目的具体见解，但
折中主义的类似判断也可以平等地得到其认可[16]。虽然例外在哲学上被最
最有力地借用了，但是，无论是在知性上和政治上，还是在年代学上，这
种借用与内战中德国知识分子右翼的浮士德世界相去甚远。

正是在讨论施密特的主权理论的语境中，阿甘本引入了阿兰·巴迪欧的主要哲学著作《存在与事件》（1988）："巴迪欧的思想，从这个角度看，是一种对例外的思考。他的核心范畴即事件是与例外的结构相对应的。巴迪欧将事件定义为情势的一个要素，而从情势的角度看，这种情势的身份 *90* 关系是不可判定的。"[17] 斯拉沃热·齐泽克最近的著作与巴迪欧作品的一些重要主题是非常接近的，这使他更直接地关注当代政治和知性情景：

> 后现代主义政治学的基本教诲是**没有事件**，"没有事情真正发生过"，真理-事件是一种已经消逝的虚幻的短路，是一个错误的认同，它迟早会因差异的再现或即将到来的救赎的消逝而灰飞烟灭，对这种认同，我们必须与之保持适当的距离，以避免"灾难性的"极权主义后果；以这种结构性的怀疑主义为背景，巴迪欧有充分的理由坚持主张——在充满神学意义术语来说——**奇迹确实会发生**。[18]

巴迪欧的本体论现在是彼得·霍尔沃德的一个非常详细的批判性阐述的主题，与所有选择一种非常严格且在某种程度上又颇为神秘的思想体做斗争的人们一样，我对此深表感激[19]。但我在这里首先讨论引发其写作《存在与事件》的哲学和政治轨迹，然后再讨论这本书：在我看来，关于巴迪欧，人们没有对他的成熟思想的形成背景给予充分重视，这不仅是霍尔沃德书中的缺点，也是其他英语学界的评论的缺点，这个背景对大多数参与者来说，似乎是必然遇到的 20 世纪 70 年代末和 80 年代初法国马克思主义濒临的危境。所以，我关注过他的一本早期著作《主体理论》（1982），这最适于被看作巴迪欧在这场危机中的哲学思考。

像他那一代的其他法国马克思主义者一样，巴迪欧在 20 世纪 60 年代经历了从萨特在《辩证理性批判》中试图调和存在主义和马克思主义转向阿尔都塞"回到"马克思的剥离人道主义和黑格尔思想残余的课题。巴迪欧确实完成了一篇重要文章，试图为阿尔都塞的课题进行定位，他也是阿尔都塞为马伯乐编辑的"理论"系列中的一本书的作者[20]。像 1968 年前后的那代人一样，特别是与受阿尔都塞影响的那些人一样，他与左派主流分道扬镳了，成为法国共产主义联盟（马克思列宁主义）的一名活动家。20 世纪 70 年代，巴迪欧以一系列激烈的党派文本的作者著称，试图确定他 *91* 的理论进路（其中有一本传奇的小册子，谴责德勒兹和瓜塔里的小书《块茎》为"法西斯主义"；对其介入的某些事情——以及他对波尔布特在柬埔寨的残暴政权的支持——人们记忆犹新，这无疑使巴迪欧的法国同时代人对他最近的著作产生复杂的回应）[21]。

但是，在 1975—1978 年间，知识界的政治结构发生了巨大的变化。1975 年 11 月葡萄牙革命失败意味着后 1968 激进化的高潮线已经过去，左派的潮流正在消退。在法国，共产党和社会党之间的左翼联盟解体了，这使右翼赢得 1978 年的立法选举；三年后，弗朗索瓦·密特朗最终获得总统职位。

《主体理论》是由 1975 年 1 月至 1979 年 6 月的一系列（研讨班）讲义组成的，这些讲义记录了巴迪欧在面对一种非常痛苦的政治经历时经历的哲学的演化。最后，尽管他仍然肯定 20 世纪 60 年代末和 70 年代初的"一种不可征服的怀旧情绪"，但他却没怎么偏离在《存在与事件》中确定的后马克思主义立场[22]。若要把握巴迪欧的逻辑理路，有一种方式是思考阿尔都塞重建马克思主义所具有的一个模棱两可的构成要素。一方面，阿尔都塞提出了对马克思的反人道主义解读，其中历史是"一个无主体的过程"，诸主体是在意识形态中形成的，并在行动上支持占主导地位的生产关系。另一方面，阿尔都塞坚持把阶级斗争作为历史变革的首要动力，并谴责任何试图赋予生产力发展解释性作用的做法。这两个重点拉往相反的方向：前者倾向于将历史过程客观化，将其描述为无人身的结构形式的活动；相反，后者将历史主观化，彼此匹敌的阶级意志之间的冲突是历史过程的主要原因。可以公平地说，受阿尔都塞影响的大多数人倾向于通过将主观化趋势激进化来消解这种紧张关系；巴迪欧肯定也是这样做的，虽然他采用的是一种非常独特的方式[23]。

因此，他在《主体理论》的结尾宣称："马克思的时代，弗洛伊德的时代，存在这样的事实，主体不是给定的，而是必须被找到的。"巴迪欧承认，这种立场意味着对马克思主义正统的重构。但他驳斥了政治经济学批判，而坚持认为"马克思主义的文本首先是政治实践的文本"。但是，在这本书的写作过程中，这种主观化趋向变得更激进。该书前面的章节包含了对辩证法的讨论。"辩证法肯定一个事物有两个方面"；矛盾被认为是两种内在异质的力量之间的一种相互关系——毋宁说冲突。但即使在这里，也有一种强烈的倒退趋势，它使巴迪欧偏离马克思主义的任何版本。他不是将矛盾的范式解读为无产阶级与资产阶级的矛盾，而是将无产阶级和整个资本主义社会视为对立的主体。这反映了这样一个事实，即辩证法开始于"存在（*l'étant*）与其场所之间"的矛盾，在这种情况下，无产阶级与其在剥削性帝国主义社会中所受到的束缚之间是矛盾的[24]。

为了强调这一点，巴迪欧发明了两个几乎不可翻译的混合词——*le hor-lieu* 和 *l'esplace*：第一个词是由 *hors*（离开，在外面）和 *lieu*（场所）合成的，意思是不在其所，第二个词由 *espace*（空间）和 *place*（场所）组成，意思也许是"适得其所"。"辩证法，"巴迪欧说，"……是不在其所（*hor-lieu*）反对适得其所（*esplace*）。"这是至关重要的一步，就是这一步奠定了巴迪欧成熟的本体论的基础：矛盾不再存在于结构（比如说，生产力和生产关系）之间或作为对抗的阶级主体之间的冲突。它就是一个存在反抗其在空间结构中所受到限制的斗争。但这种存在是什么呢？矛盾一定不会被视为暴力的相关性：我们必须反对"这种将政治学视为一种主体的决斗的看法……只有一个场所，一个主体"。此外，"正如只有一个主体，所以就只有一种力量，其存在总是会创造事件"[25]。

这就提出了巴迪欧认为主体意味着什么这个问题。阿尔都塞的反人道主义是战后法国更大的哲学运动的一部分，用以挑战哈贝马斯所称的"意识哲学"——一种将单个主体理解为一个自我透明的、连贯的统一体的概念，这种单个主体是知识和世界建构的出发点。巴迪欧显然不认为主体是基础性的，但他与反人道主义保持距离，因为这种反人道主义赋予话语一种"构成功能"，就会倾向于观念论的语言学（idéalinguisterie），这是他始终不喜欢的对象之一。相反，他寻求的是"一种在概念上不参加罢工的工人——一种以主体理论为中心的唯物主义"。最重要的是要看到，巴迪欧对主体的关注最初是具有政治冲动的。他反复强调工人阶级和无产阶级之间的差异——换言之，他坚持认为在经验上存在的社会学意义上的雇佣劳动者阶级和革命主体之间有差异。工人阶级是属于适得其所的，属于处在社会结构中的存在，而"无产阶级存在于一种政治的不得其所的构建之处。这样，正是因为涤清自我，所以无产阶级存在。在涤清之后的政治存在组织起来之前，它并不存在"[26]。

因此，无产阶级作为马克思列宁主义政党存在于《主体理论》中（相当具有讽刺意味的是，巴迪欧最近一些著作的主题之一是，作为一种政治形式的政党过时了）。在某种程度上，这是人们足够熟悉的一种情况，即为青年托洛茨基所说的替代主义，也就是实际的工人阶级消失在自封的代表即政党之中[27]。但是，巴迪欧以特有的方式将政治极端和形而上学复杂地缠绕在一起来呈现这种意识形态的特征。政党"是具有主体性的"：其功能是必要地将暴力从其被置于的社会结构中自由地提纯出来。事实上，"政党是净化"，就是要抗争，与工人阶级在资产阶级社会中的适得其所的处境所发挥的作用抗争。（巴迪欧以赞许的方式引用了斯大林关于该党通过清除机会主义分子来强化自身的必要性，但他增加了条件限定，即"砍头"使斯大林"除了灾难一无所有"。）因此，在一处暗示否认阿尔都塞声称马克思的重要性在于他向科学知识把握"历史偶然性"的表述中，巴迪欧写道："历史科学？马克思主义是无产阶级以主体立身的话语。"[28]

如果将这些说法纯粹看作是巴迪欧青少年时期的表述，因而最好被忘记，似乎是很容易的。但是，出于两个原因，这将是一个错误。首先，人们在英语世界中接受法国思想时，倾向于将文本与高度确定的知性和政治语境分开，而对一个写作高度政治化的思想家来说，持续坚持这种做法，只是为了得到英语学界的高度关注，这严重伤害了人们对法国思想的接受。其次，巴迪欧在他的马克思主义时期和后马克思主义时期的思想连续性是很惊人的。因此，霍尔沃德切中要点地指出："无论在巴迪欧的早期著作还是晚期著作中，一种受到规训的涤净政治学都比联盟和协商的政治学占优势。"此外，正如霍尔沃德还观察到的，对巴迪欧来说，"真理和主体是偶然的、例外的"[29]。这个观念在《主体理论》中也得到了体现。早在 1976 年 2 月，巴迪欧写道："每个主体都是一个例外，它处于第二个场所。"[30]人们可以理解为什么他要提出这种主体观念。他全神贯注于让工人阶级摆脱资产阶级的适得其所那种令人厌烦的常态，为了建立一个革命主体可以确立自我的政党，巴迪欧将这个主体看作是异常的（或者用一个更晚期文本中的话说），"罕见的和英勇的"[31]，是完全自然的。

尽管政治在巴迪欧的思想中经常占主导地位，但他借鉴了各种资源来阐述这个关键的概念，即主体是一种例外。他首先是在详细讨论马拉美的诗歌的过程中提出这个观点的（霍尔沃德确实称其为一种"受马拉美决定的哲学"）[32]。但是，更严格地说，巴迪欧的主体观念有两个理论来源。一个是雅克·拉康对精神分析学的重新解释。在《主体理论》的不同地方，巴迪欧对拉康和列宁、黑格尔进行了比较；因此，他的这项研究的意义是从主体角度将弗洛伊德的思想从"美国精神分析学家"中拯救出来。众所周知，这里有两个拉康：巴迪欧感兴趣的是第二个，这个拉康将真实界作为主题，将其视为内在崩溃的象征秩序，即通过语言和俄狄浦斯情结而将主体束缚于其中的秩序（参见下面第三章第三节）。但是，巴迪欧的主体理论的另一个批判的资源是被称为集合论的数学逻辑的子领域。当然，对这两个来源不必明确区分。巴迪欧赞许地引用了拉康的评论："首先，真实界对我们来说是由数字编织而成的。"[33]

然而，集合论在《存在与事件》中是占主导地位的。当这本书在 1988 年出版时，巴迪欧已经得出结论"革命的时代终结了"，尽管他还继续引述与马克思（和列宁）、弗洛伊德（和拉康）的名字联系在一起的"后笛卡尔式的主体学说"[34]。巴迪欧将主观主义转变为一种本体论。为了证明他对集合论的依赖，他解释道："如果确实是哲学家们在形式上概括了存在（*l'être*）问题，那么并不是他们，而是数学家们回答了这个问题。"集合论的吸引力在很大程度上是因为它允许巴迪欧继续从事涤净的规划，这在他的早期马克思主义著作中就出现了。因为遭遇了"为存在和栖居而怀旧"的经历，他甚至向海德格尔求助，而海德格尔追问的存在问题明显与个别存在者的本质问题不同，因此，海德格尔将存在视为在自然界中被直接赋予的而现在不知何故迷失的或被隐藏起来的东西加以感知，并将存在诗意化。他将这与"作为西方哲学的天然形象的本体论本身"加以对比，这是"在一种理想的公理化思维模式中抽象地思考存在的希腊事件"。"希腊人的独特创造是，一旦思想决定从在场的全部实例中将存在抽离出来，那么存在就是可以言说的。"[35]

巴迪欧因而追随希腊人——首先是柏拉图，"用数学中断了诗"[36]。这个哲学策略使他围绕集合论中一系列论证的阐释，组织起对存在和事件的描述。在对巴迪欧思想的阐述中，霍尔沃德遵循同样的思路，对由格奥尔格·康托尔和保罗·科恩发展的现代数理逻辑给出详细而非常有益的说明。我不想对这一点做任何重复，一部分原因是我缺乏这个能力，另一部分原因是我必须承认我对巴迪欧赋予集合论的地位持怀疑态度。在我看来，即使没有深深沉浸于数理逻辑，他的主要哲学主张也可以得到阐释和评价。这无论如何都是我要推进的。

巴迪欧假设存在和事件之间是根本对立的，因此，"对事件而言，本体论未置一词"。这种对立可以被理解为《主体理论》中在适得其所（*es-place*）和不得其所（*horlieu*）之间的衍生物——也就是说，在结构中的限制和主体的涤净时刻之间的对立。在《存在与事件》中，适得其所在这里被适当地表述为情势，即"确有其所之所"（*le lieu d'avoir-lieu*）。巴迪欧宣称："只有情势。本体论，如果存在的话，是一种情势。"[37] 但什么是情势呢？在巴迪欧早期著作中为隐喻所引入的概念现在成为持续分析的对象。正如霍尔沃德所指出的，"数学为巴迪欧提供了用于描述所有可能情况的普遍情势的语言，而不管其特定语境和内容如何"[38]。

理解这种情势的出发点不是钟情于诗意化的本体论的存在，而是呈现方式："一种东西的呈现方式在本质上是多，它所呈现的东西在本质上是一。"在多和一的古代哲学争论中，巴迪欧现在选择了多，虽然以一种与众不同的方式："这里没有一，只是作为一来计数。"多是在呈现中被赋予的，但它呈现为一种多元。换言之，多元在呈现的时候是统一的，是可作为一来计数的。但是，因为呈现的是多元的，所以这种统一是一种"运算"的结果。这个结果是一种情势,一种"被呈现出来的多元……每种情势都被纳入情势中可作为一来计数的算符。这是对结构的最一般的界定,即将其界定为某种机制,借助于这种机制,被呈现的多可作为一来计数"[39]。

因为多是通过计数为一的运算而呈现为多元的,所以没有直接进入多的通道。由于作为一来计数的运算受算术法则的制约,就产生了一致的多元;作为不一致的多元的多只能被间接地推断出来,而不是经验的或已知的:

> 多是静态的,如果反过来从这个事实看,可计数为一的运算必须有效进行,才能让一存在,那么它能回溯地被破译。多不可避免地是被结构化的谓词,因为结构化,即作为一来计数是一种结果。一不是也不能呈现自身,而只能被运算,只能确立在运算"背后",在多的支配下,呈现产生了。[40]

不一致的多元,虽然只是"一种不可思议的(insaisissable)存在的视域",但它将一种不稳定性引入情势。因为它不能被呈现,没有任何实证的品质。确实,"根据计数呈现的纯粹的多,必然是无法呈现的,是无",但这并不意味着它没有本体论上的针对性。只要情势的统一是作为一来计数的运算的结果,"多的'东西'必然不能与这个结果绝对重合在一起"[41]。这个"东西",准确地说,是无。正如霍尔沃德所指出的,"虚空,或无,就是不在场的'无物',任何可以想象的计数与呈现都是基于此完成的"[42]。事实上,虚空在字面上具有比无更多的意义:它"根据一种情势,就是不连贯的存在之名,因为呈现在那里给我们一个无法呈现的入口,因此,缺乏一个进入这个入口的入口,它既不是一,又可由众多一构成,所以,在这种情势中,我们只能将其定性为漂流的无"。因此,最好不要把虚空理解为字面上的无,当然也不是在不存在的意义上被理解的,而是作为无差异来被思,因为存在"既不是一……也不是多",或者是不可言说的,因为存在超越了呈现,它没有任何特性[43]。

正是在巴迪欧论证的这一点上,似乎最合理的是,集合论发挥了无可替代的作用。他诉诸对关系身份与从属性做出区分,"这表明一个多在另一个多的呈现中并被计数为其中一个元素",以及包含"其中一个多是另一个多的子集(或部分)"。一种情势是由从属关系所规定的:它是由诸元素组成的。但是,每个集合中至少有一个子集,集合不属于这个子集:"没有任何多可以从其所包含的东西中构成一个一,包含不可救药地超过了关系身份。"此外，虚空是所有集合的子集，它本身就包括一个子集，即空集自身。所以，"它来自一切不可呈现的东西，在任何缺乏它的地方呈现着"[44]。

巴迪欧以这种集合论对情势在本质上的不稳定性做出一种形式证明，因而也对存在的更深维度的必然性进行形式化的证明，以便将情势确定在适当的地方：

> 所有多的呈现都面临虚空的危险，虚空就是其一般存在（son être en tant que tel）……在呈现的世界，最明显的稳定性只是结构计数行为的一个结果，即使无在这个结果之外。必须杜绝让呈现遭遇自己的虚空的灾难，即避免让不连贯像这样在呈现中发生，或者说避免一的毁灭。[45]

为了与存在相遇，虚无＝呈现中的纯粹不一致的多元就像希腊神话中的那些要素，当一位来访的神向他的人类情侣的强烈要求让步，而且，放弃了他的凡人伪装的时候，就揭示了自己的真实存在，这使其所爱枯萎而无法生存。情势的结构是链条中的薄弱环节，这可能引发如此毁灭性灾难的启示，即虚空将要侵入。结构性运算的清晰结果本身将多计数为一，因而

> 被结构的东西、结构本身可能就是虚空被赋予的地方。为了避免虚空的呈现，有必要对结构进行结构化，即"有太一"必须适用于作为一来计数。因此，呈现的连贯性要求所有的结构都必须被一个元结构再次结构化，而元结构就是用来将结构封闭在固定的虚空中。[46]

这个元结构是巴迪欧所谓的"情势状态"，"借助于情势状态——任何结构化的情势——都被计数为一"。这种结构的重叠是通过（与构成情势的原初呈现构成比较）作为呈现的表征得以确证的：所有被包含在情势中的事物都是其状态之一种，因而避免了过度，这种过度威胁到虚空对呈现的侵入。这种状态之所以能够履行这一职能，是因为它"在本质上是一种与情势的原初结构相区别的结构"，这赋予情势以"一个虚构的存在，它抵消了或看起来似乎回避了虚空的风险"[47]。他期待对情势状态的这种表述能产生一种政治共鸣。正如霍尔沃德所指出的，"这种状态因而是对无政府主义的一种初始的回应。我们可能会说，暴力地强加秩序本身就是这种存在的内在特征"[48]。

但是，如果在这个状态中结构重叠堵住了一个漏洞，虚空可能得到呈现的通道，那么事件将为其提供另一种体验路线，尽管是高度变幻莫测的

99

路线。巴迪欧对一般和异常做出了区分。一个正常的事项既是一种呈现，也是一种被再现的事项，也就是说，它既是情势的一个元素（得益于状态中的结构重叠），也包含在其中。一个异常的事项是被呈现的，而不是被再现的：它从属于状态，但不知何故脱离了状态的重新统一的职能。巴迪欧将这种区别映射到自然和历史之间。他说，"自然性是情势内在固有的正常性"。相比而言，历史是"不正常的"："那些并不存在的思想的场所是非-自然的，它被呈现为自然的、稳固的或正常的他者……我将这种因而被界定为自然的对立面的东西称为历史的东西。"[49] 有趣的是，我们在这里看到了一位严格的古典哲学家，也要从自然主义的侵蚀中摆脱他的概念，即再现了生命哲学中自然和历史、普遍性和异常性之间令人熟知的对立。

"那些并不存在的"是事件。事件在情势之外，它的构成、结构和状态穷尽了本体论的主体项。正如霍尔沃德所指出的，"我们通过事件所遭遇的正是情势的虚空，情势的这个版本完全没有兴趣维持这种现状"[50]。但是，尽管事件超越了情势，但其存在条件是可以在情势中发现的。这就是巴迪欧所说的"事件位"：这是一个在情势中呈现的多；然而，其中没有元素，它也不是情势的一个子集。因此，它"完全是异常的"，因为它属于却不包含在情势中。所以，它"处于虚空的边缘"[51]。

与情势的这种特殊关系使事件具有一种模棱两可的性质。巴迪欧将 *100* "这种多"命名为"事件位 X，即它部分地由位的元素组成，部分地由它自身组成"。他以法国大革命为例，它"会被人们说成既是 1789 年到 1794 年之间一系列事实的无限之多，此外，它也必须将自己呈现为它自己的多的一个内在固有的履历和特征"。一个事件具有一种盈余的性质，这不能被化约为事件赖以凸显的事实的顺序。这不仅因为历史知识有一种内在地追溯既往的维度这一常见问题——例如，当时人们无法知道，他在那参加的是三十年战争中的战斗。因为事件不是情势的一个子集或一部分，所以，没有确定它与情势的关系的客观方式："如果事件存在着，那么从情势本身的角度说，无法确定它与情势是否具有属于关系。"[52]

这种不确定性意味着，当事件变得难以辨别，就需要一种"解释性干预"。正是通过事件，内在盈余即在每种情势中呈现的虚空才变得可见；解释性是对此的回应："这种解释肯定了事件属于情势，它阻止了虚空的侵入。但这只是为了迫使情势本身认可自己的虚空，因而让它在不连贯的存在和被打断的计数中引出一束光，这束光并不分有实存和存在。"事件就是作为情势、一致的多样性消逝的地方出现的。因而，通过解释性干预而实现的对事件的话语识别超越了知识范围，采取了巴迪欧称之为百科全书的形式，"包含了对情势各组成部分的分类，这些部分将各项汇集起来，拥有这样或那样的明显属性"。但是，事件恰恰与在情势中什么是不明确的、什么是不可分辨的有关。承认这一点，通过以解释性干预来命名这些不能辨识的东西，需要一个"类性程序"，由此真理得到了承认：

> "类性"肯定地表明，那些不允许自己被辨识的东西事实上就是关于情势的一般真理，是在其中特殊存在的真理，被看成是所有即将降临的知识的根基。"类性"揭示了不可辨识之物的真理－功能。然而，否定蕴含在"不可辨识之物"中，它包含了这个关键点，即真理总是在知识上制造漏洞。[53]

或许这里有这样的观念，真理要抨击知识，认为它只是在识别出正常的东西并加以分类。在这个观念中，阿尔都塞认识论概念的微弱回声突破了与在其中产生的理论意识形态相对立的科学的自身构成。但是，对阿尔都塞来说，科学和意识形态都是普遍性的，是概念的体系；然而，对巴迪欧来说，它总是一个真理问题，是特定的、例外的以及本土化的真理问题，因为一个事件的存在取决于其在情势中的事件位，而且也必然超越情势。不仅如此，对阿尔都塞来说，科学实践是一个没有主体的过程，而对于巴迪欧来说，真理总是主体性的，因为承认事件需要一个决定："因为事件的本质在于它是一个无法判定是否属于情势的一个多，所以判定它属于情势是一场赌博，人们不可能希望这场赌博具有合法化，因为任何合法性都取决于情势的结构。"这种毫无根据的决定不只是主体性的：主体是通过它被构成的："我所称之为主体的是一种用于支撑真理的类性程序的具体架构。"[54]

正如我们所看到的，巴迪欧将主体设想为例外："主体并不是一个结果——它只是一个起源。它是程序的具体状态，相对于情势溢出的构型。"[55] 因而，并非所有的人类个体都是主体。正如霍尔沃德所指出的，"主体是一个被其宣称的真理变形的个体。"但是，他注意到，"一个事件是机会不可预测的结果以及机会本身"，正如他也指出的那样，承认一个事件的决定是从未被证明是合理的一次赌博，既然如此，那么很可能出现的情形是，很可能大多数人永远不会经历这种变形。[56] 在这个方面，巴迪欧的主体观与尼采坚持只有少数例外的人才能实现自我的主张有相似之处。巴迪欧实际上赞同地引用了尼采的命令"成为你自己"："如果有必要成为一个主体，这是因为一并非一。作为主体的'你自己'只不过是决定要成为他。"他反对"形式化的非人道主义"，对轻蔑地将其视为当代自由主义

102　正统的"动物人道主义"而不予理睬[57]。巴迪欧的思想当然完全摆脱了尼采用来支持他对整个人类的贵族式蔑视的拉马克生物主义。成为一个主体并不依赖于任何想象中的种族特质，而是需要巴迪欧所谓的对事件的忠实性。忠实性是一个主体为了维持特定的真理而采取的长久立场或取向。这是"时间原则"，"是一种在呈现的多中进行区分的工具，这种区分依赖于事件。保持忠实性也就是将那些因偶然变得合法的东西（le devenir legal d'un hazard）聚集起来并进行区分"[58]。

　　在忠实性中有一种张力。让机会变得合法这种观念蕴含着一种制度化倾向，就像韦伯关于使人格魅力常规化的观点一样，原初的创造性冲动本来就发起了一种运动，却由于官僚主义和僵化传统而逐渐消失，传统开始占主导地位。但事实上，命名事件的决定永远不会被合法化，因为这种合法化属于超出事件性质的情况，这表明任何这类制度化的过程总是备受争议的。巴迪欧将这种决定称为"解释性干预"；因为解释是一个无限的过程，对特定事件的忠实性就意味着总是对论证持开放态度。然而，他给出的关于忠实性最有趣的例子——他出色的小书《圣保罗》（1997），为走进巴迪欧的思想提供了最便捷的方式——表明，在选择忠实性这个术语来表征主体的取向时，他并不是简单摒弃其字面含义。

　　在《圣保罗》中，巴迪欧的兴趣从另一个角度表明他思想的连续性：他在《主体理论》中已经勾勒出《圣保罗》的主题[59]。他拒绝接受保罗作为人格魅力常规化的推动者的普遍看法，即"教会的永不疲倦的创建者"。正是通过他，早期基督教的原初火焰被限制在教会等级制中，并最终被遏制在梵蒂冈的官僚制度中。巴迪欧的保罗是"事件的思想家-诗人"，他试*103*图通过将其与犹太律法和希腊形而上学分离开来并诉诸复活，即"在可能与不可能的关系中的纯粹事件，开启了一个时代，改变"，来实现基督教的普遍化。对巴迪欧来说，在异教徒皈依基督教时，是否必须遵循犹太律法而受割礼，保罗在这个问题上扮演了一个示范性角色，说明了事件与其位之间的关系。保罗认识到，如果犹太教是"基督-事件"的位，那么事件就会超越其位。通过成为非犹太人的最初布道者，并颁布一种"新律法"，所有人都可以获得神圣恩典的赐福，保罗成为"最早的普世理论家之一"[60]。

　　无论谁最终从这一切中得到什么，没有人怀疑巴迪欧是当代最强大的思想家之一。他的伟大功绩在于以极其卓著的活力和想象力探索那些被广泛接受的持有的事件概念的含义。他对概念精确化的承诺意味着，尽管困难重重，但他对事件的思考都堪与诸如德里达对事件的处理相提并论。在这里，事件成为西方形而上学范畴之外的众多名称之一，因为这些范畴既不充分又不可避免被使用，所以人们只能援引、暗示、间接地靠近事件。尽管巴迪欧将存在概念理解为虚空，虚空超越却又隐含在所有呈现中，这确实是他自己的否定本体论的独特版本，但他确实提供了一种对事件的清晰阐述。此外，这个阐述把握了事件现象学的两个重要特征，这特别突出地体现在本雅明的"历史哲学论纲"中。

首先，有些事件的发生打破了常规，打断了"同质的、空洞的时间"。这的确是现代历史经验的重要组成部分。如果人们不只是想到大革命（1789 年法国、1917 年俄国），即被巴迪欧当作典型政治事件来看待的这些大革命（例如，与这些大革命对立的艺术中的事件，如塞尚对印象主义的转型，或科学中的事件，如康托尔对集合论的发展），还有更近的剧变，如苏东剧变或 2001 年 9 月 11 日的事件，那么所有这些事件的共同性质是，超出了此前的因果序列，而在力图说明这些事件为什么发生时，历史学家会做出追溯。一种历史阐释若仅仅是把事件消融为因果序列，就会导致使事件之为事件的剩余性质的消失，即为巴迪欧概括的属性的消失，这种属 *104* 性表现为，事件部分地由其自身所组成，但又不仅由其赖以突现的处境的因素所组成[61]。其次，正是因为这种超越处境的性质，事件才需要被解释：识别确实属于处境的因素是判断的事情，它总是受到挑战和修正，这种识别并不像运用算术那样要得出一个可预测的结果。例如，什么是构成法国大革命的决定性的因素？——是有财产的精英进行的宪法改革，还是城市和乡村平民的自我组织？弗朗索瓦·傅勒认为，前者因雅各宾派思想的盲目追随者和民众的干涉而以某种方式"滑离了轨道"；阿尔伯特·索布尔毕生都认为，后者是由于城市和乡村平民的自我组织渗入高层政治中。此外，只是因为这些备受争议的解释都要勾勒已经发生的事情的轮廓，所以必然要追溯过去。正是由于这种"解释性干预"，事件才变得可见。正如本雅明所认为的，那些企图"炸开历史的连续性"的历史学家应当面向过去而背对未来[62]。

但是，如果巴迪欧的干预有助于我们对事件的概括，那么我们是不是必须背负随之而来的形而上学的包袱呢？我们必然有很好的理由对此加以怀疑。首先，巴迪欧的出发点是，主张数理逻辑提供了解决本体论问题的钥匙。霍尔沃德说这是一种"根本决定"，由此"巴迪欧的成熟的本体论得以确立"。这反映的事实是，"最先到来的是决定和决定者，即断言公理的主体"[63]。如果这是正确的，那么巴迪欧的思想就是一种比施密特激进得多的决定论，就是说将决定论进行到底。但是，如果人们拒绝这样的观念，即认为思想在某种程度上植根于存有的秩序中或自明的笛卡尔式的主体中，那么就不必把本体论只看作一系列决定的产物。巴迪欧将存有等同于数，其合理内核是，事实上，现代物理学是从伽利略的本质上是柏拉图式的宣言中形成的，也是从中进一步发展起来的，即"宇宙这本大书……是用数学语言写成的"[64]。但是，这之所以获得支持，不是因为任何决断，而是因为假定这个宣言为真并由此出发的科学研究计划取得了成功。物理世界有一种数学结构，这并不是本体论的公理，而是一个可检验的经验假设，即经过大量的证实，这个假设现在已经深深嵌入科学信念之网。由此可见，任何特殊数学真理的经验参考都是推测研究的问题，而不是哲学假定问题。

从巴迪欧的角度看，这个反对意见也不必被看得太糟糕，因为其本体论的基本纲要在集合论之前就已经成型了。他把作为处境的存在与《存在与事件》中的事件加以对照，这种对照是贯穿于《主体理论》中的适得其所和格格不入之间对立的一个精致的、衰弱的版本。巴迪欧在他最新的著作《世纪》中认为，20 世纪的特征是"为了真实的激情"，它经常采取结构的形式，但它也在做减法的各种努力中表现出来——也就是说，试图衡量"场所与在场所中占据的东西之间，场所与拥有场所之间的一种极小的却是绝对的差别"[65]。巴迪欧努力逃离存在者的限制，由此构建他的思想。霍尔沃德恰当地写道："在巴迪欧对减法的坚持和萨特的本质上是悲剧性的对抗之间是极其相似的，在《辩证理性批判》中，这种相似性不仅仅是表面上的。"[66] 但这就是拒绝巴迪欧本体论的第二个理由。丹尼尔·本塞德清楚地指出："如果脱离了历史条件，那么纯粹的真理之钻、事件……就类似于一个奇迹。"[67]

正如我们所见，齐泽克确实把巴迪欧的思想总结为"奇迹确实会发生"这样的理念。他也认为"巴迪欧……可以被解读为法国天主教教条主义传统中的最后一个伟大作家"[68]。从字面上看，这是错误的。在《圣保罗》中，巴迪欧清楚地说，在他看来，耶稣复活是一个"寓言"。虽然如此，这本书最有意思的一个方面是对神恩进行了广泛而富于同情的讨论。基督教的核心教义是，救赎是上帝的礼物，它超过一个人可能具有的功绩，是神恩的流溢。巴迪欧指出，圣保罗正是通过对这个学说的阐释，才使基督教从其犹太教来源中解放出来，使之被普遍接受。犹太律法与一般法律一样，使每个人按其应得而给予报酬和惩罚。但是，"神恩是法律的反面，因为它不是按应得而来"。在把救赎和个体的特殊性分开的情况下，神恩创造了具有普遍意义的基督-事件："只有绝对赠予的东西才能被分配给所有人。"[69]

　　显然，巴迪欧在这里不只是要为保罗神学注释。他参照"我们的神恩唯物主义"并宣称："'神恩'将事件命名为能动思想的条件。"[70] 从原则上来说，不反对人们试图将概念从其神学语境中解放出来并将其用于世俗的目的。就这一点而言，人们可能看到，罗尔斯坚持把正义和应得分开（参见上文第二章第二节），并将其视为神恩教义的一个世俗化版本。但是，在这个神恩教义中存在着一个特殊方面，巴迪欧诉诸这种问题意识。神恩概念的功能是让救赎独立于个人可观察的特质和行动，使之纯粹成为神的仁慈的结果。圣奥古斯丁这样描述上帝和得救者："现在他不是根据人们的功绩来拣选他们。在上帝看来，整个人类的群体都应该受到谴责，因为他们从根基上被腐蚀了；他依神恩拣选得救者……因为每个人都能认识到，把他从诸恶中解救出来，是一种免费承诺的善行，而不是他有权利应得的。"[71] 因此，是否得救是没有客观标记的（实际上，原罪教义对所有人类都是成立的，他们都要为亚当的反叛负连带责任，因而承受诅咒是每个人默认的境遇。）——甚至圣保罗自己也进一步这样描述上帝："他的判断何其难测，他的踪迹何其难寻"，谁得救了，为什么得救，为什么有些人富有而另一些人一生受苦也都是不可知的[72]。正如奥古斯丁所说："我们不知道依据什么来决定这位好人贫穷，而那位恶人却富有；为什么一个人的道德品质是令人绝望的，依我们看来，应受到不幸的折磨，却活得喜乐，而另一个人的榜样的生活让我们确信他应当喜乐，但实际上他遍受悲苦……"在列举了很多其他此类例子之后，奥古斯丁反思地安慰我们，在审判日，"上帝的一切判断都是完全正义的，这将变得很寻常"[73]。再加上神的全知和全能，我们就获得了奥古斯丁自己首次清楚表述的预定论教义。根据上帝造人可以预见，谁将受到诅咒，谁将会得救，韦伯在《新教伦理与资本主义精神》中已经如此精彩地诊断了所有这些心理学上的不确定性。

　　但是，如果事件具有神恩的性质，那么事件的起源就会像上帝救赎谁、诅咒谁的决定一样神秘莫测。事件不再只是简单地超出情势，而是把情势作为绝对的障碍而与之分离。这意味着事件为何发生成了一个谜——就像耶稣复活或基督在去往大马士革的路上对保罗现身。在巴迪欧的思想中有一个策略性弱点，即其对关系性的敌视，强化了事件的这种神秘性。巴迪欧赞许地提到了"一种本体论的激进性压制关系，关注纯粹多的盈利"[74]。正如霍尔沃德所指出的："真理的目标总是自足的'纯粹性'"，而"纯粹性由观念构成，乃至它不再被保留在任何关系（lien）中"[75]。正如他规劝地指出的，这极大地动摇了巴迪欧本体论的可靠性。首先，它意味着一种

81

非常贫乏的仅仅计数为一的结构观念；任何关于结构的更详细的阐述都必须将它看作关系或关系集合（参见第六章）。巴迪欧敌视关系的部分动机可能是，他要将自己的立场与 20 世纪 60 年代结构主义的观念语言学区分开来。但是，尽管这会使他的立场更明朗，却因而使得它更不可靠。其次，禁止一切关系，使事件变成一个谜。尽管任何事件都会超出其情势，但是由此便可认为，二者之间没有关系吗？如果情况果真如此，那么就难以确认，解释性干预如何使事件如其所是般呈现。这样一种解释确实要从事件由以产生的序列中确认它，但这至少部分地把它与另一个要素联系起来，而之前他却认为这个要素是无关的（参见第五章第二节）。

迄今为止，我已经批判了巴迪欧的事件哲学，没有考虑其政治后果。但是，我的第三个反对意见就开始涉及他的政治领域。20 世纪 60 年代和 70 年代，他可以被合理地指责为将本体论政治化：至少在早期文本中，《主体理论》的主要任务是探求一些哲学预设，使之适合于他的马克思主义-列宁主义政治学的高度主体性版本。然而，现在他似乎要将政治本体论化。这里最明显的例子是，巴迪欧对国家的讨论，他凭借这个讨论复制了情势的结构并使之稳定下来。正如我们所见，巴迪欧通过将这种元结构称作情势的状态，并引用马克思主义经典文本，在其中恩格斯和列宁主张（政治）国家是阶级对抗的产物，欢迎由此产生的政治回声。他区分了呈现（成员/从属关系）和再现（包含关系）的三种可能组合，我们已经遇到了其中两种：一种正常的术语在呈现出来的同时，被再现出来；而异常性是被呈现出来的，不是被再现出来的，而赘物（excroissance）是被再现出来的，不是被呈现出来的。根据巴迪欧，马克思、恩格斯和列宁都正确地把政治国家中的赘物识别出来了：

> 从根本上看，经典马克思主义对国家的描述在形式上是正确的，但这不是国家的一般辩证法。情势状态有两个巨大的参数，就是不可呈现而飘忽不定的虚空和相对于从属关系的无法弥补的溢出，它们使对一的再次确定和对结构的结构成为必要，这都被恩格斯当作呈现的特殊性……虚空被转换为无产阶级的非-再现，这样，非-再现的东西被等同于不被再现的模态，分离出来的对部分计数被等同于非普遍性的资产阶级的利益，等同于一般性（即资产阶级）和独特性（即无产阶级）之间呈现的分裂。最后，他将计数为一的机制还原为赘物，因为根据存在的定理，他并未理解他所面对的溢出是无法避免的。[76]

巴迪欧的结论是："在国家的源头不存在对抗，因为我们不可能思考作为对抗的虚空与溢出之间的辩证法。"[77] 巴迪欧提出了一个"存在定理"，据此虚空将要介入任何一种情势，由此产生危险，无论其确切的内容是什么，无论其内容是自然的、历史的或其他的，要求在一种元结构中将这种危险复制出来。如果认为只要诉诸这个定理就能反驳马克思主义国家观，那这个思想就有些荒谬。设想关于政治国家本性的争论能通过本体论中的某些发现，当然也通过巴迪欧对虚空、溢出等所做的抽象（与模糊）的论证来解决，那么这正是一种范畴上的错误。此外，他在青年期充满激情而毫不犹豫地指出资产阶级意识形态的一个显著特征是，因为"存在"具有普遍性，所以将具体的社会历史的对抗重新定义为"不可避免的"。这种论证形式与资产阶级意识形态的作用大致相当，因为巴迪欧自己不再是一名马克思主义者。

最后，让我们看看巴迪欧究竟是如何理解政治的。根据霍尔沃德，"尽管所有程序都是针对任何人的，但只有在政治中这种普遍性才具有意义和可操作性"[78]。然而，对巴迪欧而言，普遍性是另一个难点。当回到他对事件的阐述时，这个难点就能被揭示出来。在描述事件可能产生的主体时，我们可以看到忠诚的重要意义。不同的阶级是根据各种行动者所采取的政治−意识形态立场而被区分的[79]。这就取消了客观的阶级地位与主观立场之间的差别，这必然使人们特别强调与自己内部的资产阶级倾向做斗争。这可能就是巴迪欧关注纯洁化的一个根源。在《主体理论》的后半部分已经显示出他对伦理学日益增强的兴趣[80]。

但是，一旦人们沉浸在这种自我关注中，那么在审视良心的时候可能会产生人们是否忠诚于一个真正的事件这样的问题。巴迪欧尽管与马克思主义断裂了，但他还是把自己看作"忠实于10月17日事件"的人[81]。1979年，巴迪欧轻蔑地否定了1968年一代人，因为他们"放弃了革命"，因为革命是"结构的人民"：由于缺乏主体性力量，他们麻木地屈从于场所的压力[82]。但这种道德判断并没有给我们提供确认一个真正的事件的出路。例如，如何将1917年10月25日和1933年1月30日区别开来？在前一个日子，布尔什维克在彼得格勒夺取政权；在后一个日子，希特勒被任命为德意志帝国总理。巴迪欧的回答是，国家社会主义"革命"是一个单纯的"真理仿象"，因为它"假定人民构成了一个民族实体，并且只忠实于它，实际上，它所指的只是它规定的'日耳曼人'"。相反，一个真正的事件是从内在处境中的虚空里产生出来的，即从其填补的虚空里成为可能的。所以，"事件是忠诚的根源，尽管它是异常处境中的一个内在的破裂，但起源于事件的忠诚还是具有普遍针对性的"。因此，纳粹就是寄生在诸如雅各宾派革命和布尔什维克革命这样的"真正普遍事件"之上的[83]。

因此，真正的事件是具有普遍性的。霍尔沃德对巴迪欧所说的普遍性做出如下总结："普遍性是一个结果。任何普遍的事物都是例外，都是发源于一个点，都是逐步汇集起来的，都是一个决断的结果，都是主体的范畴，与其说它是一种真知，莫若说它是一个真相。"[84] 所以，普遍性和事件是紧密汇集在一起的。此外，普遍性不仅是一般性的一个形式属性；它有一种政治内容。根据巴迪欧，"类性是平等的，任何主体最终都被称为相等"[85]。不能不怀疑，这里有一个恶性循环：只有诉诸一种充满规范性概念的普遍性，事件才被区分开来，但是一旦我们试图揭示这种普遍性概念，就会发现，它具有事件的所有特征。霍尔沃德指明走出这个循环的唯一路径，这又是一个决断："像一切形式的真理所处的地位一样，普遍政治原则的地位必然是公理性的或非定义性的。因为相等是主体性的，所以正义——最典型的政治原则——就只能是规定性的。正义不能被规定，它是一种没有确保或证明的纯粹断言。"[86]

这个阐述涵盖正义原则的三个不同方面（或者说任何断言的三个不同方面），即其力量、正当性与内容。毫无疑问，可以说，这样一项原则是规定性的——宽松而言，这项原则意味着，我们有很好的理由遵守其要求——但这不是要确定地表明，我们是否也有好理由接受这项原则本身。一个断言的形式方面的这些属性没有告诉我们任何有关这个断言的内容——它实际上表明什么。非常合理的是，没有正义原则能按照逻辑真理的方式得到证明，但我们不能由此认为，在没有任何确定内容的意义上，这项原则是不可定义的。没有人，当然罗尔斯自己也没有设想，人们能用某些证据决定性地确认其正义原则的真理性，但他们却认为这些原则是有内容的——粗略地讲，就是自由权的平等分配以及社会经济平等，除非不平等有利于最少受惠者——这些已经在数千个公开出版的页面中得到探究。这些在概念上的省略不只在哲学上是有问题的；它们也把本萨义德所说的"没有政治的政治，一种否定神学"合法化了。"对于纯粹性的全神贯注将政治化约为一个很大的优先取舍权，禁止它产生持久的结果。"[87] 在其后马克思主义阶段，巴迪欧通过他的"政治组织"（OP），保留了政治行动主义风格——与一个他不再相信能被消灭的国家保持距离，无情地谴责工会，对改良主义性质的另一种全球化运动（从症状上看，"政治组织"的布告被称为"政治距离"）轻蔑地置之不理——没有任何分析、策略或纲领，他的做法根本不是马列主义。特里·伊格尔顿对后结构主义所做的评论似乎也非常适用于巴迪欧："我们汇集起来的最多是一种无名的马克思主义"——或者，我们可以使用巴迪欧用过的例子，即马列维奇的抽象艺术杰作《白上白》，来说明他自己做减法的计划[88]。

三、虚幻：齐泽克和无产阶级

尽管巴迪欧的哲学有各种缺陷，但从其开始在社会批判复兴的语境中重构自身，他的哲学研究就对激进思想产生了日益强大的吸引力，我已经在前面的章节谈到了这一点。其中，他对事件的概括是最有影响力的，因为这似乎提供了一条避免决定论和进化论而走进历史的道路，而决定论和进化论是与正统的马克思主义和后现代的相对主义联系在一起的。人们甚至可能说，一种左翼决定论在当代法国哲学中已然出现。这种决定论是耀眼的，包括从德里达晚期的、"伦理"阶段的思想，到马克思主义阵营中的一些坚定成员——例如，斯塔西斯·柯沃拉基斯在研究青年马克思和恩格斯的新近重要论著《哲学与革命》中的思想。在这个阵营的组建过程中，齐泽克是一个关键性的人物。齐泽克以其超凡的智力、精力与才思在过去 20 年间将拉康式的心理分析、德国古典观念论和文化批判整合在一起，并出版了如潮水般涌来的大量著作，这些著作使他在美国学术界获得明星般的风采。但是，近年来，他在著述中对马克思主义的政治定义使之更加锋芒毕露，也使他的思想与厄尼斯特·拉克劳的后马克思主义拉开了更大的距离，而此前这两个思想是紧密联合在一起的。结果是，齐泽克成为当代意识形态批判实践的先驱，也就是阿尔都塞所说的理论中的阶级斗争的先锋[89]。

与这种政治-学术思想上的转变相伴随的是，在齐泽克和巴迪欧之间似乎有了更紧密的联盟——或至少是更明确的联盟。例如，齐泽克批判了德勒兹的生机主义本体论，巴迪欧也做了类似的尝试[90]。在某种意义上，这种联盟并没有什么特别惊人之处，他们都强烈地受到拉康的影响，实际上是受到那个思考真实的理论家"第二个拉康"的影响。但是，他们也有重要的差别：我们将会看到，齐泽克相信拉康式的真实是对巴迪欧本体论的一个替代；而且，他现在倾向于把自己描述成一个辩证唯物主义者（尽管人们必须小心地对待齐泽克，因为人们从来就不能确定他是不是在说笑话），这个事实将他和巴迪欧区别开来。因为巴迪欧毫不含糊地告别了马克思主义。这种既亲密又不同的复杂性表明，值得尝试的是，简要考察齐泽克著述中两个紧密联系的主题，由此提升对巴迪欧在当代批判思想中的贡

112

113

献所做的评价。

首先，关于巴迪欧的存在与事件的哲学，齐泽克如何定位自己呢？在某个层面上，对这种哲学而言，他是一位颇具说服力的且精明的鼓吹者。《敏感的主体》是齐泽克最重要的哲学著作，此外，这本书也对左翼决定论进行了持续的论证。但是，齐泽克严谨地将巴迪欧描述为一位天主教教义的践行者（引文见上述第三章第二节）。巴迪欧正确地指出，奇迹确实会发生，但他错误地试图通过一种"神恩唯物主义"为奇迹奠定本体论的基础："在这里，拉康与圣保罗和巴迪欧分道扬镳了：上帝死了，而且一直是已经死了的——也就是说，在弗洛伊德之后，人们不能直接对一种真理-事件有所信仰；任何这样的事件最终只留下一个假象，它模糊了一个之前的虚空，这个虚空被弗洛伊德命名为死亡驱力。"齐泽克在事件是否为纯然的假象这一点上有点模棱两可；像巴迪欧一样，他在《敏感的主体》的其他地方试图区分真事件与伪事件。在我刚刚引用的句子的后面几页，他做了修正，却重新肯定了事件与死亡驱力之间的关系："拉康不是一个后现代主义的文化相对主义者：可以确定的是真正的真理-事件与其假象之间是有差别的，这种差别就在于这个事实，在真理-事件中，死亡驱力的虚空、激进否定的虚空、暂时搁置存在的秩序的鸿沟连续产生着共鸣。"[91] 为了激发人们想起死亡驱力的本性，齐泽克引用了黑格尔《耶拿实在哲学》中关于"世界之夜"的一个著名的段落：

> 人类就是这个黑夜，就是这个空洞的虚无，在其简单性中包含着一切——一种无尽的诸般再现的财富与意象，但无一属于他——或者说这些再现与意象都是不在场的。这黑夜，这自然的内在，在这里是——纯粹的自我——存在于诸幻象般的再现中，四周被黑夜环绕。一颗血淋淋的头在这里冒了出来——那里有另一个恐怖的白色幽灵突然出现在眼前，旋而消失无踪。当在眼中看到人类，就会看到这黑夜——变得很恐怖的黑夜。[92]

114   这就是"局部驱力的幻影般的、前象征的领域"——换言之，它是死亡驱力的领域，至少是拉康所理解的死亡驱力的领域[93]。对拉康而言，"这种驱力、这种局部驱力根本上是一种死亡驱力，它在自身中再现有性欲的生命的存在中的死亡部分"[94]。只要主体性包含原初混沌这个维度，死亡驱力就不能被完全整合到任何社会关系的系统中。事实上，这些关系的连贯性和有效性要求排斥作为绝对否定性的主体性。而且，对齐泽克而言，"世界之夜"，这个不能被任何实证的社会总体完全抓住的主体性的原点之

维，分享了真实。因此，他告诉我们："德国观念论的伟大突破是勾勒了这个幽灵般的真实的前本体论维度的简要轮廓，它先于、外在于实在的本体论构成。"[95]

对拉康来说，主体被把握在三种秩序——想象界、象征界和真实界中。在想象界，主体误以为自身是统一的和连贯的，而实际上它是被分裂的和依赖的。在象征界，主体透过表意过程参与到社会现实中，即参与到由主体间性（这就是拉康所谓的大他者领域，我们试图在欲望中找到对其的承认）构成的社会现实中：能指的无尽的替代和置换显示出内在于欲望的满足的匮乏和不可能性。真实界是象征化的限度：如伊格尔顿所言，真实界就是"我们遭受的最初的创伤，是我们从前-伊底帕斯伊甸园堕落开始就遭受的创伤。这是从大自然那里被驱逐出来以后，在我们的存在中留下的创伤。尽管我们抑制住了这种创伤，但它像自我的硬核一样存在于我们身上"[96]。齐泽克写道："真实界是一种必须在事后构造的实体，因此我们才能阐释在象征结构中的各种扭曲现象。"[97] 于是，真实界就与独立于话语而实存的外在存在不同。它不能在话语上被再现，因为它只是这种再现的限度。它只能通过对象征界的效应而被辨识出来，可以被设定为对这些效应的说明。因此，"拉康的真实界严格来说是内在于象征界的：它只是内在的限度，是象征界完全'成为它自己'的不可能性"。或者说，"逃避了象征化的恰好是真实界，就是作为象征化的内在失败点的真实界"[98]。

很难想象，被这样理解的真实界能为事件的理论提供基础，这种理论 *115* 比巴迪欧的本体论更成功。抗拒这种本体论的主要理由非常简单，就是拉康整个建构的思辨品格。在我看来，人们无疑要对受弗洛伊德影响的这种思想进行深刻的重组。然而，将心理分析当作一种根本的参照点是一回事，生吞活剥地看待拉康对弗洛伊德的再阐释则是另一回事，何况，这种再阐释又是那么复杂、多变，且备受质疑。但是，这正是齐泽克希望我们做的。他的著述只是简单地将至少是拉康晚期的思想视为理所当然的真理，并试图探寻其思想对我们理解当代世界的意义。这是一种具有完美合法性的训练，而齐泽克著作的价值见证了来自这一策略的丰富成果。但是，我们也不回避这样的事实，即这些作品当然有些重复。例如，在不可思议的多种政治和文化现象中，齐泽克一再地将我们引回真实界。与巴迪欧相比，他的著作在这方面颇为逊色。尽管巴迪欧论述了圣保罗、德勒兹这些人物之间的差别，当然他也要在他们中证实他自己的哲学，但他也符合他们各自作品的特殊性，并将它们置于一个新的而又有启发性的视角中。虽然齐泽克也创作了大体相当的高质量作品——《敏感的主体》，对当代批判思想最重要的贡献——但是却停留于不断的重复，当然不是对相同事物的重复，而是对真实界的重复，虽然阅读他的作品感到很有趣。

拉康式的真实界就在我在这里考察的齐泽克和巴迪欧之间的第二交叉点上出现了。真实界处于象征界明显不连贯的地方：然而，我们应当记住，拉康和齐泽克都将象征界等同于社会。当厄尼斯特·拉克劳和尚塔尔·墨菲提出一种明显的拉康式的对抗观时，他们颇有影响力地阐发了社会本身是不可能的见解：

> 对抗根本不是一种客观的关系，而是任何一种客观性限度在其中得以显示的关系——在维特根斯坦的意义上来说，凡是不可说的东西都可以被显现出来。但如果……社会性只是作为建构社会——也就是说，社会是一个由差别组成的客观而封闭的系统——的部分努力而存在的话，那么，对抗，作为最终缝合的不可能性的见证者，是对社会的限度的"经验"。严格来说，对抗不是内在于而是外在于社会的；或者不如说，对抗构成了社会的限度，即后者要完全构成自身是不可能的。[99]

对拉克劳和墨菲来说，对抗引起了社会的不可能性，这个观念是他们深受德里达影响的更宏大的后结构主义计划的一部分。这个计划看起来试图将社会关系缝合成一个封闭的总体，这不断被内在的意指趋势所颠覆，这种趋势超出自身并因而倾向于摆脱一切限制社会关系的企图（参见第六章第二节）。这个计划的一个主要目的是解构经典马克思主义，特别的是要将葛兰西的领导权理论从历史唯物主义以及他们所谓的"阶级主义"中分离出来。但是，齐泽克力图赋予同样的拉康式的对抗概念以一种完全不同的理论和政治意义。因此，他写道：

> "在现实中"没有阶级斗争："阶级斗争"指称的正是这种对抗，它阻止客观的社会现实将自身构成一个自我封闭的整体……换言之，阶级斗争在严格的拉康的意义上是"真实的"：一种"制动器"、一种不断引发新的象征化的障碍。这种象征化是人们用来整合和规训阶级斗争的……，但是，它同时谴责这些努力，并使之以失败告终。阶级斗争只是命名了这个深不可测的限度，阻止我们将社会理解为一种封闭的总体。[100]

有趣的是，对阶级斗争的这种拉康式的重新诠释似乎是从巴迪欧开始的。他在 1977 年宣称，"如果心理分析的真实界是一种性关系的不可能性，那么马克思主义的真实界确证：'没有阶级关系'……资产阶级/无产阶级的对抗指称了这种关系的不可能性，因而辨明马克思主义的真实界"[101]。齐泽克当然很机智地发展了这个思想，即意识形态的象征化是阶级斗争的替代形式——例如，他用这个思想来解释共和党右派的保守民粹主义紧紧抓住很多美国工人阶级的原因[102]。但是这个洞见真的依赖于阶级斗争是"阻止我们将社会理解为封闭总体的难以理解的界限"这个思想吗？如果我们严肃地看待将阶级-关系视为马克思主义的真实界这个解释，那么这种对抗就不能只从其效果上加以辨别，还要被看作是完全超出概念化的。但是，我们为什么又说现代阶级对抗是资本和劳动之间的一种对抗，而不是主人和奴隶之间的对抗呢？马克思主义确实没有将阶级视为直接可见的实体，但这是因为，在一般现实主义的科学模式中，马克思主义寻求在理论上重建结构和关系，它们的实在性可以从其可感知的效果那里推导出来（参见第五章和第六章）。齐泽克将阶级对抗概念化为拉康式的真实界的一种情况，这似乎非常接近这种看法：他说我们要将任何社会现象都看作是"隐藏和'修补'阶级对抗的裂缝的另一种尝试，以抹除其裂痕。我们在这里只有一种实存的结果只是要抹除其实存的原因的结构的下面的辩证的悖论，即结果抵抗它自己的原因的悖论"[103]。只要受到抵制的原因——阶级对抗——不是被看作不可说的和不可知的就可以了。但是，将阶级对抗视为不可知的或不可说的，正是拉康意义上的真实界要求我们做的。

当我们将这个思路用到无产阶级的情形上，它所包含的困难就非常清楚了。在讨论马克思的 1843 年《导言》（参见上面第二章第二节）时，齐泽克写道：

> 无产阶级就是"普遍阶级"这一主张因而最终等于表明，在现存的全球秩序中，无产阶级……对于这个社会肌体来说，是完全脱位的阶级：当其他阶级仍能保持"社会存在"的幻觉，并且他们在全球社会肌体内有其特殊位置时，无产阶级的存在本身拒绝了"社会存在"这种看法。[104]

库韦拉基斯同样赞同对无产阶级的拉康式解释，认为无产阶级"体现了全然总体性的不可能性"：

> 关键的事实在于，1844 年《导言》（原文如此）中的无产阶级是进行实践批判的，与其说它是预先存在的现实的随后"发起革命"的行动的阶级，是取得革命的主导地位，确认自己的领导权等的阶级，毋宁说它在某种意义上就是革命本身，就是通过革命进程中并透过革命进程而形成的一种决裂性力量。[105]

巴迪欧在这里又一次拔得头筹，因为在其青年时期，他首次对作为革命主体的无产阶级和以经验为依据的工人阶级做出区分（参见上面第三章第二节）。实际上，他在《存在与事件》中认为："马克思主义试图在其自身中包含这种巧合，因为它同时宣称自己是政治真理——好战的、忠诚的——同时又是历史的或社会的知识（savoir）。"——也就是说，它是变动的经验知识，这种知识只是将处境中的可见因素加以排序，而根本没有将其导向事件，即马克思主义借以维持一种主体的事件[106]。但是，我们按照巴迪欧、齐泽克和库韦拉基斯对我们的要求，完全将无产阶级和工人阶级分开，就会出现很多严重的困难。纯粹从解释的观点看，它打断了在《法兰西阶级斗争》和《路易·波拿巴的雾月十八日》这样的文本中凸显的马克思思想中一条非常重要的线索，就是对政治自主化即政治脱离社会现实而自主化的批判，在1848年革命及其后的历史中，马克思与激进资产阶级民主派激烈争论并批判了这种主张。例如，马克思在《路易·波拿巴的雾月十八日》中的这段话表明，新雅各宾派的山岳党在面对波拿巴愈益发展的专政时在实践上是无效的，这归因于它没有把握物质性的——首先是阶级——语境，在法国政治精英之间激烈的斗争就在这种语境中展开：

> 但是，民主党人代表小资产阶级，即体现两个阶级的利益互相削弱的那个过渡阶级，所以民主党人自以为完全超然于阶级对抗之上。民主党人认为，和他们对立的是一个特权阶级，而他们和全国所有其他阶层一起构成了人民。他们所维护的是人民的权利；他们所关心的是人民的利益。因此，他们没有必要在临近斗争时考察各个不同阶级的利益和立场。他们不必过分仔细地估量自己的力量。他们只要发出一个信号，人民就会用它的无穷无尽的力量冲向压迫者。[107]

因此，马克思的目的恰好是在现代社会的阶级版图上，通过将革命标出一个确定的位置，将革命理念从这种夸张的、空洞的政治措辞中拯救出来。巴迪欧及其合作者提出了另一种思路，即在一个完全任意的基础上，将取代无产阶级作用的那个群体合法化。当巴迪欧在1976年这样写的时候，他的思想明显具有这种危险："至于无产阶级，它是我们时代的新主体的名字。如果工人阶级在结构中有它的位置，那么无产阶级的本质性就在于消除了旧事物。"[108]

119

第四章
存在的慷慨：安东尼奥·奈格里

一、一切皆为神恩

德勒兹逝世后，阿兰·巴迪欧试图概括与他的区别，他回忆起乔 120
治·贝尔纳诺斯的小说《乡村牧师日记》的主人公最后的话，当牧师被告知可能无法及时赶来让他接受林中的圣餐时，他回复道："有什么关系呢？一切皆为神恩。"对巴迪欧来说，这是德勒兹立场的核心："存在的东西总是对的，因为存在的东西不是别的，而是一切皆为神恩。"相反，对巴迪欧来说，"说一切皆为神恩确实意味着我们从未被赐予任何神恩。但这是不对的。它确实通过中断或补充而发生了，无论这件事可能有多么稀少或短暂，我们都被迫对其保持持久的信仰"[1]。在贝尔纳诺斯的小说第一版于1936年出版三年之后，格雷厄姆·格林表达了一种非常不同的天主教的敏感性，提到了"公正人生的惊人富足"[2]。巴迪欧不应该走得这么远，但他肯定将自然视为某种可以被减去而非被信仰的东西。那么，在这里我们有了两种相互对立的本体论：其一为超越是常规的、存在不断流溢的产物，其二为事件和因忠于事件而构成的主体是很少见的。

奈格里在这场哲学辩论中是支持德勒兹一方的最重要的当代人物。德 121
里达指责奈格里将存在"自内而外，局限于一种新本体论界域内，这是一种被解放的本体论，一种自我解放的本体论。这就如同斯宾诺莎意义上的'自由'"[3]。关于这项指控的损害有多大，还不是一目了然。很多人可能说，在世界构造的哲学概念的意义上，本体论是不可避免的：确实，德里达的解构实践有一个创始性假设，逃离在场的形而上学是不可能的，同时有必要运用各种策略以与在场的形而上学保持一定的距离。或许探究一个具体的理论家的本体论承诺的本性更有意义。与德里达的说法相反，奈格里的本体论的中心不是自由，而是生命。他与迈克尔·哈特一起写道：

> 从一个视角来看，帝国虽然凌驾于诸众之上，并将其置于机器的统治之下，如同一个新的利维坦的统治。然而，与此同时，从本体论的视角来看，等级制颠倒了。诸众是我们社会世界的真正的生产力，而帝国只是一种以诸众的生命力为生的捕获装置——就像马克思所说的，是一种吸血鬼式的统治，积累起来的死劳动只有靠吸吮活劳动的血才能生存。[4]

在《帝国》稍后讨论阿尔都塞和福柯的反人道主义时，哈特和奈格里写道："那么，反人道主义可以被视为拒绝超越，但人们不能以任何方式混淆拒绝超越与否定活力，它是推动现代传统的革命潮流的原创性生命力。"[5] 现代性的革命版本——在斯宾诺莎那里达到顶峰的文艺复兴式的人道主义——是奈格里最好的著作《制宪权》的主题。哈特和奈格里在《帝国》后面关键的这章"繁育与衰落"中回到了本体论的主题。在这里，他们批判了将资本主义视为自然的一种遗憾的断言，还批判了"限度的神秘主义"，这种神秘主义"无法找到存在的根本创造力"，只是"导致一种犬儒主义态度和寂静主义实践"，并否定了任何反叛的可能性。这种创造力是在活劳动中产生的，用德勒兹的话说："引起欲望的生产是繁育，或者说是劳动的溢出和力量的积累，这种力量被纳入其奇特本性的集体运动，既是集体运动的原因又是其完成。"确实，哈特和奈格里说，这样理解的繁育是"形而上学、本体论和人类学的第一个事实"。相比而言，衰落"不是一个本体论的发动机，而只是存在的生命政治学实践的本体论基础的匮乏"。它是"帝国的实体和总体性。衰落只是纯粹执行命令，而丝毫不涉及生活世界"[6]。

在这里，我们勾勒了奈格里新近著作中反复出现的关键概念——创造力、原创性、生命、劳动、欲望和诸众。我将在第四章第三节做一些批判性反思，但我首先想集中思考的是，这些概念如何占据了它们当前享有的突出位置。奈格里是 20 世纪 60 年代和 70 年代比巴迪欧更激进的马克思主义左翼的重要人物。当时，他是对现在以工人主义（operaismo）著称的意大利极左派最有影响的人物之一。重读奈格里这一时期的著述，人们很惊讶的是，这些主题在一定程度上在其中早就具有雏形了[7]。从这个视角看，奈格里对马克思《大纲》的评论《超越马克思的马克思》（1979），就是一个标志性的文本，它将人们引向 20 世纪 70 年代明显更为正统的著述，引向奈格里的晚期著作，其中对马克思的阅读愈来愈凭借着对福柯和德勒兹的阅读。

在思考这本书的时候，我采用了两个参照点：首先，奈格里20世纪70年代著述中的一些话题；其次，马克思的政治经济学批判。尽管我的立场比奈格里的立场更接近经典马克思主义传统，但我提出这第二个参照点的目的不是将他作为异端加以审判。即使这是一个有趣的实践，但他已经遭受了太多这样的审判。引人关注的是，他引用的最权威的马克思关键的经济学文本之一《大纲》，提出一种对马克思的解读，这可以相当容易地表明，这种解读与《大纲》的核心理论主张不一致。这可能会告诉我们，奈格里思想中有哪些驱动力，或至少告诉我们一些主题，这在最近这些年已经得到更强有力的阐述[8]。

二、奈格里读《大纲》：相对于马克思主义"客体性"的革命主体性

对奈格里来说，《大纲》的意义在于，它允许我们将资本主义生产方式首要地概括为一种由劳动和资本之间无法化约的对抗构成的力量-关系："我们因而看到，贯穿《大纲》的是一种理论上的前进运动，一种由工人集体和资本家集体之间的对抗构成的越来越具有限制性的运动。"实际上，"《大纲》代表了马克思革命思想的顶点"。特别是这个事实更说明一点，它不像《资本论》，不是从商品开始的，而是从货币开始的：

> 货币具有这样的优势，它直接向我呈现了价值的社会关系的苍白面孔；它向我展示了作为交换价值的价值，交换是因剥削而被要求和组织起来的。为了揭示商品和价值的双重面孔，我不需要跳入黑格尔的窠臼：货币只有一个面孔，老板的面孔。[9]

或许，正如奈格里更简洁地指出的，"根据这个马克思，货币是权力的同义语"。开始于货币的优点与另一个紧密相关，即《大纲》中的剩余价值理论与其在《资本论》中的体现不同，后者基于对价值理论的一种初始讨论（《资本论》第一卷第一章"商品"就致力于此）：

> 《大纲》与马克思晚期著作之间的差别在于这个事实，首先，价值规律不仅间接地，而且直接地表现为剥削规律。从对商品的分析到对价值的分析，再到对剩余价值的分析，没有逻辑通道的引导：不存

在中间项；它是——确实是——一种文学虚构，一种神秘化，纯然简单地对真理没有只言片语。[10]

因此，奈格里明确地将《大纲》和《资本论》之间的不一致作为主题："超越马克思的马克思？超越《资本论》的《大纲》？有可能。可以明确的是，剩余价值理论的中心地位终结了任何科学借口，即要从价值理论引申出任何集中化或支配。剩余价值理论粉碎了对抗，使之进入一种权力的微观物理学。"这后面提到的"一种权力的微观物理学"表明福柯在这里已经成为奈格里的一个重要的参照点。但他以自己的方式使用后结构主义。在《帝国》的一个预示他的反人本主义讨论的有趣段落中，奈格里赞扬了阿尔都塞，因为他抨击"我们对总体，对重生，对我们自己圆满而满足的理论"，但他又接着写道：

> 在避免人道主义时，有些人也会寻求避免主体性的理论领域。他们错了。唯物主义的路径恰要经由主体性。主体性的道路是将物质性赋予共产主义的道路。工人阶级是主体性，是被分开的主体性，它推动了发展、危机、转型和共产主义。[11]

对主体性的强调构成了奈格里描述的《大纲》与《资本论》之间对立的基础：

> 这不是一个针对《资本论》的抽象辩论问题：我们都出生于对阶级仇恨的这种反思和理论认识中，在研究《资本论》时我们就体会到这一点。但《资本论》这样的文本也将批判化约为经济理论，在客观性中消解主体性，让无产阶级的颠覆性力量屈服在资本家权力的那种重组与压迫的智力之下。如果我们在阅读《资本论》时服从于《大纲》的批判，如果我们重读《资本论》时通过《大纲》的范畴装置，《大纲》贯穿着无产阶级的力量所引导的绝对不能克服的对抗，那么我们就能征服一种正确的阅读（不是为了知识分子煞费苦心的良知，而是为了民众的革命良知）。[12]

所以，一方面，《资本论》的特殊地位在于它从"客观主义"的角度理解资本主义，但是，另一方面，它能在《大纲》的帮助下得到"正确的"（也就是说，大概是以一种遵循"主体性路径"的方式）解读。这个段落提醒我们，解读《资本论》在很大程度上是20世纪60年代和70年代马克思主义在学术思想上复兴的一个核心特点。在法国，最著名的是《读〈资本论〉》的形式，但在德国，通过学术圈和讨论引发了资本-逻辑学派，而在意大利，马克思主义的复兴则是在工人主义的庇护下。1955年，工人主义的创始人之一，马里奥·特隆蒂已经写道："每次回到《资本论》都是从资本主义出发，反之亦然：人们不能在谈及《资本论》的方法时，不将这种方法转换和翻译为对资本主义的分析。"[13]

这种话语不断地在《资本论》和资本主义之间移动，《超越马克思的马克思》也具有类似的贡献。它力图匡正马克思晚期的"客观主义"，通过提升《大纲》的地位，在这种话语受限的地方操作。这种程序的一个例子是奈格里对利润率下降趋势（TRPF）的讨论，他认为：

> 这表明针对利润的权力及其分离的制度的活劳动的反叛；一种针对盗窃以及被资本家固化在生产力中并被用来反对工人的生产力的反叛，这种盗窃还被固化在反对社会劳动活力的社会资本权力：因为这种活劳动将自身体现为一种毁灭性力量。[14]

因此，必要劳动——也就是说，工作日中为劳动力再生产所投注的那部分，是"一种一成不变的量"，它构成

> 一种对资本增殖的限制。这种限制达到一定的程度，以至于生产力和利润总额的增长总是面临一种越来越不愿意屈服的力量，越来越不受压制的力量。这种一成不变构成了利润率下降趋势的规律的首要意义。从这个规律中，我们必然会看到，早在这个规律被表达之前，马克思在《大纲》中就承认的东西，也就是说，极端的异化，**工人阶级从资本发展中解放的自主性**。[15]

因而，因为资本家没有能力提高剩余价值率（剩余劳动和必要劳动之间的比率），或甚至没有能力将其保持在以前的水准，还要感谢工人阶级的抵抗，所以利润率下降了。这是对利润率下降规律的一种解读，实际上是奈格里用来取代马克思在《资本论》第三卷中给出的说明的，在那里，导致利润率下降的主要机制是资本有机构成的趋势——在资本主义生产中，死劳动比活劳动的作用体现得越来越大，这是指它们的价值-比率——即使剩余价值率也提高了，原则上也能发生资本有机构成提高的情况。奈格里将这种趋势当作"经济主义"和"客观主义"而摒弃了：

> 因此，下降趋势规律再现了马克思主义最易懂的一种直觉，即资本主义发展过程中**阶级斗争**的急剧化。马克思后来不是提出必要劳动和剩余劳动之间的比率，而是提出**资本有机构成**的公式——利润和工资之间比率的公式，当马克思这样表述的时候，这个主题的混乱就开

126

始了。显然，这两个公式在《大纲》中就出现了，但是在这里它们从属于剩余价值量的规律。相反，当它们被凸显出来或变成排他的解释，其全部关系都在经济主义层面上和不恰当的客观主义层面上被扭曲了。[16]

奈格里将资本主义看作一种纯粹的力量-关系，与这个观点一致，他认为马克思在《大纲》中将危机视为"工人阶级反对资本主义条件下的工作，以及为了他们自己的自我增殖而斗争"[17]的结果。这正是奈格里在他的早期著作中发展的观点。因此，他在 1968 年写道，马克思主义的经济周期理论将"这种周期形式"概括为"斗争中的阶级之间的一种力量-关系的形式（马克思最初在资本极其有力量的语境中描述了这种力量-关系，但它能够并且已经被工人阶级的斗争推翻了）"。也是在这部文本中，奈格里表达了其著述中长期坚持的命题，即资本和劳动的不断社会化将阶级之间的关系化约为公开的和完全没有调节的政治暴力：

> 对应资本社会化的新国家形式，无法成功重启被阶级斗争封闭的诸种机制；而是说国家扮演了一种（必要的和唯一的）政治压制的角色，它造就了利润率平均化的新情境，并以这类方式实现其功能。当工人阶级作为一种社会生产力出现的时候，资本总是采取对抗性立场，这种立场在这里占据最大的比例。"政治暴力"一直是"资本的经济过程的工具"（卢森堡），但在这里资本作为社会调节力量的理想构思成为纯粹的抽象：现在它以一种纯粹压制的力量再现。[18]

在 1981 年发表的另一个文本中，他随即重申资本主义经济关系开始全面政治化了，并将这个观点激进化："榨取剩余价值的条件现在只存在于普遍的社会关系的形式中。利润和工资变成了价值内容的区分形式，价值内容不再与剥削的任何特殊机制相关，毋宁说它与社会中发号施令的特殊不对称状况相关。"事实上，"剥削包括发号施令。它是一种被用来抵制社会主体为解放进行的抗争的暴力"[19]。这最后一段话是哈特和奈格里的描述的一种回响，即帝国的崩溃可以被视为纯粹的发号施令。

对奈格里来说，《大纲》的意义在于预见到社会资本的形成，在他看来，"在《资本论》中，范畴一般以私人资本和竞争性资本为原型构成，而在《大纲》中，范畴的原型是社会资本的一种趋势性形式"。马克思对 1857—1858 年货币危机的分析为他提供了一种透视镜，他用这种透视镜审视资本主义的未来演化：

> 似乎要非常努力地预想，这个危机将勾勒出资本主义发展的历史

趋势。正是在这种历史预想中，这个危机变成了价值规律的危机。在对生产形式的历史预想中，生产形式越来越成为社会的，在其中，现代的价值函数变成了命令的函数，变成支配的函数、干预的函数，即基于必要劳动和积累之间的社会摩擦而干预的函数。在这里，国家是"市民社会的合题"。[20]

这个过程在越来越社会化的资本和国家的融合中达到顶点：

> 马克思常常很频繁地，特别是在《大纲》中表明，谈论国家只是以另一种方式谈论资本。生产方式的发展使我们认识到，谈论国家是谈论资本的唯一方式：一种社会化的资本，一种在权力方面积累的资本，价值理论被转化为发号施令理论，是进入多民族状态的往复和发展。[21]

128

在《超越马克思的马克思》中，奈格里勾勒了资本主义发展理论，这是在很多方面为人们所熟悉的，奈格里在这里所说的"私人资本和竞争性资本"由于资本的集中化和浓缩化而逐步转化为一种单一的集合体，这个集合体既包含资本，也包含国家。在一篇早期的著名的文章中，他就将凯恩斯的思想解读为这种转型分析的入口[22]。他在《超越马克思的马克思》中引用了希法亭和列宁，但这里还涉及从布哈林到卡斯托利亚迪斯等很多持有类似主张的人[23]。奈格里的结论是，资本的社会化使价值规律无效这种说法也并不稀奇："价值规律死了……一旦资本和全球劳动力完全变成全球的社会阶级——二者都是独立的且都能自我增殖——那么价值规律就只能代表这种关系的权力（potenza）和暴力。这是力量关系的合题。"[24]

奈格里的这个理论版本有两个独特之处。首先，资本的逐步社会化常常被视为一种相对良性的过程：例如，对希法亭来说，一种更为组织化的资本主义既能避免经济危机，又允许其渐进的和协商性的改革。正如刚才引用的段落表明的，这不是奈格里的观点。他认为生产关系的政治化和社会化意味着它被化约为直接的力量关系，资本家的支配被化约为"纯粹的发号施令"。这种发展是作为革命主体的工人阶级激发的，它也促进了工人阶级构成革命主体，拒绝工作，实践"自我增殖"；借用各种资源满足其自主决定的需要[25]。

其次，正如我们所看到的，奈格里使用《大纲》是为了使其理论版本合法化。他将这部手稿解读为一个以某种方式成功归纳资本主义发展过程之后的预言性文本，而有别于马克思自己后来的经济学著述。在某种意义上，对《大纲》的这种运用是完全可以理解的。根据奈格里，资本的社会

129

化意味着资本已经转化为一种集体主体：

> "社会资本"是资本的扩张力量通过并基于流通而得以巩固的形式。正如我们所看到的，这种扩张性力量也是而且首先是一种集体力量。在这种关系中，社会资本是发展的主题。在进行流通时，资本将自己设定为社会性，设定为一种以更具决定性的方式将一切社会性力量纳入其自身发展中的能力。这种综合赋予资本以主体性，其所再现的是资本自身通过吸纳过程，通过更连贯而全面的政府社会的行动而获得的东西。**正是这种生产方式被改变了**。[26]

就其对社会资本的主体性力量的这种强调而言，最有趣的是，这与评论家对《大纲》所做的评论（通常是批评）是衔接的，即马克思在这本书中倾向于将资本实体化为一种集体主体，它主动地生产它自己的生存条件。例如，我们思考下面这段话：

> 举例来说，如果说货币或自为存在的价值最初生成为资本时，要以货币或商品的所有者作为非资本家时所实现的一定的原始积累——即使是靠节约，自己的劳动等等——为前提，因此，如果说货币生成为资本的前提表现为资本产生的一定的外在的前提，那么，一旦资本成为资本，它就会创造它自己的前提，即不通过交换而通过它本身的生产过程来占有创造新价值的现实条件。这些前提，最初表现为资本生成的条件，因而还不能从资本作为资本的活动中产生；现在，它们是资本自身实现的结果，是由资本造成的现实的结果，它们不是资本产生的条件，而是资本存在的结果。[27]

爱德华·汤普森将这称作"从一个唯物主义者中发现的一种超凡的思维方式，因为资本变成了观念，它在历史中展开自身"，这是在马克思那里"未被重构的黑格尔主义"的一个实例[28]。其他批评家指出马克思尤其是他在《大纲》中对从货币到资本的过渡的讨论中体现的一种倾向，即他依赖于一种力图从货币概念本身推导出价值自我扩张的思辨的辩证法[29]。正是部分地出于这个原因，很多评论家认为马克思从《大纲》到《资本论》的经济思想经历了比岱所谓的"矫正过程"，正如比岱所说，其中包括马克思的话语——从"辩证的叙述形式这个黑格尔的遗产"中逐步（尽管不彻底）解放出来的过程[30]。

奈格里本人忽略了马克思与黑格尔的关系问题："只要以阅读马克思和黑格尔为条件，对我来说，马克思是黑格尔主义者似乎就不是事实。"马克思在《大纲》中有将资本实体化的倾向，但他还是就上述问题做了至少是心照不宣的回应："如果一方面资本是一种主体，那么另一方面劳动也必须是一种主体。"在社会资本的时代，生产关系被化约为两个自主的和对抗的集体主体之间的斗争："资本的关系是一种力量关系，它引发了分离和敌人的独立存在：工人的自我增殖，共产主义的动力。对抗不再是辩证法的一种形式，而是它的否定。"[31]

人们或许会问，以在无尽冲突中的两个联系在一起的实体取代一个设定其自身前提的实体，究竟何以是令人满意的？为了揭示奈格里对马克思的解读以及他在《超越马克思的马克思》中对资本主义的分析所存在的困难，让我们思考在《资本论》中达到顶点并以"矫正"概念化的过程显现的意义。为什么马克思在《资本论》第一卷中是从商品开始的，而不是从货币开始的？[32] 简短的答案是，因为这样做使他能概括资本主义生产方式的两个核心特征：剥削与竞争。

马克思在《大纲》中做了一个著名的区分。一方面，"与各特殊资本相区别的资本一般，（1）仅仅表现为一种抽象"，"是抓住了与所有其他财富形式或（社会）生产发展方式相区别的资本的特征的一种抽象"。另一方面，"资本是而且只能是作为许多资本而存在，因而它的自我规定表现为许多资本彼此间的相互作用"，也就是说，存在于竞争中[33]。换一种方式*131*（借用罗伯特·布伦纳的话）说，资本主义生产关系既包括资本与雇佣劳动之间的由"资本一般"构成的"垂直"对抗，也包括竞争资本之间的"横向"冲突[34]。恰当地理解资本主义生产方式的这两个维度及其关系，要以分析它们可能性的结构条件为前提。

《资本论》第一卷第一章对商品的研究做出了这样的分析。马克思在这里通过建构一般化的商品生产体系的模型，提出了劳动价值论，在这个理论中，大量的劳动产品在市场上采取了商品交换形式[35]。自主却彼此依赖的生产者被迫交换他们的劳动产品，以满足他们的需求。市场上相互竞争的生产者竞争性互动的结果是，这些产品往往这样出售，其价格围绕生产它们所需的社会必要劳动时间的量来波动。因此，商品的双重本性是：任何产品既是满足人类需要的使用价值，又是生产它所需的社会必要劳动时间的价值，价值的"表现形式"是商品在市场上被交换的任何时候的价格[36]。

对商品的这种分析使马克思在《资本论》第一卷第二部分扩展一般商品生产模式时将劳动力包含其中，一旦他这样阐述资本主义剥削，就取得了三个决定性突破[37]。首先，借助于使用价值和价值的区分以及（与之紧密相关的）劳动与劳动力的区分，现在他能解决如何解释资本的自我扩张这个他在《大纲》中就力图解决而未果的难题。因为在劳动的实际耗费中所使用的劳动力创造的价值高于它作为商品所具有的价值——也就是说，再生产劳动力所需的社会必要劳动时间，大部分（尽管不是全部）由市场上提供给工人的工资来表示。其次，将劳动力概念化为商品使马克思清楚地表述资本家剥削的历史特殊性。劳动力转化为商品意味着，作为其历史前提的是，直接生产者与生产资料相分离。因而，对剩余价值的榨取并不需要直接使用政治强制，与生产方式的早期情形一样，由于缺乏直接接触生产资料的机会，工人发现自己除了按照导致她被剥削的条款出卖自己的劳动力，别无选择。"经济关系的无声的强制确保资本家对工人的支配。超经济的直接暴力还在使用着，但只是例外的事情。"[38]

再次，对商品的分析让马克思将资本主义剥削定位在适当的层面，置于生产关系中。《大纲》起初聚焦于货币，其背后的动机是，马克思将其视为对蒲鲁东及其追随者提出的劳动-货币理论批判的需要，对他们来说，"贬低货币和赞扬商品是社会主义的实质"[39]。换句话说，对蒲鲁东而言，资本主义的问题在于，商品体系因引入货币和银行业务而堕落了，包括引入劳动-货币在内的货币改革有助于确立一种公正的市场经济。马克思评论道："我们同样也可以废除教皇而保存天主教了。"[40] 对他来说，剥削是劳动力商品化的一个结果，也就是说，它是一般商品生产体系的正常产物，而不是畸形的或堕落的市场经济的产物。

与此同时，马克思对商品的分析使他将竞争视为资本主义生产关系的构成性维度。分散而又相互依赖的生产者之间的竞争是一般商品生产体系的一种内在特征。这就是他在大纲中称之为"许多资本"的领域。他在这个文本中描述了前面提到的资本一般实体化并变成集体主体，这个集体主体生产它自己的生存条件，与此同时存在的理念是，竞争使这种有特色的资本主义生产方式的倾向运作起来，并在其中发挥了关键作用："单个资本对彼此的影响的效果恰好在于它们作为资本的行为；单个资本与资本之间的混乱碰撞的似乎独立的影响，恰恰是对它们的一般规律的设定。"[41]

这个表述是模棱两可的，既将"许多资本"的竞争作为原因，又将这个领域看作资本一般的内在趋势的外在现象表达。后一种思路在如下段落中显而易见："从概念来说，竞争不过是资本的内在本性，是作为许多资本彼此间的相互作用而表现出来并得到实现的资本的本质规定，不过是作为外在必然性表现出来的内在趋势。"[42] 这里分析的关键问题是，资本主义生产方式的"内在趋势"能否独立于竞争而得以规定，或曰引起这些趋势的机制是否必然就是竞争。在开始于写作《大纲》直到《资本论》第一卷出版的十年间，马克思在经济学著述中不断进行概念上的改造，并愈益赋予竞争以因果意义。通过将资本主义发展趋势与阶级斗争和阶级竞争的结构加以对比，比佐说明了这一点：

> 系统只是因为其**结构**而具有**趋势**（趋向于相对剩余价值，趋向于日益提高生产力，趋向于积累）。后者同时关注阶级之间的关系、阶级之间的对立因素（企业家/雇佣工人）以及每个阶级内部诸要素之间的关系，这里指的是资本家之间的竞争关系。这就是被"本质/表面"的主题部分地掩藏起来的东西。

> 谈到系统的趋势和统治阶级的利益时，如果不涉及这个阶级中的"个人"的**利益**，不涉及施加在这些个人的诸多限制，即马克思指出的，单个资本被它们的持有者"人格化"的问题，那么就可能纯粹是形而上学。资本主义没有任何一般趋势，除非它与推动单个资本运行有关，或与规定竞争关系的利益结构和限制结构有关。[43]

在马克思对资本主义技术动力机制的阐述中，人们能看到竞争的意义。在《资本论》第一卷中，这在马克思对相对剩余价值的讨论中体现出来，剩余价值在那里随着劳动生产率的提高而提高。马克思在此已经（这有些不容易）引入了竞争：引进一种新的劳动技术的资本家能以这样的价格来出售他的产品，这个价格处于它们的"单个资本"与"社会价值"之间，"单个资本"是生产它们所实际花费的劳动时间，"社会价值"是有关部门生产它们所要花费的社会必要劳动时间，根据定义，社会必要劳动时间可能更高，使创新者获得一种超额利润。在同样产品的市场上竞争的单个资本之间有些差别，这些差别已经变成这个分析的本质性维度[44]。

这个论证在《资本论》第三卷中得到巨大的拓展。首先，在第二部分关键的第十章"一般利润率通过竞争平均化"中，马克思极大地发展了他对商品的市场价格与其市场价值就是他在《资本论》第一卷中所说的"社会价值"之间的差别的分析，也就是说，这个价值反映了相关生产部门的平均生产条件，他分析了超额利润，认为它是从单个资本那里衍生出来的，实现了高于平均生产率的水平。在第三部分，当马克思提出利润率下降趋势的理论时，他将资本有机构成的不断提高视为获得超额利润的一种机制：当其他资本复制那种带来超额利润的创新时，这个部门就会确立一种新的市场价值，即相当于创新者的商品的个别价值的市场价值。他的超额利润因而就被消除了，而且由于更高的生产率是由更高的资本有机构成所带来

134

的，普遍的技术创新就会导致利润率下降。资本主义就由一种双重的冲突关系来界定——资本和劳动之间的冲突以及各竞争资本之间的冲突——马克思在讨论超额利润的那段话结尾提到这一点，马克思在那里提出了"一个像数学一样精确的证明：为什么资本家在他们的竞争中表现出彼此都是假兄弟，但面对着整个工人阶级却结成真正的共济会团体"[45]。

当然，《资本论》的论证是在一种非常高的抽象层面做出的。为了说明资本主义在 20 世纪的发展过程，马克思主义政治经济学的后续发展大多基于《资本论》更为抽象的概括，而在更具体的层面上展开分析[46]。奈格里自己的立场与这段学术思想进程形成一个斜角。在《超越马克思的马克思》中，他很少提及对资本一般/许多资本的区分：这并不值得惊讶，因为他相信当代资本主义是由两个对抗的阶级主体之间的政治化的力量关系构成的。超出这一点，简单地将他对《大纲》高度选择性地借用，与上述我对马克思在 1857—1867 年间学术思想的发展的解读加以对比，就没有什么意义了。我认为我的解读更准确，但对权威的文本做创造性的误读，具有足够悠久而丰富的历史，以至于人们很容易将这个主张当作纯粹的学术迂腐而不予理睬。有趣的问题毋宁是：《超越马克思的马克思》究竟在何种程度上抓住了资本主义和阶级斗争后来的演化过程？奈格里借用《大纲》的主题有怎样的可以被证明的作用？在我看来，只要人们严肃地评价过去 25 年的历史，那么对这些问题的回答必然是：不多。

这个主张可以在两个层面加以考察。首先，通过生产关系全面政治化，各种资本之间的竞争已经被取代了，如同对抗的集体主体被锁定在战斗中，情况确实如此吗？确定无疑，答案一定是：不。无论一个人采用什么理论视角，不可否认的是，经济竞争特别是国际层面上的经济竞争比上一代更为激烈。面对激烈的竞争，这个思想——认为价格不再首先是经济过程的结果，而是政治地决定的——是站不住脚的，这个思想对奈格里关于"价值规律死了"的断言具有本质意义。当相互竞争的资本在国际层面较量时，任何单个资本或民族国家都不能自主地确定价格[47]。在国家层面，就要进行一系列大规模的资本重组，淘汰一些公司，剧烈地瓦解特定资本之间先前存在的那些建制性关系，这些资本有时在它们的国内市场和民族国家中具有一种垄断或半垄断的地位。

实际上，人们可能会说新自由主义时代见证了经济关系的部分去政治化。当然，这些关系仍然是剥削关系，而在那种根本的意义上还是政治性的。此外，已经发生的去政治化部分地是由于国家与国际层面上一系列意识形态上的政治干预的结果（在国际层面，有由美国财政部、国际货币基金组织和世界银行实施的"华盛顿共识"），这些干预力图将经济呈现为一种中立的、纯粹由技术掌握的领域，只有依赖于对市场的"自然"规律的理解，才能掌握这个领域[48]。同样，如果我们根据在《超越马克思的马克思》中体现的方式来理解经济关系的政治化——也就是说，将经济关系理解为这样一个过程，其中经济关系越来越成为被集体性地组织起来的和有政治自觉的阶级主体之间冲突的结果，那么这个过程就不比上一代人之前更有进展。国际竞争的不断激化已经使单个资本更难将自己锻造成国家层面的集体主体，这既因为这种竞争鼓励公司在全球层面开展投资和贸易，又因为民族国家不仅必须处理"内部"资本问题，还要处理已经在他们的领土范围内投资的外国跨国公司的问题。重要的是别将这二者混淆了：一是资本与国家相对脱离，二是全球化已使民族国家无能为力这个思想。虽然这种脱离的结果是，包括最大规模的跨国公司在内的单个资本，都发现自己受制于主要是国际经济竞争及其无法控制的过程[49]。

奈格里在他更为近期的著作中记录了这种转换。毕竟，帝国只是"一种去中心化和去疆域化的统治工具，它将整个全球领域都纳入其开放的扩展着的边界内"，它是什么呢？像很多当代资本主义分析家们一样，哈特和奈格里使用网络隐喻，至少意味着权力的去中心化，以及权力在竞争着的诸中心的分散。实际上，"在帝国这个平滑的空间中，没有权力的位置——它既遍布各处又不见踪迹"。这种资本主义观似乎很难与奈格里早期将资本作为一种集体主体的观念相协调。这似乎也适用于帝国的"三重功能的"波利比安（Polybian）宪制，包括

> 三种权力形式在功能上的平衡：权力的君主制统一及其对力量的全球垄断（特别是美国和七大工业国组织）；通过跨国公司和民族国家而达到的贵族制联结；以及民主的—代表制的**公民会议**（comitia），这种会议又以各种不同的非政府组织、媒体组织和其他"民间"机构的民族国家的形式出现。[50]

国家作为社会资本的工具这个陈旧的思想仍然在《帝国》中继续出现，社会资本在这里是一种集体主体。哈特和奈格里解读了马克思在《共产党宣言》中的著名断言，即"现代的国家政权不过是管理整个资产阶级的共同事务的委员会罢了"[51]。他们的解读是这样的："根据这一点，他们的意思是，尽管国家的行动有时候与单个资本家的直接利益相冲突，但从长远角度看，这总是为了集体资本家的利益的，也就是说，为了整个社会资本的集体主体的利益的。"这种关系随着资本主义在其发

137

展过程中的变化而发生形式上的变化。当资本变成跨国性的，国家的功能就由波利比安混合宪制来接管。将"混合宪制的多种功能与机构"捆在一起的是居伊·德波的"景观社会"，这是"意象和观念的一种完整的、弥散性的装置，它产生和规制了公共话语和公共意见"。然而，"当政治的景观发挥作用时，仿佛媒体、军队、政府、跨国公司、全球金融机构等"依此"有意识地、明显由一种单一的力量指引着，即使它们实际上并不由这种力量指引"[51]。

所以，尽管事实上，"在帝国这个平滑的空间中，没有权力的位置"，帝国宪制的运行还是像"作为一个整体的社会资本的集体主体"在发号施令。我们是否将这种状况视为一个偏执的集体幻想抑或是一个客观的功能体系（或者也许兼而有之），仍然是不清楚的。像功能主义国家理论的学者经常所做的这样，奈格里容易滑向一种更加工具主义的表述，例如，"9·11"之后，他宣称美国正代表着"集体资本"在行动[52]。反之，人们也可以严肃地对待马克思的断言："与各特殊资本相区别的资本一般，（1）仅仅表现为一种抽象。"[53] 换句话说，不应试图将资本一般实体化为集体主体、"社会资本"，而要分析"许多资本"在国家与国际层面竞争与合作的具体形式，进一步分析这些形式如何与跨国体系中的地缘政治竞争发生联系，或许更有用。哈特和奈格里认为，政治权力已经被转换到一系列跨国机构中，在我看来，与他们相比，我的这个分析结果是一幅更复杂的图景[54]。

《超越马克思的马克思》中为历史所评价的第二个层面是阶级斗争本身。20 世纪 70 年代晚期以来，国际经济竞争的加剧以及随之而来的国家资本主义的脱节也导致了组织起来的工人阶级的一系列重大挫败。如果说在过去 20 年来通过对实际工资前所未有地压缩，使利润率得以局部回升的美国，这种挫败非常大，那么在欧洲两个先进的资本主义社会，在 20 世纪 70 年代工人阶级战斗力最旺盛的意大利和英国，这种挫败就更大。尽管在这里探究工人运动这些严重退步的原因并非我的目的。但是，阶级双方的这些退步显然是由主客观因素的相互关系引发的[55]。

就资本而言，老牌产业面临的更加严峻的竞争压力，要求且促进了迄今为止工人阶级组织的根据地瓦解或削弱，但要实现这些目标，就需要建立具有发动必要阶级斗争的意识形态愿望和政治能力的国家资本主义联盟。在工人阶级这边，大规模就业的消极影响，资本重组过程本身造成的经济分裂，以及工作场所组织的官僚化，与工人运动的政治和工会领导人对阶级合作的普遍承诺，以及工人和革命左派的边缘化相互作用，部分是自我导致的，但部分是更大的势力和战略的产物。

　　要求《超越马克思的马克思》对阶级斗争的挫败进行批判性反思是不公平的，因为在这本书于 1979 年出版之后，这种挫败才最终形成。这个文本是对奈格里在 20 世纪 70 年代提出的工人主义（*operaismo*）的一个扩展性的理论论证，它日益将工厂之外的无产阶级主体性置于多样的主体中，这些主体受一种在生活的一切领域都对他们在政治上"发号施令"的社会资本的压迫。奈格里自己对此做了归纳，认为这种转换反映了"从工人阶级到社会劳动力的转型，工人阶级在工厂中的直接生产连为一体，社会劳动力再现了新工人阶级的潜能"[56]。虽然"社会工人"现在已经被"诸众"这个（来自斯宾诺莎的）新概念所涵盖，但替代"诸众工人"的"社会工人"仍然是《帝国》呈现的主题[57]。

　　我意识到，无论是在《帝国》还是在其他后期文本中，奈格里都没有对他在 20 世纪 70 年代所持的立场进行一种严肃的批判。他试图区分他提出的自主主义（autonomism）与红色旅的恐怖主义，同时坚持主张："20 世纪 70 年代末运动的政治组织急剧而确定的挫败，与 1977 年爆发的新政治主体的失败绝不是一回事。"[58] 这种说法没有正面回应在意大利以及在发达资本主义世界的其他地方的那些被组织起来的工人阶级所遭受的更大的挫败，这些挫败是人们在新自由主义旗帜下驱动资本重组的一个必要条件。哈特和奈格里实际上宣称这个过程对工人阶级来说是一个胜利："无产阶级的力量限制了资本，它不仅决定了危机，而且规定了转型的条件和性质。无产阶级实际上发明了资本在未来将要被迫采纳的社会形式与生产形式。"[59] 这个主张直接回应了奈格里在 20 世纪 70 年代确证的无产阶级主体性的首要地位，例如，因此：

　　　　由于工人阶级的集合达到现在的高水准，资本主义的整体发展就只是一个对立面，一个反作用，一种亦步亦趋地追随无产阶级的自我增殖——只是资本的自我保护的反复运行，恢复，相对于无产阶级自我增殖的效果所做的调整，这是破坏资本主义机器的效果……在这里，政治经济学批判的方法论必须被修订，要将无产阶级的自我增殖、分裂和由这种自我增殖产生的破坏效果作为批判的出发点。[60]

　　这个论证是工人主义的恒久话题的一个炒作版本：特隆蒂也倾向于将资本主义发展的每个阶段都描述为对工人阶级自主性的各种新形式的一种反应。但人们必然会问这个问题：这个观念在何种程度上抓住了工人阶级经历的那种"重组"的现实——有时确实是备受折磨，即在 20 世纪 30 年代大萧条期间或 20 世纪 70 年代早期开始的长期经济危机时经历的现实？当然，这些过程有力地宣示了工人阶级的主体性——有时充满战斗的自信，有时更有决战到底的英雄气。但如果将这些斗争的结果描述为工人的"发明"和对资本的"驱使"，似乎还不能令人信服。如果我们告诉英国的前矿业共同体成员们，他们当前的困境是他们自己的"无产阶级自我增殖"的实践的结果，那么经常深陷毒品和绝望之中的他们会说什么呢？这么说并非忽略或否认被压迫者和被剥削者在绝望的处境（有些事情在如《雨石》这样的电影中被肯·罗奇很好地展现了）中有抵抗的形式。但这是要承认某些处境比其他处境要好，如果集体主体只是更有效地显示其阶级意志，那么处境差异的结果也不会出现，这种差异还要反映工人和资本家彼此对抗的决定性能力结构等因素[61]。

三、对超越的拒绝

141 奈格里赋予主体性以首要地位，但他在 20 世纪 70 年代的著述中不是要考虑这一点，而是要将其转化为一种本体论原则。在这个意义上，他的思想轨迹与巴迪欧是相似的，他们都试图将主体主义极端化，这是他们在 20 世纪 70 年代已有的共同思想特征，当然他们这样做的时候诉诸了非常不同的本体论。在《超越马克思的马克思》中，奈格里已经提出了"构成原则"，这种原则"将质的飞跃维度引入方法论中，这是一种被化约为集体力量关系的历史观，因而是一种非怀疑论的，却是充满活力的和创造性的概念。每个新结构的构成都是一种新对抗的构成"[62]。在这里，我们有了制宪权概念的缩影，它在奈格里的新近著述中扮演了这样一种核心角色。他提出："像福柯一样的人将他的出现描述为一种总体的抵抗，它产生了绝对解放的能力，超出了所有的终结论，超出了不能表达生命本身及其再生产的终结论。在人那里，正是生命本身解放了自己，正是生命本身反对一切限制和监禁它的东西。"[63]

实际上，奈格里对制宪权的解释是想将马克思视为关于"活劳动的全部扩展性创造力"的理论家：

> 活劳动体现为制宪权，并对其提供一般的社会条件，通过这些条件，它才能表达自身：制宪权以与活劳动构成共同本体的社会合作为基础，将自己在政治上确立起来，成为对活劳动的生产能力，或恰当地说，对其创造力的解读。正是在活劳动的创造性的直接的自然发生

中，制宪权找到了在大众中实现其创造力的途径。有必要认真考虑活劳动的这种内核，考虑这种创造性的张力，它同时是政治的和经济的，产生了公民的、社会的与政治的结构，因而是构成性的张力。合作的活劳动产生了一种社会本体论，这种本体论是宪制和革新，是一种在触及经济形式的同时触及政治形式的交织状态；因此，合作的活劳动以创世的形象造成了政治与经济的混合。[64]

在这里，我们回到这一章开篇提到的同样一些概念——创造性、生产力、劳动力等。在《制宪权》中有很大篇幅是关于文艺复兴时代人文主义辉煌的批判史，这样做不是要否定这个批判史，也不是说对制宪权实际的理论阐述，特别是在结论章中的表述，只是提醒人们注意这些概念发生的变化。但是，人们也不必做德里达的正宗追随者，认为诸如"创造性"和"生产力"这样的术语在详细规定制宪权概念的内容方面被无休止地使用，却亟须被解构。例如，"权力（puissance）过程是有活力的、创造性的连续的构成：这就是政治"，这种说法与其说是要解决问题，毋宁说是邀请人们从规定政治的角度考察这些概念[65]。这项观察并不是要否认任何哲学论证都必须在一套前提中找到一个支撑点，这些前提的真理至少对现有的任务来说是毋庸置疑的，也不是要求奈格里诉诸一种无尽后退的辩护，毋宁是指出这个事实，他依据的支撑点特别容易在他脚底下崩溃，因为这个支撑点是由一套概念构成的，这套概念在一种主体化的自然中为这个支撑点奠基，并由此将社会的主体化推向极端。

如此设想的自然经常被赋予生命这个称谓。例如，令人惊讶的是，为了详细规定活劳动概念，奈格里从马克思那里采用的社会合作概念本身如何被重新定义："合作是生命本身，在某种程度上，它生产和再生产自身。"正如巴迪欧所指出的，这是一种非常典型的程序：

> 从不可胜数而似乎又相互分离的案例出发……德勒兹达到了概念生产，我将毫不犹豫地将其描述为**单调的**，它组成一种非常特殊的强调制度，或者说它几乎是有限概念库的无限的重复，也是一些专有名词的娴熟变化。在这种情况下思考的东西在本质上保持为同一个事物。[66]

生命在德勒兹的著作中确实没有得到分析。特别是在《千高原》中，他提出了一种极具特色的生命本体论，生命被视为一种非人格力量，它不断挫败和颠覆那些"分层"和"集合"，那些力图控制游牧状态的欲望的结构化的统治聚合形式（也参见下面第五章第二节）。有足够的实例表明，

142

143

这个文本对《帝国》的影响是系统性的，除非将其置于《千高原》的边上，否则哈特和奈格里著作的理论建构就不能得到充分理解。恰当地证明这一点并探究其意涵，本来就是其有权展开的一项实质性研究[67]。

哈特和奈格里将《诸众》作为重述和阐发其早期作品的有关主题的契机[68]。当然，就在最后那本以"诸众"为名的书中提出的思想来说，我们所做的工作与其说是成功拓展了哈特和奈格里的论证，不如说指明了我一直讨论的问题。一方面，诸众是最典型的政治主体，是制宪权的承担者。因而："诸众指的是一种能动的社会主体，它基于特异者分享的共性而行动。"他们有能力将特异者汇聚起来，且不抑制统一性或同一性中的差别，"诸众是能实现民主的唯一社会主体，也就是说，民主是一切人对一切人的统治"。另一方面，诸众在当代资本主义阶级关系中有一个特定的位置：它由"所有在资本统治下工作的人"组成，"因此，它潜在地是指……由那些拒绝资本统治的人组成的阶级"。因而，诸众意为"一种阶级概念"，而且意为对经典马克思主义工人阶级概念的一种替代，经典马克思主义工人阶级概念被当作"一种排他性概念"被抛弃了[69]。

因此，在巴迪欧谴责的马克思主义阶级理论中，诸众将主体性和社会结构结合在一起（参见上面第三章第三节）。尽管如此，哈特和奈格里在这里显然远远超出了正统马克思主义，尽管他们主张，他们不是说"不再有产业工人阶级了"（实际上，奈格里公开说"工人阶级的斗争不再存在了"）[70]。他们在这里强调的是一种批判性进展，即"非物质性劳动……那种创造了诸如知识、资讯、通信、关系乃至情绪反应等非物质性产品的劳动"[71]的兴起。从表面上看，为什么非物质性劳动的兴起体现了哈特和奈格里主张的那种阶级关系的变化，并非显而易见。当然，进行物质性产品生产的雇员以及产出在发达资本主义经济中的份额已经下降。但是，马克思界定工人阶级不是看他们生产什么，而是看他们在生产关系中的位置。他的论证是工人们被强迫，由于缺乏直接使用生产资料的机会，所以只有出卖劳动力来获得工资。他们不平等的议价力量导致他们在为资本生产剩余价值的意义上被剥削，而无论带来剩余价值的商品是物质性产品还是非物质性服务。因此，对两个呼叫中心的实证研究——确实是"非物质性劳动"的一个好案例，雇员在那里以信息技术与顾客互动——的结论是，"成本最小的指令"将导致劳动"更进一步的常规化和集中化"，而这种"总体趋势可能使人们进一步质疑呼叫中心的工作会及时与这个乐观主义的观点相似"[72]，即相对自主的、创新的工作的观点。

哈特和奈格里为什么提出诸众理念，以替代经典马克思主义的工人阶级观呢？在我看来，其理由与社会理论中如何解释与说明在此前数十年发生的阶级结构变化无关，而与他们的生机论哲学许诺有关。他们声称，随着生产成为"不仅仅是物质性产品的生产，而且是通信、关系和生活方式的生产"，他们所说的"生命政治的生产""几乎是占统治地位的生产方式"。在劳动产品中的变化也改变了工作中发生的关系，其原因在于生命与劳动之间的区分本身被打破了："在生活与生产趋于不可区分的意义上，劳动和价值就成为生命政治的。只要生命被完全投入到生产与再生产的行为中，生命本身就成为一部生产性机器。"[73]

哈特和奈格里的合作者保罗·维尔诺更清晰地阐明了这些主张的前提：

> 劳动和非劳动都是基于人的类能力：语言、记忆、社交性、伦理的与审美的倾向、抽象与学习能力的运用，它们发展成为生产力的同一种形式。从做"什么"和"如何"做的观点看，就业和失业之间没有实质性差别……"劳动"与"非劳动"之间的旧差别以工薪生活和非工薪生活的差别而结束。[74]

那么，从这个视角看，在资本主义生产关系范围内，诸众体现了生命内在创造力的胜利。但是，首先，即使我们接受维尔诺的前提，即同样的能力既被运用到当代资本主义生产形式中，又被运用到这种生产形式之外，也不能由此认为，在这两个领域占主导地位的那种社会关系没有区别，或者说这二者的差别越来越小。此外，我们没有理由认为既表现为工人及其家属因其工资而获得的附加资源，又表现为工人在罢工中与其工友共同使用的力量的雇佣劳动所得的优势已经消失。这种力量最好根据马克思的核心议题，即资本是一种关系来理解：在剥削雇佣劳动时，资本使自己依赖且受制于劳动能力，即拒绝生产或控制生产的能力。约翰·霍洛威批判了奈格里，认为他没能充分认识到"资本只是作为被改变了的工作（劳动）的产物，才能够存在。这就是资本的弱点的关键"[75]。

这绝非意味着，与马克思的时代相比，雇佣劳动如今更少地受到剥削和支配。相反，人们对哈特和奈格里的生命政治的生产概念提出了反对意见。这种意见恰恰认为，这个概念往往用过于温情的色彩描述当代的工作世界。他们写道："在劳动市场的高端，像微软这样的公司力图将办公室变得更像家，在办公室提供免费用餐，实施一些项目以使办公室的雇员尽可能精力充沛。在劳动市场的低端，工人为了糊口，不得不做几份工作。"[76]但是，这只是体现了工作和生活之间的差别的消解，在这个意义上，工作

145

146　是消耗生命的雇佣劳动。雇佣劳动对人的要求越来越多，无论他们是享有特权的软件设计员，还是受到超剥削的外来工人。无论如何，资本和雇佣劳动之间的关系与过去相比在经济上和社会上越来越普遍了。所以，由于资本依赖于对工人的剥削，工人因而获得了力量，这对任何想要改变世界的人来说，都具有核心的战略意义[77]。

　　正如我们所见，哈特和奈格里将诸众设想为实现民主的唯一主体。民主在今天是一个具有紧迫政治意义的主题。布什政府声称要在中东实现"民主的革命"，以宣称它在全球事务上的例外状态并使之合法化。这项事业的支持者们悄然重写了民主的内容，实际上将其等同于自由资本主义。因此，法里德·扎卡利亚提出了他所谓的"非自由的民主"——例如，由委内瑞拉总统查韦斯所代表的民主，在挑战新自由主义和美国霸权方面，它赢得了广大民众一如既往的支持——他将这种民主与寻求限制政府的权力，保护个体的自由权和私有财产的"宪政民主"对立起来。换句话说，民主与选举或人民主权无关，而与允许自由资本主义繁荣的制度有关[78]。事实上，哈特和奈格里已经做好了充分的准备，以挑战这种反民主的话语。《制宪权》追溯了从文艺复兴到制宪权思想逐步出现的过程，诸众在其中集体主张，它有决定自己命运的权力。哈特和奈格里在《诸众》中确认了他们从斯宾诺莎那里接受的"绝对民主"的理念。但是，他们并没有做什么严肃的努力来说明这个理念意味着什么。相反，即将到来的民主只是被他们纳入神秘的诸众之中。所以，举例来说，我们被告知："新社会未来的制度架构包含在社会生产的情感的、合作的与交往的关系中。"[79] 这等于说通过组成诸众的诸多特殊个体自发地相互合作，诸众的抵抗在本质上就会发展成一种制宪权。

　　有趣的是，厄尼斯特·拉克劳已经指出了《帝国》中的这个弱点，令人回想起本章一开始所提到的巴迪欧和德勒兹之间的对比[80]。哈特和奈格

147　里辩称，在欧洲存在着一种关于内在性、建构性和创造性的暴力与旨在恢复秩序的先验权力之间的从未间断的冲突，这种冲突构成了欧洲的现代性。在现代性得以构成的过程中第一个要素是文艺复兴的人文主义"在内在性平面上发现的革命"，他们将内在性与福柯和阿尔都塞的"拒绝超越"等同起来[81]。哈特和奈格里认为，内在性是对超越的颠覆——例如，对霍布斯的政治主权理论的颠覆，这不单单是一种哲学论辩，也是一种当代的社会-政治的过程："与确立一个统一而至上的主体的先验模型相比，生命政治的社会组织开始显现为绝对的内在，所有因素都在这同一个平面上相互作用。"[82] 在这一点上，德勒兹的影响最为明显，因为内在性平面是他和

费利克斯·瓜塔里的关键概念之一———一个非等级化的母体在这里纯粹只是相对强度的差别，这些强度沿着零强度的无差别展开，维持着"一种强有力的无机的生命，它摆脱了层次化，横越了聚集物，追踪到一条没有等高线的抽象的线，一条游牧艺术的线，一条巡回冶金的线"[83]。

内在性平面的思想源自德勒兹将斯宾诺莎的上帝观解读为统一的神圣实体，它在其创世中表现出来，是一切存在者的内在原因。对德勒兹来说，斯宾诺莎与正统基督教和新柏拉图主义本体论的冲突是激烈的，因为正统基督教和新柏拉图主义本体论都坚持存在的等级化观念：

> 内在性就其自身而言意味着一种纯粹的本体论，一种存在论，它认为太一只是实体和本然之物的属性。此外，内在性在其纯粹状态中要求存在平等的原则或存在-平等的确立：这不仅是存在本身的平等，而且是存在在所有存在者中体现的平等。而原因在任何地方都同样近：没有一个远得可以根除的原因。存在者不由它们在等级中的次序而得以界定，不是与太一远一点或近一点，而是它们都直接依赖上帝，分享存在的平等。每个存在者都直接接受它能接受的一切，根据它本质的天资，能独立地接受这些东西，无关乎距离。进一步说，内在性在纯粹状态中要求一个单一的存在，即构成单一自然的单一存在，它被包含在生产者和产品、原因和结果的共同的肯定形式中……一切在内在性上都是肯定的。[84]

148

对拉克劳来说也是这样，哈特和奈格里将超越性与内在性对立起来，这让人想起中世纪经院学者有关恶的起源的神学辩论。如果正统基督教神学家要坚持他们的上帝观，将上帝视为一种先验的、仁慈的存在，其与自己创造的世界不同，不对人类自由选择的恶负责，那么他们必须断言恶是"一种野蛮的、不可消除的事实"，真的是这样吗？或者从司各特·埃里金纳、约翰·邓斯·司各特到斯宾诺莎和黑格尔，他们都认为上帝内在于世界，认为恶是一种幻觉，辩称"我们称之为恶的事物，是上帝为了达到其神圣的完满而不得不经过的必要阶段"，真的是这样吗？拉克劳本人认为恶是拉康社会对抗概念的神学鼻祖（参见上面第三章第三节）：将社会的本来异质的因素缝在一起，成为一个封闭的总体是不可能的，这需要一种霸权意义上的介入，旨在建构一种暂时而脆弱的统一性。相反，对哈特和奈格里来说，"有一个世纪的历史主体，他们将其视为完全内在性的实现：这就是他们所说的'诸众'"。所以，"对他们来说，诸众的统一性来自行动的多元性的自发聚合，这些行动之间无须衔接……总体上，《帝国》缺乏的是一种衔接的理论，没有这种理论，政治是不可思考的"[85]。

拉克劳的批判是从他自己独特的后马克思主义视角做出的；更宽泛地说，人们可以将他的批判视为对巴迪欧、齐泽克这些事件哲学家的思路的回声，对这些哲学家来说，超越性不是某种宗教的或社会的等级立场，而是坚持认为，事件的功能不是理所当然的，而需要一种诠释性的介入（参见第三章第二节）。但是，人们不必赞同这些哲学思路，不必认为哈特和奈格里的关于组成诸众的诸个体会自发聚合为一个主体的预设是一个严重缺陷。或许这有助于人们解释，正如本萨义德指出的，为什么《帝国》隐藏着"一个巨大的战略性虚空"[86]。因为战略本身涉及政治行动者在面对客观环境（包括他人的战略与行动）时必然关注充满危险的计算，而客观情况的当前状态和未来过程充满了种种不确定性，这部分是因为对抗者之间的互动会产生意料之外的转变[87]。

但是，如果这样，正如哈特和奈格里所说，资本"在内在性平面上运作"，也倾向于实现内在性，即去地域化、打破限制自由运动的民族边界，产生一种"一般来说平等或平滑的社会空间"，在这里，南半球和北半球的区分消失了，那么战略就是题外话了[88]。在这个非等级的"平滑的世界"，"存在的平等"日益得到实现，这样就不再有任何不均匀、任何"薄弱环节"、任何特定的点，即矛盾积聚以及资本特别容易受攻击的点。因此，战略不再发挥杠杆作用。这没有太大关系的原因是人们一直处于解放的状态。正如德勒兹所说，"在内在性中一切都是肯定的"。这有助于解释《诸众》最令人困惑的特点，就是这本书只是简单地以某种方式将帝国作为一种跨国的"网络力量"，并将其与当代现实并列——例如，与美国有战略竞争的存在者以及布什政府的民族主义全球政策，显然与《帝国》的思想是矛盾的。因为生产和战争的逻辑在今天意味着一种"分布式网络结构"，这种结构的"指导性原则"要求"一个与经济生产和社会生产的支配形式相适应的绝对民主的组织，它也是反对占统治地位的权力结构的最有力的武器"，所以矛盾得到了化解。与之相反，最明显的证据是，布什政府宣布的全球战争状态，不是一个纯粹的错觉，而是一个衍生的、衰弱的现象，相对于支配性的"绝对民主"趋势，相对于以诸众的形式表明自己而言，正是如此：

> 在帝国主权国家和生命政治生产的时代，平衡已经被颠覆，以至于统治者现在倾向于成为社会组织的排他性生产者。这并非意味着主权国家立即崩溃和统治者失去他们的全部权力。它意味着统治者变得比之前更加寄生，主权国家越来越成为不必要的东西。相应地，被统

治者变得越来越自主。[89]

或者，如同奈格里在其他地方所说的那样："广大民众在世界各地自由 *150*
流动，在文化中流转，使自己混合生成——这群人正轻易获得一切。"[90]
在《超越马克思的马克思》中，我们已经找到了这个主题：脱离资本的劳
动的不断自主化采取了"拒绝工作"的形式，这个主题如今充满了逃离的
隐喻："民主采取了从主权国家那里抽身、逃离、出走的形式。"[91] 很难从
字面上知道如何采取这种形式。"广大民众"真的"在世界各地自由流动"
了吗？即使承认外来劳工在当代资本主义中的重要性（参见上面第二章第
一节），但多数个体工人是被迫逃离在自己国家遭受的贫穷、压迫和烦扰，
不是实现自由，而是进入一个更贫穷、更受压迫和更被烦扰的处境。绝大
多数工人保持着相对停顿的状态，他们被经济依赖、家庭、社群的纽带束
缚：流动人口占世界人口总数的3%——即使在那些吸引他们的富裕国家，
移民比例也只占 1/12[92]。此外，《出埃及记》告诉我们，法老派出他的军
队追逐逃跑中的以色列子民。若没有神助而使海水分开，面对一个由大量
的经济和军事资源武装起来的现代法老，今天这些逃离主权国家的人如何
击败这种追逐呢？尽管霍洛威也想用出逃来抵抗资本——"首先，拒绝支
配，破坏和摧毁支配的工具（例如，机器），告别支配，游牧，出走，逃
亡"——但他还是比哈特和奈格里更现实，因为他承认，"只要劳动资料
还掌握在资本的手中，劳动就将是分裂的并转过来反对自身。剥夺者必须
在实际上被剥夺"[93]。

临近《诸众》的结尾，哈特和奈格里确实简捷地做出一副更具战略性
和干预性的手势："为了使诸众存在，我们需要的是一种被称作现实政治或
政治现实主义的宏大政治的形式。"他们承认战略问题，以此表示现实政治
的特点，认为它包括"将自身从无中介的处境中抽离出来和不懈地建构中
介的能力，捏造（如果必要）连贯性的能力，将不同的战术游戏操作成战 *151*
略连贯性的能力。"但这本书以构想"一场激进暴动要求的重大事件"这
样的前景结束。"我们已经认识到，今天，时间在已死的现在和活着的将来
之间分裂了……事件迟早会像火箭一样将我们抛入活着的将来。从而将是
现实政治的爱的行动。"[94] 这个"重大事件"与巴迪欧主题化的那种事件
不同：毋宁说偶然发生的事情从处境的虚空中涌现出来，它实现了由存在
的丰富性表达的承诺。但是，如同巴迪欧的情况，这种"爱的行动"发生
的条件仍然是神秘的。而且，既然它就在我们面前，那么我们就只能等待
它，依赖生命自发的生产性。这是一种姿态，很难不将它考虑为消极甚至
是宿命论的东西。

第二部分

发展的三个维度

第五章
批判现实主义的本体论

一、迄今为止的故事

我在第一部分对当代批判思想进行了一番考察，这为我们留下了一些 *155*
需要进一步追问的问题。在我试图规划前进道路之前，先列出要处理的主
要问题可能是有益的。

● 本体论：首先，由批判理论提出的本体论承诺的本性一直是一个反
复出现的主题。在本书中讨论的两位最激进的思想家巴迪欧与奈格里尤其
如此。巴迪欧的事件哲学是从一种复杂的本体论论证中发展而来的，这个
论证建立在多样性和虚空的概念之上。正如我们所见，哈特和奈格里的帝
国理论在概念上源于德勒兹的生命本体论，并借由这种本体论而形成。我
已经提出拒绝这两种本体论的理由，但是，这里提出的问题是，应该用哪
种关于存在的本性的哲学观来取代它们。

● 实在论：一种更特殊的形而上学问题也重复出现，特别是在第一章
和第二章。在第一章第一节，有一个因素即哈贝马斯的反实在论真理理论
倾向于颠覆其法哲学和民主哲学。相似地，博尔坦斯基和希亚佩洛试图依 *156*
靠一种语境主义和多元主义政治理论，革新社会批判理论，这种正义论往
往极大地限制了他们提出的挑战资本主义的范围（第二章第一节）。皮埃
尔·布迪厄致力于以一种实在论的方式理解科学，但他在《帕斯卡尔式的
沉思》中对科学领域的分析又似乎钟情于反实在论（第二章第二节）。我
的论证朝向实在论这一边，但这需要清晰的阐述与捍卫。

● 结构与矛盾：社会结构的本性也是一个重复出现的主题。哈贝马斯
从生活世界区分了自主的子系统，以此为中心对现代性加以阐述（第一章

第一节)。对比岱来说,这对资本主义支配的世界进行了过度的辩解,他提出一个由元结构、结构和系统构成的等级体系,这个体系没有得到哲学上的论证,却得到清楚的阐述(第一章第二节)。博尔坦斯基和希亚佩洛的反实在论促使他们形成这样的观点,社会结构不能独立于对它们的构思而得到具体规定(第二章第一节)。布迪厄和巴迪欧构思了更强大的场域(第二章第二节)和处境(第三章第二节)概念:结果是,正如巴迪欧在他的事件哲学中所清晰论证的,行动者超越了他们的语境的介入而成为稀有。最后,哈特和奈格里将社会结构处理为德勒兹在帝国中实现的内在平面(第四章第三节)。所以,如何最好地理解结构与主体?而且,更确切地说,我们能够形成一个更强大的关于结构性矛盾的概念吗?资本主义的矛盾应该像博尔坦斯基和希亚佩洛所主张的,被归结为资本主义精神及其批判之间的辩证法吗?还是将拉康的对抗概念视为社会的极限(第三章第三节),或者奈格里在他 20 世纪 60 年代和 70 年代的著述中表达的关于对立阶级的主观主义冲突的概念(第四章第二节),提出了一种更好地将矛盾概念化的思路?

● 正义与普遍性:在第一部分讨论的所有批判理论都倾向于将规范性的考虑和事实性的考虑结合起来。我已经在第一章和第二章对此做了最详细的引证:博尔坦斯基和希亚佩洛(第二章第一节),以及哈贝马斯(第一章第一节)通过他们履行维持社会整合的功能来限制正义原则;比岱试图从这种社会的结构性前提推出自由、平等和理性的现代性承诺(第一章第二节);布迪厄通过将知识分子描绘成普遍性的捍卫者,试图确证他们的政治作用,在这种普遍性中,科学的客观性和规范性原则心照不宣地混在一起(第二章第二节)。但我们能在巴迪欧和奈格里身上看到同样的倾向。巴迪欧为那些偶发现象预留了"事件"这个术语,他认为值得我们忠实的这些偶发事件——法国大革命和俄国革命、马克思和弗洛伊德、塞尚和勋伯格、康托尔和爱因斯坦——而对纳粹或"9·11"这种可能被人们称作恶魔般介入的事件,巴迪欧不予考虑,认为不值得将其命名为事件。但是,这是通过简单指明事件包括普遍性和事实上是平等主义的环节实现的;哲学在这里获得一种规范性纲领而没有为其论证的麻烦。哈特和奈格里依赖德勒兹的生机论,这意味着本体论的和伦理的事物一直都在内在平面上重叠起来。正如德勒兹所说,"在内在性上,一切都是肯定"[1]。一切都是——至少在倾向上是——最好在本然之物中,这要归功于"存在的愉悦",这个所有可能世界中最好的世界[2]。与所有这些将规范性与解释性、伦理学的和本体论的事物进行不同的非法融合相反,批判理论要求支持平等自由理念、独立自由的正义原则，正如巴里巴尔正确论证的（参见第一章第二节），平等自由理念处于现代诸多伟大革命的核心。

这是一个巨大的方案，实施这个方案，要占用那些比我更有天赋的哲学家几辈子的时间。我在第二部分所要做的全部工作是勾勒要点，这对我来说似乎是对第一部分出现的问题的回答。我将在本章其余部分处理前两个主题，本体论和实在论；在第六章勾勒一种马克思主义的结构性矛盾理论；在第七章探讨平等自由主义何以能帮助我们处理正义和普遍性问题。

在本章的标题中，我将本体论描述为"批判的实在论"，用以替代本体论。我这样做是想要表达对罗伊·巴斯卡的哲学著述的感激。正如用 *158* "批判现实主义"这个名称表明他的思路，巴斯卡在左翼社会科学家中产生了特别的影响，除了其他事情之外，他还要寻求一种为实现解放而奠基的科学哲学。这不是我在这里所关注的。我更感兴趣的是巴斯卡和其他批判现实主义者（其中著名的是社会科学领域的玛格丽特·阿彻）阐明的：除了其他优点之外，这种本体论让我们摆脱了很多在之前的章节中讨论的那些批判理论家中发现的困难。然而，我应当将这种本体论弄清楚，经过一段时间，我越来越相信巴斯卡的著述的重要性，在下一节我会对此特别描述，但我对批判本体论的信奉并不意味着已经认同巴斯卡提出的全部主张和论证。因此，我仍然完全不相信巴斯卡的这个主张，即他已经通过他所谓的先验论证将他的很多形而上的学说的真理性确立起来，意识若要抵达一个客观的、有因果秩序的物理世界，就必须运用能够从对经验何以可能的条件分析中演绎出来的诸范畴，这正是作为先验论证典范的康德试图表明的。此外，尽管像《辩证法》这类富有智慧和洞见的著作充满启发性，但已显露出巴斯卡在学术上的衰退，这因其对新时代的唯灵论的信奉，已经完全成为现实[3]。

我们在这里理解的"实在论"，以及在巴斯卡的唯灵论转向之前的著述中的"实在论"，没有什么古怪之处。其核心是形而上的学说，正如迈克尔·德维特所指出的，"世界独立于心灵而存在"[4]。这种学说之所以成为一种本体论，是因为它包含了存在什么的断言。德维特根据实体的种类区分了两种实在论，它们断言一些实体的存在。"常识实在论"断言"常识物理实体的存在"，认为这些实体是可以被观察的；"科学实在论"还承诺"那些为我们的科学信仰所设定的更强的实体"的存在，特别是断言"不可观察的实体"的存在。相应地，对德维特来说，一个纯粹的实在论者会做如下确认："大多数现行的常识的以及科学的物理类型的东西都带有一些符记，它们在客观上独立于心灵而存在。"对这种要成为批判现实主义的学说而言，它必须被扩展到第三种实体上，即社会结构上，这些社会结构被设想为在社会互动中突现的属性[5]。正如我们将在下面第五章第二节
159　要看到的那样，突现这个概念在批判现实主义中扮演着一种战略性的角色，批判现实主义认为，独立于心灵而存在的真实界是有层次的。

　　如果批判现实主义不能由一种先验论证来奠基，那么我们有什么理由接受它呢？W. V. 奎因主张一种自然化的认识论和形而上学，其中本体论只在于那些为了我们的信仰——包括我们多接受的科学理论——而必须被预设为真实的实体[6]。巴斯卡松开而不是断开了本体论与我们秉持为真的事物之间的联系："为了科学得以可能，一种哲学本体论通过反思实情而发展，而这独立于任何实际的科学知识。"[7] 麻烦在于这句话的后半句。奎因和巴斯卡实际上都将本体论和科学的关系相对化了。在我看来，奎因将本体论限定在我们秉持为真的句子所涵盖的那些实体上——尤其是物理科学诸理论所涵盖的实体上——因而，他没有为这些理论要共同揭示的对世界的本性的反思留有余地，他的思路太过于狭隘。

　　相比而言，巴斯卡试图基于一种解读来阐述世界结构，这（至少明显地）不是针对科学理论内容的，而是对科学家的实践的解读：因而，他的先验论证从这种主张，即科学实验要创造"封闭系统"，在这里，事件形成一种形式统一的序列，转移到这种推论，即科学实验揭示出来的机制独立人的活动而存在，并且进一步，这些机制在它们的"自然"状态中与其他机制一起形成了一个"开放系统"，这些机制的互动产生了可以觉察的效果，与那些实验里的孤立效果非常不同。因而，科学实践的本性在于，其预先假定了一种复杂的、结构化的实在，不仅独立于这种科学实验，而且在一般意义上独立于人类的思想和生活而存在。这样做的困难在于，这个论证的出发点恰恰是对科学家所做之事的一种解读：其他人可以对科学实践的这种阐述公开争论，也可以公开提出他们自己有竞争力的阐述。更好的做法似乎是，剥离这种先验的上层建筑，而只是将这种上层建筑视为科学向我们揭示的世界的一种哲学陈述，因为这种上层建筑掩饰了巴斯卡
160　著作中有趣的和原创的东西。如同他对科学实践的阐述一样，这是一个不可靠的解读，批评家和竞争性的形而上学学说的作者能对此做出讨论（而且事实也如此）。不同的是，没有巴斯卡对科学实践的解释所带来的干扰（在可争论意义上，巴斯卡的解读预设了他努力确立的区分），我们可以将其与他人提出的本体论相比较，直接考虑他的本体论的优点和缺点。如果这种比较的结果不是结论性的，那么可以确定我们在很久之前就放弃了这样的想象，即哲学论证没有别的就是漫长无尽的吗？[8]

　　最后一点涉及，本体论自身是不是一种我们应当尽量回避的哲学。本萨义德，是我感到最有亲缘关系的当代马克思主义哲学家，他有时含蓄地表明这一点。例如，他宣称"海德格尔将世界本体论化、重新神圣化了；马克思则将世界世俗化、去本体论化了"[9]。作为这两个思想家之间的一种对比，这个陈述是无可争辩的。海德格尔，特别是在他晚年的思想中，试图通过一种存在的诗学来对资本主义现代性的痛苦做出回应；相反，马克思则试图通过一种有经验根基的批判理论来直面这些痛苦，这为一种人类解放的政治计划奠基。但是，这并不意味着这种理论没有做出本体论的承诺。如果奎因是对的，那么所有理论都要这么做。此外，正如我们所看到的，我在本书第一部分讨论的不同的批判理论都提出了本体论问题。关于马克思与海德格尔之间关系的争论在一定程度上涉及的问题是，我们在哪里勾勒出本体论与科学研究之间的分界线：海德格尔对意识形态的沉思进行了形而上学上的净化，并基于此来解释世界，而马克思的资本主义生产方式理论是一个科学研究纲领，如同其他任何纲领一样，它也要遵循同样的协定[10]。我们应当尽力为可以更正的经验探究寻找尽可能大的范围，而不是形而上学地冻结我们获得的关于什么事物存在的具体观念。巴迪欧将马克思主义的国家理论普遍化，使国家成为一种任何处境都具有的特点，这就是进行不受人欢迎的本体论化的例子（参见第三章第二节）。但这引发的问题是，本体论的内容是如何派生的。对海德格尔来说，就西方哲学传统的大致内容来说，我们是通过先天反思获得什么事物存在的观念的。这种反思——在任何情况下——都不同于科学，而且是与科学对立的。相反，上文所勾勒的本体论观念却渗透了科学。如同任何形而上学一样，批判现实主义是一种先天理论，但其内容是由反思科学探究的结果而得到的。

161

二、实在论的诸维度

　　让我们将世界想象为由相互作用的生成机制，以及这些互动所产生的事件共同构建的群集，所有这些（在很大程度上）是独立于人的思想和活动而存在的，而人的思想和活动必须被包含在这些机制之中或被理解为来自这些机制。根据批判现实主义，这表明世界是何以存在的。揭示这种本体论的内涵及其魅力的最佳方式是逐字逐句地分解这一节开头这句话。我这样做就是要表明，批判现实主义何以能阐明第一部分所考察的那些理论家面临的诸多困难，并帮助他们克服。

（一）生成机制

"生成机制不是别的，而是事物的活动方式。"巴斯卡写道[11]。世界必须被视为由事物——如被罗姆·哈雷和爱德华·马登称为"强有力的特殊事物"——组成，这些事物具有起因的力量，也就是说，它们具有引发事件序列的能力[12]。科学规律要做的就是识别那些导致某类系列事件的机制。这种哲学分析的关键是，它意味着传统的经验主义观念将因果性（其正确与否，可以归因于大卫·休谟）看作某类事件的一种持续连接，因而是一个错误。必须将可以观察的事件和引发这些事件的机制进行原则上的区别。科学规律因而不是关于事件之间的关系的，也不是关于事件的模式的。毋宁说，科学规律赋予各种特殊事物以力量，使之在适当的初始条件下引发事件的序列。

（二）多元论

但是，这里有多种不同的生成机制。它们彼此相互作用，并如此影响彼此的运作。这些机制的相互干扰意味着，不能先验地回答这些问题——是否存在某种给定的机制，或它完全实际地运作，或它只是纯粹地运作？这里有两个理由：第一，力量发挥作用的初始条件或许还不具备，以及，第二，其他机制的干扰可能妨碍、扭曲或完全阻止其他机制产生结果，没有这样的干扰（如果有，初始条件就具备了），这类结果就不会产生。因此，巴斯卡认为，最好将科学规律理解为趋势，像法律一样的陈述：

> 一旦满足了初始条件，那么我们就可以对一种趋势的活动做出断言，即对生成机制的运作做出断言，生成机制如果不受干扰，就会使趋势体现出来，但这种断言不是就趋势在其中发挥作用的条件做出的，因而不是就趋势是否将被实现或被阻止做出的。[13]

在这种背景下，可以清楚地知道将开放系统和封闭系统区分开来的相关要素。世界是一个开放系统，其中有大量的机制相互作用，"（因而），因果律与事件模式和经验模式是不协调的"[14]。一个封闭的系统典型地需要创造一种人造的境况才会出现，这种系统允许一个机制尽可能在孤立的状态下运行，不受其他机制的阻碍而产生其结果。这就是当物理科学家做实验时发生的情况：只要他们确保（这是他们相信的）某些机制的初始条件得到满足，他们就能检验一个理论，该理论预言这个机制会产生某个事件的序列。正如安德鲁·科利尔所指出的，"实验是通向潜在机制即未实际运作的机制的世界的窗口"[15]。因此,休谟式的事件的持续连接在自然中是罕见的,因为事件的持续连接要求人为的干预,以便将那些产生事件的机制孤立起来。这种分析凸显了巴斯卡相信的社会科学和物理科学之间的一个主要的区别:由于社会机制依赖于人类的行动,所以在社会世界里创造封闭系统比在物理世界里难得多[16]。

(三)真实与现实

科利尔将巴斯卡的实在论版本的特征描述为"深度实在论",它"断言各种各样的实体——分子、树、人民、社会——因为它们各自的内部结构而只具有它们各自的属性,不具有其他实体的属性。因此,在关于这些结构的知识的基础上,这些力量经常被归结于结构中,无论其是否已经发挥了作用"[17]。在巴斯卡的哲学中,实在具有深度的思想以各种方式体现出来。首先,他区分了实在的三个领域——真实、现实和经验(参见表5-1)。各种生成机制完全属于真实;它们与那些由相互作用产生的事件不同,这些事件属于现实;它也不同于实践,即人们记录一些事件发生时所借助的(经验)。巴斯卡认为,这些不同层次的折叠趋势是哲学上的错误。因此,他将"这样的思想即规律和关系是事件之间或事态之间的关系(人们认为事件或事态构成了现实的或可能的经验的对象)"贴上了"现实主义"的标签,这因而否定了生成机制的实存,即这些隐含并产生了这些事件的生成机制的实存[18]。

表 5-1 巴斯卡的三个领域

	真实域	现实域	经验域
机制	X		
事件	X	X	
经验	X	X	X

来源:R. Bhaskar, *A Realist Theory of Science*, Table 0.1/1.1, pp.13, 56.

我们将会看到这种思想,即认为实在有深度并且确实是分层的,这种思想将批判现实主义与我们在之前的章节遇到的两种本体论鲜明地区别开来。对巴迪欧来说,处境和事件不是存在于关系中的,前者是可算作一的结果,后者是从处境的虚空中产生出来的。引起活动的这二者(算数和事件的发生)本身是不可知的,并且只能以推理的方式确立起来。对德勒兹和他的追随者奈格里来说,内在性的平面根据不同个体跨越中性表面的强烈程度来分配他们。但是,这两种本体论都不能阐述超越。正如我们所见

163

164

（上述第三章第二节），巴迪欧将存在当作封闭之物来处理，这使事件成为一个谜。至于德勒兹，据霍尔沃德所见，他面临如下困境：

> 他坚持存在的激进的单义性，将存在定义为"发生之事"的延续，在这个意义上，他被迫放弃任何可行的、作为断裂的事件概念。或者，如果他想保留一种定义为断裂的事件概念，他就不得不将非连续性的观念引入存在本身的构造中（与现实的虚拟、作为关系项的关系以及与广延相对立的强度不同）。[19]

存在的单义性思想与"存在的平等"思想紧密相关，在德勒兹对斯宾诺莎的解读中，我们已经看到，他阐发了这样的思想（参见上面第四章第三节）。这个思想是，存在的本质就在于它要在诸存在物的无限多样性中表现自身，诸存在物中的任何变异都不表示存在本身特性的任何变化，或这种变化并不构建诸存在物的等级：

> 单义性的实质不是指人们在一个相同的意义上说存在。它是在一个相同的意义上谈及所有个别化的差异或固有的诸模式。存在对所有这些模式而言是一样的，但这些模式并不一样。对于所有东西来说，存在是"相等的"，但所有东西并不相等。人们只是在一个意义上谈论所有东西的存在，但所有东西并不具有相同的意义。将这些个别化的差异联系起来是单义性存在的本质，但这些差异并不具有相同的本质，并不改变存在的本质——正如白色与不同的强度相关，但仍然在本质上保持为同一个存在。[20]

于是，霍尔沃德第一次明确指出这个困境：如果一切都是存在的一种体现，难道这不意味着诸存在物的所有差异都将陷入单一的包括一切的同一性中吗？难道不是意味着多样性确实是一种幻觉，不是掩盖存在的单义性，而是掩盖一的统一性的幻觉吗？德勒兹从斯宾诺莎那里汲取了这个思想：形式上（质性上）不同的属性（例如，思想和广延）的无限性，表现在量上单一的实体——上帝，而反过来这些属性在诸模式——个体存在物的多样性——中得到表达，这些存在物只是透过它们表达的强度或力度而在量上被区分开。因而，个体存在就是一种纯粹量上的差异。根据德勒兹对斯宾诺莎的看法，"上帝的力量在模式上表达或阐明自身，但只是通过或体现在这种量上的差异中"[21]。但是，随后正如巴迪欧所指出的：

> （诸存在物、意指的）多在宇宙中是以数值差异的方式排列的，就其涉及（思想、广延、时间等）的存在形式来说，它是纯粹形式

的，就其个体化来说，它是纯粹模式的。如果是这样，这种多最终只是仿象序列的。如果人们对任何一种没有真实地位的差异划分等级——正如人们应当这样做，如果人们将任何意义上的居于太一地位的多归于仿象，那么诸存在物的世界就是存在的仿象剧场……似乎悖论的或杰出的太一必定会内在地产生诸存在物的系列过程，它们的单义性地位是太一赋予的，而他们所涉及的是太一的力量，且只是具有存在的一种外表。[22]

多——被德勒兹如此赞扬的这种多样性——因而陷入太一中。这将我们带入霍尔沃德所说的第二个困境，即德勒兹将"非连续性"引入"存在的构造"中。这里的关键概念是虚拟。德勒兹对虚拟的讨论在某些方面与巴斯卡对真实与现实所做的区分相似。首先，虚拟与现实相对立。德勒兹写道："结构是虚拟的真实。我们必须同时避免给予那些使结构得以形成的元素和关系以现实性，因为它们并不具有现实性，避免从元素和关系拿走它们确实具有的真实性。"因而，虚拟与真实有关：它具有一个确定的结构，就如同数学问题，必然性必须在其能被解决之前被提出来。但虚拟也与可能相反："因为可能与真实相反，所以可能的过程是一种'真实的实现'。相反，虚拟并不与真实相对立，它占有其自身完全的真实性。其过程就是现实的实现。"更具体来说，可能与真实之间的障碍只能通过任意假定"完全的爆发、纯粹的行动、跳跃"来跨越。同样的问题不会出现在虚拟上，因为它属于真实。此外，"在某种程度上，可能寻求'真实地实现'，其自身被视为真实的意象，而真实则将自己视为可能的模仿"。但是，"虚拟的现实化是通过差异、分歧或分化推进的。作为一个过程，现实的实现既与作为原则的同一性决裂，也与模仿决裂……在这个意义上，现实的实现、分化总是一个名副其实的创造"[23]。

德勒兹的虚拟概念是一种具有启发性的概念，即使它遭遇严重的挑战，巴迪欧再次有效地发现了这些困难，它们来自这个思想，即"任何客体都是双重的，但这两半并不是彼此相似的，一个是虚拟的意象，另一个是现实的意象。它们是不等同的奇怪的两半"[24]。更一般而言，有一个根本的方面，从这方面看，德勒兹的本体论在正确的轨道上，而巴迪欧的本体论却不是。从德勒兹的角度看，事件分享进程，存在通过这个进程将自身现实化，而不是对存在做减法[25]。正如我已经指出的，像巴迪欧那样将存在与事件对立起来，事件就会成为一个谜。他的回答隐含在霍尔沃德指出的德勒兹的困境中，其在本质上是将超越当作存在的流溢，就是在实存之外将超越相对化：一旦诸事件是世界的一部分，它们就不再具有非连续性和例外的特质，即将它们作为事件标记出来的特质。但是，在同一个层面上，这似乎恰恰是一个逻辑错误。可以确定的是，不可能将任何事物都个别化为例外——例外乃是分享巴迪欧赋予事件的特殊方面——除了那些可以算作正常之物以外。如果（在巴迪欧的意义上）事件确实（用本萨义德的话说）是与任何语境无关的纯粹的钻石，那么这将是不可理喻的。因此，巴迪欧将"1912—1913年前后的布拉克-毕加索的立体主义沉淀（这是追溯性介入塞尚事件产生的结果）"[26]作为忠诚的范例。设若不探究塞尚与法国古典传统和印象主义的关系，我们还能理解使塞尚成为例外的那些事物吗？当然，人们完全能理解巴迪欧对平庸的那种历史编纂学的厌恶，这种历史编纂学乏味地将任何新内容的凸显化约为影响或语境或其他什么东西。但是，我们如何在通常的背景下认识到它是新东西呢？

167　　那么，在这个根本的层面上，霍尔沃德提出的德勒兹的困境并不成立。连续性和非连续性必须在相同的存在视域中相对于彼此而被标识出来。德勒兹的关键缺陷不如说在于存在单义性的形而上学观念，特别是在于他从斯宾诺莎那里汲取的思想所蕴含的意义，即单个存在之间的差别纯粹是量上的、强度上的变化。可以确定，这必然意味着存在的不可分性，它们被融入太一的统一性中。但这绝不意味着拒绝将例外视为对存在做减法的要求。德勒兹将虚拟的观念视为一种朝向现实化的努力，这是一个尝试，在基于这种拒绝的本体论框架内，表明创新何以发生，不是作为抽象可能性，而是作为真实中的分化过程而发生。巴迪欧做了一个有趣的观察，"在这里，深度隐喻是不可避免地……有一种'深层的'规定，它所关注的是虚拟性自身的扩张与分化，因而其形式无论如何都是太一（或曰整体）的一种内在物"[27]。德勒兹不能始终坚持这种思想，因为他主张，存在是一种表象，它只是将深度的观念与柏拉图的化约，也就是将差别化约为太一的仿象联系起来。正是这一点迫使他形成了不可成立的想法，即虚拟是每个客体的一部分，而客体必须被看成是虚拟和现实的一种双对称的统一。这样，他难免将虚拟与现实等同起来或加以类比，除了别的之外，这种思想是他在讨论的时候所批判的。

批判现实主义提供的另一种思路是，严肃对待深度的隐喻，例如，像真实、现实和经验的三分法所要求我们做的那样。巴斯卡的真实与德勒兹的虚拟确实有某种类似之处。真实的结构是由一套相互作用的生成机制构成的；在这样理解的真实和现实之间有一种固有的本体论差异，这种现实是巴斯卡构想的（正常的与例外的）事件，它是由强有力的特殊事物之间的互动产生的。没有理由说明为什么真实的这两个领域应当彼此相似。一方面，机制和事件是不同种类的存在：例如，以何种方式，使一片落叶类似于万有引力呢？另一方面，事件是机制相互作用的产物：诸机制的相互干扰意味着，将事件的序列直接映射到单个机制上，即表明仅仅这个机制产生了这些事件，相对来说，这将是一个不寻常的事情。但是，即使将一个机制与其运作隔离开，它仍然从属于真实，且有现实的效果。正如巴斯卡所指出的，

> 当一种趋势没有完全展开时，有两件事是无可怀疑的：（1）某些现实发生的事情，趋于解释其以某种方式活动；以及（2）某些真实发生的事情，即存在着一种正在发挥作用的生成机制，它说明事件在发生中该趋势所体现的因素。[28]

这种真实，其中未实现的趋势具有现实的效果，尽管它们不是这些趋势实现（也就是说，如果被考察的机制得到畅通无阻的运行）时具有的效果，包含德勒兹对虚拟的看法。此外，如果限于逻辑上的可能，那么真实明显不同于可能。自然规律——也就是说，根据巴斯卡，就是构成真实的各种生成机制表现的诸趋势——划定的范围比逻辑规律所允许的范围狭窄，但真实似乎确实与更狭窄的可能概念等同，这个概念不仅被运用于可能世界的语义学，而且被运用于参照的因果理论，该理论认为，在一般意义上，可能世界是一个与自然规律相一致的世界[29]。这样，现实的世界是一套特殊的相互作用的结果。其他与自然规律一致的相互作用将产生其他世界。将真实与可能整合起来，似乎不易受到上面提到的德勒兹的驳斥。正如我们所看到的，真实和现实并不彼此相似。此外，从可能（作为与自然规律相一致）到现实的运动不是任意的跳跃，而是生成机制的多样性行动和互动的可以阐明的结果。

从巴迪欧提出的那种减法本体论的观点看，批判现实主义无疑是以另一种不同的方式祛除了德勒兹理论中的超越。因为正常的和例外的事件都是在可能设定的限度内发生的，这种可能是刚讨论的与自然规律相一致的意义上的。但是，任何本体论都要约束我们就何为可能与何为例外所做的理解。无关的处境是统一所做的难以把握却可推论的运算的结果，巴迪欧这种关于无关处境的本体论使我们将事件视为从虚空中跳跃出来的。如果认为真正的可能受自然规律限制，那么这似乎缩小了可能的范围。但是，那些最终呈现为可能的事物经常令我们大吃一惊。这可能是因为我们发现了新的机制，它们可能彻底改变我们对何为可能的理解。例如，超弦理论确认物质的最后成分是微小的弦，这些弦在至少十维空间——加上另外六

弦，这六维太小以至于即使通过显微镜也无法被观察到，它们在通常的四维中蜷缩着。可以思考的是，如果该理论的支持者是对的，那么世界必须是什么样子？[30] 我们认为不可能的事件有时发生了——因而，苏联解体打乱了托马斯·库恩所谓的"常态科学"的期望，这种科学在西方政治学家中流行。真实似乎有足够的容积为大量匪夷所思的和以外的事情提供空间。德勒兹哲学的主要魅力之一是开放性，即承认真实的纯粹怪异性和不可预测性，承认这个世界不是井然有序的宇宙，而是他模仿乔伊斯的所谓"混沌"的说法[31]。

但是，从批判现实主义的角度看，德勒兹本体论的最大问题之一是他将虚拟的现实化设想为存在的一种不断的流溢。差别不断延伸在内在性的平面上，形成聚集物并分化为多层次，然后包围和颠覆它们。不同机制的特殊性在这里完全消失了，正是这些机制产生了构成现实的各种事件的序列。对德勒兹来说，现实化和层次化的产生比发挥作用的特殊机制及诸结果更重要。他从历史、文学、电影、科学中吸收了大量的例子，以表明多样性是如何形成和相互交织的。但是，这些实例的作用恰恰是说明性的——它们展现了内在于诸存在中的一种存在的表现力。这样，有征兆的是，德勒兹和瓜塔里为哲学保留了发明概念的尊严，诸事件通过这些概念才能被思考，而科学要完成更谦卑的任务，要在虚拟将自身现实化之后识别事物的状态中占主导地位的功能关系[32]。更可行的似乎是，我们应当颠倒这种奇特的贵族化的等级制，并表明哲学家实际上往往会分析科学中所发明的那些概念的预设。德勒兹可以设想，虚拟在存在的丰富多样性中不断将自身现实化，放弃那种机械式的任务，将何种机制产生何种事件的研究与科学的基层劳动者隔离开，因为他的肯定性的存在概念要确保创新、发明成为现实化的一个通常的特征，这是自相矛盾的。在这样做的时候，他很容易使自己成为巴迪欧根本指责的版本：如果一切都是创新，那么就没有什么是创新。哈特和奈格里的帝国和大众理论是这种虚拟观的一个社会–政治的范例，其中当代资本主义一直要实现且已实现其网络结构所固有的"绝对民主"的趋势（参见第四章第三节）。

（四）层次化与突现

当我们进一步思考批判现实主义的一个特征，巴斯卡提出的本体论的独特性就更加明显了。批判现实主义是深度实在论，不仅是因为它断言真实机制的实存引发了事件，而且一小部分事件是可以被人类经验记录的。真实本身是有深度的：正如巴斯卡所说，它是"一个多维的结构"[33]。这个结构由生成机制之间的关系构成。科利尔指出："这些机制可以说是自然的诸层次，它们是有序的，而不是混杂在一起的。"因此，"被层次化的是机制，而不是事物或事件"。自然的层次化由解释的运动来揭示。揭示一个机制不是科学探究的终点：对某个机制的解释会引导我们假定其他机制的存在，等等。结果是，"我们获得了永久有序的科学的多样性，如一棵'树'有不同的根和枝条，它反映了在科学研究诸对象内部与其相互之间的诸自然机制的真实层次"[34]。

然而，从不够根本的机制向更根本的机制的解释过程的层层推进，不等于将自然的一个层次化约到另一个层次以及其他层次——就是说，从心灵层面化约到生物学层面，从生物学层面化约到化学层面，从化学层面化约到物理学层面。再次引用科利尔的话，

171

> 巴斯卡使用根基和突现这样的术语来说明高级机制和基础机制之间的关系。高级机制根植于且来自更根本的机制。"突现"这个术语来自哲学史，这表明巴斯卡并不认为根基是可化约的。突现理论承认，现实的更复杂的方面（例如，生命、心灵）预设了其较不复杂的方面（例如，物质），还坚持认为这些更复杂的方面有些不可化约的特征，例如，概念适用于思考较不复杂的方面，却不适用于思考更复杂的方面——不是因为我们对思想施加了任何主观的限制，而是因为突现所固有的本性使然。[35]

突现成为我们将心灵思考为自然的一部分的一种方式——它附加于生物学、化学和物理学层面上——但与此同时，我们主张心灵具有不可化约到其他层次的特殊属性。它还有进一步的优势，批判现实主义探讨过的优势，即其提供了一种思考社会自主性的方式——换言之，它拒绝将社会自主性化约为心灵，或拒绝将社会结构仅仅视为个体行动的意外后果。反之，这些结构可以被视为人类之间的社会互动突现的属性。我在下一章还会回到这个话题上来。目前最重要的一点是，批判现实主义将自然看作复杂的和分层的，其中每个层面上都是自主的，从字面上看，它是由一套特殊的机制构成的，这些机制不可化约到那些更基本的层面上。

所有这些都与我用来同批判本体论比较的那两个本体论在根本上是不同的。对巴迪欧来说，存在的秩序是各种原子化处境的秩序，它们都受在集合论中发现的那些原则支配，因而，这些处境之间的关系问题就完全不会出现，更不用说自然的层次之间的关系问题了，这些层次根据那些不同的机制而在其中发挥作用。比较而言，德勒兹不只是承认层次的可能性，

而且承认其真实性，但他认为这种真实性是相当成问题的。他的本体论的
172 最根本的论题之一是存在的平等："因此，存在的单义性也意味着存在的平
等。单 义 的 存 在 既 是 游 牧 式 的 分 布，又 是 有 君 主 的 无 政 府 状 态
（couronnée）。"[36] 这不仅意味着真实不具有必然的结构——内在性平面上
的强度分配是即兴的、漂移的、流动的——而且意味着如果试图用层次化
的隐喻来构想真实究竟包含怎样的结构，那么就不能抓住真实的根本特质。
因而，德勒兹和瓜塔里在他们的《千高原》中用根茎的隐喻来对抗科利尔
使用的树的隐喻，就是为说明"自然机制的真正的分层"而使用的隐
喻——换言之，他们以一种在所有方向上分叉的多样性代替一个有序的、
等级的横向结构。在这里，一种多样性以无中心、无秩序的方式与其他多
样性发生联系。只是在与这些多样性相关时，地质学的、有机的和社会的
层面才是存在的，这些层面总是受到"内在性的绝对去领域化"的伤害，
因为欲望的横向运动颠覆了有序的结构[37]。

现在，科利尔概述了"诸科学的一种永久有序的多样性，如同一棵长
着不同的根与枝的'树'"，这确实展现了诸科学的一幅并非必然静止的图
画。它不是简单地遗漏了这个事实，历史的运动并不必然是从比较不根本
的机制到比较根本的机制的发展——17 世纪的"科学革命"是围绕现代物
理学的最初形态发生的，可以确定的是，科学革命开始关心的是一些最基
本的机制，只是到了很晚近的时候，才拓展到诸如化学和生物学这样的科
学的基本构成上——但它还忽略了概念化重组的方式，这改变了不同科学
的边界并重新规定了不同科学之间的关系——生命科学的当代兴起就是一
个恰当的例子。正如巴迪欧所提到的，"科学革命带来的结果是，改变了重
要性的等级——以前被认为是毫无意义的东西能通过一种新的科学研究方
式而被重启，反之，科学的全部分支因被当代的抛弃而落伍了"[38]。在很
多方面，与科利尔的树相比，根茎对科学的理论上的和建制化的模型来说
可能是一个更好的隐喻。但是，这只是告诉我们，巴斯卡所谓的科学的
"过渡性"维度是什么——它们的概念结构和历史形态；不能由此得出结
论，像批判现实主义所表明的，将"知识的内在对象……真实的事物和结
173 构、机制和过程、事件和世界的可能性"视为分层的，是一种错误的
思路[39]。

最糟糕的是，德勒兹坚持的"存在的平等"是一种本体论的政治化
化——主张将存在构想为只是"有君主的无政府状态"，以某种方式拥护
社会世界中的压迫和支配，这显然是荒谬的。最好的是，它为拒绝新柏拉
图主义存在观的做法辩护，这种存在观认为存在是从上帝那里流溢出来的，

随着真实与上帝之间的距离越来越远，真实也变得越来越堕落[40]。但是，很难看到这与批判现实主义有什么关系，如同其他种类的实在论，批判现实主义根本不同于物理主义，根据物理主义，只有物理实体才是实存的，而且物理学规律最终能解释一切东西[41]。实在论承诺，科学假定的大部分实体是实存的，无论这些科学可能被置于自然之"树"的什么位置。科利尔所谓的"高级"机制——例如，人的机制和生物学机制——不能在任何意义上被说成是比化学、物理学层面的机制有"更少的真实性"。突现概念的全部要点是，能使这些"高级"机制得到自主的解释，这种解释又是与流溢主义的存在观完全不相容的[42]。将实在构想为层次化，确实有助于我们避免前面讨论过的德勒兹的虚拟概念所包含的困难。因此，我们就可以探讨，更基本层面的机制究竟以什么方式限制"高级"层面机制的运行。

（五）实在论与真理

在巴斯卡对科学的外在对象与内在对象所做的对比中，世界如何存在同我们的理论与其他信念断言它如何存在之间的实在论差别现在显露出来了。是更明确地思考这种对立的时候了，尽管这么做要求我们断绝与巴斯卡本人的关系，因为我们现在要处理的是那些他弄错了或没有关注保持沉默的问题。这个讨论的核心是真理问题，这在本书第一部分的一些章节，特别是在第一章第一节和第二章第一节中显得很突出。我们在那里特别思考了实用主义或语境主义的真理观，即真理等于被认可的断言：由此，一个句子当其得到辩护时就是真的。最有影响力的当代实用主义者罗蒂自己指出这种思路的战略性缺陷："这些定义迟早都要成为以下论证的牺牲品，一个既定的信念可能满足任何具体指明的条件，但仍然不是真的。"[43] 被认可的断言意义上的真理理论，依赖我在第一章第一节所说的那种弱辩护观，据此，真理就与那些流行的信念一致。重要的是要看到，不只是这种真理理论易为这种反对意见所攻击。哈贝马斯依赖一种更强的可证成性观念。为了对抗罗蒂，他将真理等同于理想的可断言性，捍卫"真理是独立于语境——也就是说，无条件的意义"这样的理念：

> 我们持之为真的东西必须在好理由的基础上是可辩护的，不仅在一种不同的语境中，而且在所有的语境中、在任何时间以及对任何人来说都是真的。这提供了言说真理理论的启示：如果一个命题能在理性言说的苛刻条件下禁得起所有反驳，那么它就是真的。[44]

麻烦的是似乎仍然可以非常连贯地问，如果一个句子通过最苛刻的测试，它是否就是真的。哈贝马斯的关键一步是，遵循皮尔斯，放松了对辩护的时空限制：如果研究确实能无限拓展到未来，那么我们就能建构一个理想的共同体，被其接受的句子就是一个真句子。但是，再次出现的问题是，如果人们说，即使一个句子为这种共同体所接受，它仍然可以被证明为假的，这似乎也没什么奇怪的[45]。我们需要一种更有说服力的真理观。显然，古典的真理理论或符合论的真理理论作为一个备选方案，能担当这种角色，据此，一个句子因其反映世界的状态而为真。正如德维特所指出的，我们能陈述这种学说，一种符合论的真理观适用于如下某种类型的句子：

> X 类型的句子是真的或假的，凭借（1）它们客观的结构；（2）它们的组成部分与真实之间的客观的或参照的关系；（3）那种真实的客观本性。[46]

实在论和符合论的真理理论在逻辑上是彼此对立的，但它们之间显然 175 有一种共鸣：实在论声称世界独立于心灵而实存，而符合论则根据世界的存在方式是否如句子所断言的那样来判断句子是真或假。严肃地对待这些思想，我们才能远离巴迪欧和德勒兹的本体论。在将对象构想为两个意象——现实的和虚拟的——的统一体时，德勒兹是拒绝实在论的。对他来说，在心灵和物理之间实际上没有原则性的差异：真实的所有不同层面都容易消融在多样性的横向运动中。德勒兹的反实在论无疑反映了休谟和柏格森对他的影响；这有助于解释为什么他的那些形而上学的最佳论述是在他的两本关于论电影的书中出现的。巴迪欧批评德勒兹，因为德勒兹将虚拟当作意象来对待，但是他放弃了符合论，因为符合论只具有"一种字典式的便利。当心灵和事物相符合的时候，真理就出现了，这并不意味着任何人都没有义务寻求有关符合的有效规律"[47]。

巴迪欧对符合论的否定是批判真理符合论的一种标准版本，在巴迪欧那里，这种真理理论立即变得微不足道和荒诞不经。认为这种真理理论是微不足道的这种观点典型地要诉诸通常所说的不打引号地使用真理概念。阿尔弗雷德·塔斯基对真理的语义学定义，除了其他方面，它试图严格地陈述符合论，意味着，对任何句子 S 来说，下面的"T 句子"成立："'S'为真，如果且只有如果 S。"[48] 这利用了这个事实，即我们既能使用又能论及语言表达：在 T 句子中，S 首先是被提到的——"S"是"S"的名字——且它是被使用的。从 T 句子中我们可以推导出，如果我们去除"S"第一次出现时的引号及从句"为真"，我们就得到了"S"，因而，得到的 S

与"'S'为真"同义，也就是说，二者的真值条件是一样的。语义学定义的这种不打引号的属性在逻辑中有其作用，但它似乎并未给真理概念添加多少内容。至少在某种语气上，罗蒂要求采用他所说的"极简主义"，并表明"塔斯基清新的不打引号主义可能彻底探讨真理这个话题"[49]。符合论同时也是荒诞不经的，这样的断言聚焦于句子与世界之间相对应的思想。正如巴斯卡所指出的，"命题不能与事态相比；它们的关系不能被描述为一种对应关系……我们可以看看世界，然后看看句子并问它们是否相匹配。存在的只是在语言（或思想）中对（世界）的表达"[50]。

　　巴斯卡的论证在这里依赖这个前提，如果不以我们使用的语言为中介，我们就不能接近世界。因此，除非通过这些句子，我们不能选取世界的点点滴滴，根据符合论，这些句子因为世界如何存在而或真或假：那么，我们如何能够确立这些句子的真值呢？对于经常被视为巴斯卡的前提的意涵，唐纳德·戴维森提出了一种卓越而影响深远的批判，即人类是特定文化的概念图式的囚徒。戴维森认为这种思想取决于将规定一个概念图式的形式框架和该图式允许我们坚持的实质性信念区分开来的可能性。但是，这种"图式和内容的二元论"被证明是不连贯的：除非我们相信他的大多数信念（在我们看来）是真的，否则要解读另一个人的言语是不可能的，但是，要确定言说者（大部分为真的）信念的内容，我们必须诉诸言说者和诠释者共通的世界[51]。因此，根据戴维森，"客观性与沟通的最终来源是一个三角关系，它将言说者、解读者和世界联系起来，这决定了思想和言说的内容"[52]。正如罗蒂所指出的，"戴维森认为，没有三角关系便没有语言的存在，这意味着如果不与一种人类共同体和一种非人类的真实接触，我们就不能有任何语言或信念。如果没有真理，达成协议是不可能的；如果没有协议，达到真理也是不可能的"[53]。

　　因而，戴维森以一种非常不同于塔斯基的意图的方式使用真理的定义，以此作为其激进的解读理论的基础，这个理论试图解释我们何以能够认为其他人有这些信念，认为他们的述说具有那些意义。然而，就这个策略是否承认真理符合论来说，他是模棱两可的。有时候，他对真理符合论不屑一顾，例如，他宣称，"真句子可能对应的是无趣的或没有教益的东西"[54]。但是，戴维森在他的一个晚近的文本中表达了一种更微妙的态度。他重复了他对符合论的批判："麻烦在于，声称惯用语具有解释力。如果我们能以一种指导性的方式说明，哪种事实或实在的哪个切面使一个特殊的句子为真，那么符合的构想可能是一种帮助。没有人能成功地做到这一点。"但是他接着说："符合，作为一个定义是空洞的，但它还是捕捉到这

176

177

个思想，即真理取决于世界的存在状况，而这足以令大多数认识论和实用主义理论名声扫地。"[55] 向戴维森致敬，这个让步很关键，它表明符合论是解释性的。它解释了为什么真理和辩护是不同的：正是世界使句子为真，而辩护则反映了必然可错的和偶然的标准，据此在任何既定的时间里，人类共同体决定哪些句子为真，以及哪些为假。

从这个角度看，可能会有反对意见，符合论是不连贯的或荒谬的，因为它含蓄地表明，只有一些零散的"真实片段"（正如戴维森所指出的）才使这些句子为真，这似乎是非常错误的。认为符合论具有这种含义的思想似乎包含着一个范畴-错误。在某种意义上，句子属于世界，因为它们是为人们所言说的，人们是自然界的一部分（参见下面关于自然主义的讨论）。但是，这绝不是要求句子与自然的任何其他部分，包括是句子为真的世界的任何方面，相似或同型：批判现实主义者主张，自然被秩序化为不同层面，每个层面都有自己的实现属性，其优点在于强调了真实中的双对称和变位。像指称和满意度这样的语义概念，语言哲学家通过这些概念试图理解语言表达和世界之间的关系，特别是详细说明了那些高度抽象的关系，再者，这绝不意味着词与物之间有一种形式和结构的同一性。正如施特劳森所建议的，符合论的要点不是设定句子和"类句子"的事态之间的关系[56]。不如说，符合论只是要做出这个表述，句子的真或假与世界的存在状况有关。一方面，这解释了为什么即便是我们的最佳信念也不得不被放弃：世界可能被证明与信念所断言的状况不同。但是，另一方面，它在我们追求知识的时候提供了什么算作成功的定义。

德维特认为科学实在论解释了他所说的"理论上的成功"："假设一个理论说 S。然后，如果世界好像是 S，那么 S 就是成功的。"他将这个成功 178 解释为，"如果世界是这样的，那么世界似乎就是那样的"[57]。我认为这确实提供了一种方式，表明符合论具有戴维森所否认的解释力。但究其原因在于，当符合论谈及知识的时候，它对什么算作成功做出了解释。（在这里，限制是重要的，因为除了知识，我们还追求其他大量的东西，这些东西提供了不同的标准，根据这些标准评估我们的表达——例如，为了使其他人承认，可以评估表达的美或有效性。）[58] 一个实用主义者可能提出这样的反对意见，辩护刚好也做到这一点：如果先进的空气动力学能让我们安全地飞起来，那么它是不是真的确实那么重要吗？但是，在这里批判的标靶可能已经发生了位移：对其是否成功加以评估的是活动，现在可能是空中旅行，而不是知识。只要我们处理的是知识，辩护就不能作为成功的标准发挥作用，这是出于人们耳熟能详的理由，我们也许会抛弃当前所得到的最好的辩护理论并以此告终。

正是符合论告诉我们，在知识中什么算作成功。但是，正如科利尔所指出的，"它给我们的是真理的定义，不是真理的标准"[59]。换言之，符合论并没有告诉我们，真的理论看起来像什么。假设承认句子和使之为真的世界（的其余部分）在本体论上的差别，那么符合论何以做到这一点？可能正是符合论的这个方面（连同显然有些微不足道的塔斯基的语义学定义）激发了符合论是空洞的这种思想。若是真理理论并不告诉我们真实看起来像什么，那么它的要点是什么呢？但是，期望它告诉我们，而且这种期望也包含对符合论内容的一种误解。既然真理依赖于世界，那么任何真理的"标准"都只是一个可错的猜想，我们（在哈贝马斯的理想解读共同体的意义上）可能最终将抛弃这个猜想。我们能够预期的最好情形是，对不同理论的成功的相对解释力有某种在合理的意义上独立于语境的说明。在我看来，伊姆雷·拉卡托斯对这种说明做了最有趣的尝试，他提出了科学研究纲领的方法论，这是理性地重建物理科学史的一种手段，由此发展起来，有一种连贯性的标准，包括一套组织原则（一种研究纲领的"硬核"），与其他与之竞争的纲领相比，它的解释力更大，还有一种衡量经验证实的方法人们以此判断认识的进步[60]。但是，尽管巴斯卡提出的批判现实主义有这样一个弱点，即其不足以面对拉卡托斯在发展一种历史的且是实在论的科学哲学的努力中提出的问题，拉卡托斯的这些标准至多不过表明真理是可以修正的和不断迫近的，不会表明它以无谬误的标识在场。用以评估理论的知识标准以及理论自身都是不可靠的，是需要加以修正的，这只是真理符合论和更广泛意义上的实在论的一个后果。如果世界在很大程度上独立于心灵而存在，那么我们对世界的思考将是经常需要纠正和改进的。但是，对那些挑战人们接受的思考社会世界的流行理论来说，这似乎是一种可怕的令人讨厌的主张。

（六）自然主义

这里的批判现实主义在两方面或许可以被认为是自然主义的。首先，戴维森的激进解读理论意味着，为了将信念归于人，将意义归于它们的表达，我们必须将人们置于这样一个世界，他们在那里彼此发生作用，也与其他种类的有机体和物理对象发生相互作用。其次，巴斯卡认为，"自然科学和社会科学的方法在本质上是统一的"[61]，他在这个意义上捍卫自然主义。被激发去捍卫自然主义是因为声称，社会结构是人们相互作用突现的属性，人们之间的互动产生了某些趋势，这类似于那些在物理机制中起作用的趋势，即使在社会世界中，这些趋势是通过人们的意向性活动表现的，且取决于人们的意向性活动。这里区分的自然主义的两个含义与物理主义蕴含的化约纲领完全不同。根据物理主义，物理学规律最终能够解释一切。因而，戴维森试图说明心灵的自主性，他将这种说明称作异常一元论。这里的主要思想是，在某些描述下（比如说，大脑中的神经元的激发），即使一个心理事件可能被归于一种物理规律之下，这也不是要确定它描述的就是心理事件；做到这一点，我们要有能力将内容归于人的精神状态（信念和欲望），这是发生在人身上的事件，反之，这个事件需要真理概念，以及戴维森激进解读理论的其他手段，但这些不能用物理学理论的词汇来陈述[62]。更广泛地说，批判现实主义试图通过突现理念概念化真实的层次化特性，除了其他方面之外，这个理念表现了人们设计出来的一种战略，以便阻止将一个层次化约到另一个层次的要求，因为这个要求认为，真实的任何层次都是由一套有其自身趋势的机制构成的[63]。结果是产生一个非化约的自然统一性概念。

　　自然主义在第二个意义上包括采用一种实在论的方法研究社会结构：这是在接下来的一章中将突出讨论的主题。如果对目前的讨论加以总结，那么在我看来，批判现实主义提供了一种本体论，即它既避免了德勒兹欢呼的诸存在物的过度丰裕，又避免了巴迪欧需要的不必要的严格。这并不意味着我们应当偏爱批判现实主义，因为它是介于两种明显更怪异的本体论之间的常识的"第三条道路"。批判现实主义提供的是一种同时既捕捉到科学对世界进行描述的那种方法，又乐于以开放的态度思考真是究竟如何以各种方式超出我们期望的一种本体论。后一方面之所以被特别强调，因为它是马克思主义哲学的传统。批判现实主义主张真实的二重性、多层面结构以及事情看起来（经验上）怎样及其真的怎样（真实和现实）之间的构成性鸿沟，批判现实主义从哲学上使人们对现象产生怀疑，这对任何社会批判来说都是必需的。例如，我认为其中一个原因是，博尔坦斯基和希亚佩洛没有提供一个令人满意的资本主义批判框架，他们的反实在论倾向使他们无法与一些对资本主义的各种特殊形式进行商谈性辩护的人们之间建立起一种充分的距离（参见上面第二章第一节）。马克思有一句著名的话："如果事物的表现形式和事物的本质会直接合而为一，一切科学就都成为多余的了。"[66]如果经验和真实是一致的，那么社会批判就不仅是多余的，而且是不可能的。

　　其次，社会批判要在实践中发挥作用，必须理解可能世界（在上面的意义上，一个可能的世界是一个与自然规律相一致的世界）的限度。使现状合法化是意识形态的特征，事实上，这些意识形态试图将真实和现实等同起来，这就给可能世界划定范围，因而使之与现存社会的结构（正如流行的意识形态所描述的）相一致。新自由主义独特的沉思提供了一个好例子，它挑战历史经验和广泛的经济理论，断言一个国家所能采用的唯一可行的方案是"华盛顿共识"要求的那些政策。因此，另一种全球化运动的最著名的口号——"另一个世界是可能的！"就具有重要意义。换言之，现实并未穷尽真实[67]。当然，为了让这个论断站得住脚，有必要说明可能世界的真正范围究竟是什么，并说明应该是合理的、恰当的、经验上被证实的[68]。但是，专注于现存条件的那些深层的、结构性的原因，社会批判就会为了补救这些条件而强调社会转型需要多大规模。若是这样，那么，从转型的角度看，思考社会的最佳方式究竟是什么？

第六章
结构和矛盾

一、关于结构的实在论

182   讨论社会结构的传统做法是将两种无趣的立场推向极端。第一种立场将社会结构视为自我再生产的系统，这些系统由单个能动者构成：这种立场与涂尔干、帕森斯和哈贝马斯的规范功能主义有关，与阿尔都塞对马克思主义的重建，甚至与 20 世纪 70 年代"中期福柯"关于权力–知识的著述相联系[1]。另一种完全不同的立场是将结构化约为个体行动的非意图性后果：卡尔·门格尔、卡尔·波普、弗·奥·冯·哈耶克提出了这类形式的方法论个人主义。这种立场是各种理性选择理论的构成性原则，理性选择理论对英语世界的社会科学具有很强的影响力。由于这两种立场有明显的不足，所以人们进行各种尝试以取代这种结构/能动性相对立的观点。实际上，德里达通过消解意指的结构创建了后结构主义，这种消解表现为，人们不可避免地寻求"先验所指"，但这是不可能的，由此被驱动对意义进行无休止的替换[2]。很多英语世界的社会理论家和哲学家——诸如安东尼·吉登斯、罗伊·巴斯卡和我自己——试图重新思考这种极端立场，而
183 不是将其中一个归为另一个，我们毋宁是寻求概述结构与能动性之间的相互依赖关系[3]。

　　这种最后的立场体现了社会理论中实在论的要素。如果实在论在一般意义上包括将一类实体或另一类实体视为独立于心灵而实存的，那么社会科学中的实在论者通常也是社会结构意义上的实在论者。博尔坦斯基和希亚佩洛的实用主义社会学、拉克劳和墨菲的后马克思主义，尽管有不同的方式，但都是反实在论的，因为他们都否认社会结构独立于有关社会结构

的种种观念而实存，而这些观念是他们在各自的论述中建构起来的。以博尔坦斯基和希亚佩洛为例，这种反实在论隐含在这样的思想中，商业学校的操作手册给我们提供了深入理解当代"网络"资本主义本性的进路（参见第二章第一节）。拉克劳和墨菲深受德里达的影响，在勾勒他们的哲学目的时更明显地包含这种思想。因此，他们清晰地表明，"我们的分析拒绝区分话语实践和非话语实践"，并解释道：

> 拒绝话语/超话语实践的二分法，其主要结果是抛弃思想/实在的对立，因而极大地拓展用以解释社会关系的那些范畴。同义、转喻和隐喻不适于摹写社会关系首要构成性修辞的思想形式；相反，它们是社会本身在其中得以构成的基本领域的一部分。[4]

这段话相当清晰地陈述了社会理论中的实在论所拒绝的东西。社会和话语不是同延的：毋宁说，社会独立于话语而实存，更广泛地说，独立于心灵而实存[5]。现在，方法论个人主义者并不必然否定这一点：例如，波普并未坚持认为，社会具有自主性[6]。但是，在将社会结构视为个体行动的非意图性结果时，他们企图从解释的视角将结构视为第二重要的。有时候，他们至少明确承诺一种 G. A. 科恩所要求的那种化约纲领。当他说"分析马克思主义者……拒绝接受这种观点，即认为社会形态和阶级可以被描述为遵循行为法则，而这些行为法则不是其组成部分（个体人类能动者）的行为函数[7]。再次表明，社会结构实在论必须拒斥的正是这种一般的化约纲领（当然，尽管这种拒斥完全等于承认，在特定情况下，宏观格局可以化约到微观行为上来）。

批判现实主义所要讨论的主要是突现的思想（参见上面第五章第二节）。这个思想认为，社会结构必须被视为社会互动突现的属性，它们来自却不能被化约为个人的行动和心理状态。天主教社会学家玛格丽特·阿彻对这个主题做出了最重要的哲学贡献。她探索了社会理论中的分层隐喻及其含义，正如我们在前一章所看到的，它在批判现实主义意义上的本体论中扮演着关键角色。因此，她坚持认为

> **社会真实的分层本性**表明，不同层次具有不同的突现式属性与力量。然而，在这种关联中的关键点是，突现的诸层次构成（a）诸重要实体，只有解释了这些实体的因果性力量如何产生和运作，这些实体才会联系起来，但是（b）这些层次并不会平整地映射到任何特定程度的实证单元。[8]

在这里，阿彻的观点（b）表达了巴斯卡区分的真实、现实和经验

184

（上面第五章第二节）的另一个版本。但是，她超越巴斯卡的地方在于主张（实际上）在本体论上区分结构和能动性。她对吉登斯的结构化理论进行了持续的批评，这种结构化理论认为结构与能动性是不可分的、相互构成的。这种立场的危险在于，它时常陷于社会理论中的核心哲学谬误，这个被阿彻视为核心错误的可以被称为"合并主义"——将能动者嵌入结构的趋势（"向下合并"，例如，孔德和涂尔干）或将结构分解为能动者的趋势（"向上合并"，例如，密尔和韦伯）。相反，对阿彻来说，结构和能动性"既不会随着时间同延，也不会随着时间同变，因为它们都具有自主的突现的属性，结构和能动性是因而能独立变化的，并因此在时间上也不会彼此同步"。这意味着她所说的"分析的二元论"是与这两个主张一致的：首先，它是"一种将世界分层化的本体论观点，即结构和能动性的突现属性不能彼此化约，这意味着它们可以通过分析而被分开"；其次，这个思想即"结构和能动性在时间上也是可以分辨的（换句话说，在处理两者的任何一例时，前实存和后实存的说法可以得到辩护，这也是可行的）"[9]。

185

只有在结构和能动性被看作本体论上的不同层次时，它们各自——例如，结构抑或能动者——才有它们自己的突现能力，这样二者之间的互动才能得到恰当的理解，吉登斯、巴斯卡和我将这作为主题。阿彻最有趣的观点之一是她所谓的吉登斯的"中心合并主义"——宣称结构和能动性是相互构成的——包括吉登斯不严肃地对待任何一种关系项。吉登斯提出了作为规则和资源的弱结构概念，实际上这些规则与资源和它们要说明的"实践"是同延的。但是，因为吉登斯特别关注社会互动，所以他提出了一种关于自我的"过度社会化的观点"，即这种自我是只在社会实践中构成的。阿彻表明吉登斯弄错了，"不是因为坚持主张（自我和世界之间的）中介，而是坚持主张中介的社会本性。这阻塞了其他的中介，如同自然界本身、生物学需要或先验的神性"。但是，"与吉登斯相反，有机体通过生物学中介与自然世界联系起来"，产生了"一个自我，它体验到自己的有机的需要，又没有能力满足这些需要，因而受到强迫"[10]。

尽管突然将上帝引入论证之中，但这是一个重要的思想。要严肃地对待批判现实主义的自然主义维度，正如阿彻所指出的，将人的实存的生物学维度整合到社会理论中。当然，这里潜藏着名为社会达尔文主义和社会生物学之类的怪物。但事实上在社会理论中，化约的方法已经清除了社会机制而采用（经常被错误地构想的）生物学机制，这并不意味着我们有理由忽略这一点，人类的真实性在于，作为一种有生命的有机体，会塑形和构建其社会实存。心理分析在生物的与社会的交叉点上解释人的心理活动：

无论我们怎么思考拉康的真实界概念，其优点之一是拒绝任何企图将主体视为排他性参与象征界（＝社会界）的做法，尽管，当然，真实界的本性在于不能与存在的任何特定领域等同起来（参见上面第三章第三节）。　　186

更一般而言，阿彻强有力地拓展与澄清了社会理论领域中的批判现实主义。因此，尽管她的理论完全归功于巴斯卡，但她指出巴斯卡将结构当作与实践同延的东西处理，因而有滑向吉登斯的倾向。尽管结构依赖于活动，但产生一种既定结构的行动可能是先前的行动，而当前的行动或再生产早于这种行动的结构或改变这种结构。阿彻赞赏地引用了孔德的"警句即行动者多数已经逝去"。一旦结构与能动性在时间上的区别得到人们恰当的考虑，二者的密切纽带就松弛了，吉登斯总是要保持这个纽带，巴斯卡则以一种更摇摆的方式来保持它，而社会理论必须关注二者之间的差异与错位：

> 有必要将结构与能动性分开，以（a）确认突现的结构，（b）区分结构的因果性力量与人们的介入性影响，因为人类具有完全不同的因果性力量，（c）解释任何结果，其在任何开放系统内都将引发二者的互动。简言之，可分离性对实在论来说是绝对必要的。[11]

阿彻区分了突现的力量的不同层次，特别是将这些突现的力量与结构、文化和能动性本身联系起来，由此阐述她的"形态发生"的批判现实主义版本[12]。但是，她依赖根本的本体论区分，这当然就是诸个人（或者，我在与阿彻稍微不同的方式上称之为能动者）与结构之间的区分，这是在人类社会中可以发现的两种机制。为第一种机制勾画轮廓是很容易的。人的行动不是通过将其归于一种无所不包的规律中，而是通过将信念和欲望归于能动者而得到解释的。这些信念和欲望为其提供了在问题中采取行动的理由。根据戴维森的仁爱原则，当解读他人的言论与行为时，我们应当认为，他人的"一套信念，根据我们自己的尺度来衡量，大体上是连贯与正确的"，这个原则是进行这种意向性解释的一种策略，而理查德·格兰迪的人性原则则提供了另一种备选策略，相反，它具有充分的论证，要求我们承认他人有适合于其在世界上的位置与利益的一些信念[13]。可能值得强调　187
的是，如果我们依赖于意向性解释，就意味着我们不是将主体的观念视为行动意义的最初来源；如果我们认为个人具有信念和欲望，并假定其具有统一性，那么这种统一性本身应当被视为大量外部力量和内部力量共同起作用的结果，这是以一种矛盾而通常是暂时融贯的方式黏合在一起的，这就如同我们可以将这个统一体的构成要素融合在一起，我们也能轻易地将其打碎。

另一种机制——结构怎么样呢？阿彻说社会结构是"典型的关系性的"，她将"结构的突现属性"界定为"内在的、必然的关系，这些关系一方面蕴含着物理的或人的物质资源，另一方面又产生关系本身特有的因果性力量"[14]。这个思想需要做一点拆分，而阿彻在这里基本上是正确的。将社会结构设想为关系性的东西可能已经成为那些使用这个概念的理论家们的共同基础。在这里，一个重要的参照点是费尔迪南·德·索绪尔的公式：意义是一种纯粹的关系概念，他主张"在语言中只存在不含肯定性词项的差异……一个符号所包含的观念或语音实体不如环绕该符号的其他符号重要"[15]。这个将结构定义为一套差序关系的思想影响很大。例如，菲利普·柯尔库夫用它来替换马克思主义社会总体概念："皮埃尔·布迪厄提出一种思路来研究支配和资本化的多样性，如果这突出了关系，甚至突出了相互依赖关系，但这也没有必然地、绝对地将关系理解为某种依赖于他者的一些存在，甚至'归根结底'依赖于他者的存在。"[16]布迪厄将社会关系理解为场域的多元性，场域由特殊稀缺资源（＝资本）的竞争构成，这么看是对的。但是，如果场域是由一套差异位置构成的，那么这些位置之间的关系就是一种直接的或颠倒的同源关系：因而，例如，在19世纪的巴黎，通过创造一种地位等级以系统地反对经济领域中的财富等级制，艺术作为一个自主领域发展起来[17]。这是布迪厄思想中的一个显著的"结构主义的"要素，它通过这种方式得以加强，即一个能动者的习惯会使其调整自己的期望，以适应其在场域中所占的位置（上述第二章第二节）。在这一节的开端，我们拒绝将结构视为一种自我再生产的系统，这使我们危险地接近这个观点[18]。

威廉·休厄尔也受到布迪厄的影响，试图重新思考吉登斯的结构二元论思想，但他提出了一个比较小的决定论的结构理论。布迪厄将习惯理解为隐藏在行为中的知觉与分类诸图式。休厄尔将结构重新定义为现实资源与虚拟图式。在休厄尔的结构定义的背后，我们可以见到布迪厄的思路，在这里，虚拟图式是"在一系列不同的环境中能被现实化或被付诸实践的程序或图式，且可以是主体间共用的。这样的图式应当被视为在极其不同的深度上发挥作用，从列维·斯特劳斯式的深层结构到相对表面化的礼仪规则"。那么，图式实际上是心理结构。休厄尔追随吉登斯坚持认为，结构也包括资源，即以一定的方式承认"权力、支配和社会变迁问题"的意义，他设定图式与资源之间的互动，其中图式使资源的使用合法化，资源又反过来赋予图式现实性，否则它们就会缺乏现实性[19]。实际上，这就是阿彻所说的合并主义的一种形式，因为它隐含地否定结构具有独立于人的心理活动的真实性。从一种实质性的观点看，这导致了两个弱点：首先，存在一些社会模式，它们由于没有被流行的信念合法化而被排除了；其次，处于不同范畴中的人们都能获取一个既定的社会所拥有的资源，而获取方式并未包含在结构概念中。休厄尔最近发展了一种事件理论（将事件理解为"导致结构转型的偶发事态之序列"），这与巴迪欧的事件观念有某些类似之处。然而，令人惊讶的是，他这样做的时候，修改了他的结构观念，以便使结构包含"权力模式，作为结构的构成性因素"，包含图式和资源[20]。确实，像权力模式这样一些观念是任何严肃的社会结构观的本质维度，但它却使我们无法根据文化图式来思考社会结构。

如果继续将结构设想为本质上是关系性的，那么一种更好的战略可能是聚焦在社会结构中能动者的位置如何赋予其特定权力（遵循埃里克·欧林·怀特，我称之为"结构性的能力"）。吉登斯在主张结构既赋予我们能力，又赋予我们限制时，其实也表达了这样一个基本的直觉："结构因而不能被概括为行动的障碍，而要在本质上概括为产生行动的过程所包含的事物。"[21]吉登斯就结构本身进行了很弱的解释，这是不能被接受的。他在这里提出的这个重要的思想不能被消耗在这个令人无法接受的解释中，在这里，凸显这个思想就要将社会结构规定为个人、物质资源、超个体的实体（某种社会制度），以及/或其他社会结构，即个人（不必然是那些如此联系的个人）由此获得某种权力的社会结构之间的关系。这是一个相当笨拙的规定，但它具有如下优点：首先，它将结构视为一种关系。其次，这个关系并不必然简单地就是一种人际关系：如果我们严肃地采纳下述论断，结构是社会互动的突现的属性，那么我们就不将结构描绘为对社会互动的简单模仿，这是很重要的。再次，社会结构与制度并不相同。这里有一个很强的例子说，诸如微软、五角大楼或梵蒂冈这样的法人实体也是超个体的实体：换句话说，如果我们不能丢失意义的话，那么我们就不能将这些超个体实体的名字在其中出现的句子化约为关于个体的句子，尽管这些个体从属于这些名字所指称的实体[22]。然而，结构概念所争论的是一个不同的问题，即个体与超个体的实体之间发生互动的背后的语境问题。最后，这样定义的结构与能动性联系起来，能动性是由批判现实主义设想的另一种社会机制，因为结构赋予个人权力。这里强调的重点是，如果以这种方式概述结构与能动性之间的关系，那么就能避免将个体归于结构之下的倾向，布迪厄及其批评的阿尔都塞都有这种倾向。之所以如此的原因是，如果我们说一个人由于在结构中的位置而获得了某些权力，这不等于说他会如何行使这些权力。对于后一个问题，我们必须适当地注意意向性说明，就是努力重构她的信念与欲望，从而阻止将能动者归于结构之下的倾向。回答后一个问题，我们还要做其他事情[23]。

二、矛盾的首要性

190   在上面一节，我从批判现实主义角度描述了社会结构观，其最大的优点之一是避免在对结构的强解释中经常发现的问题，正如布迪厄那样，即它们使超越——转型的行动——不是变得非常困难，就是变得不可能。既然结构的功能在于赋予个人力量，那么能动者就可以从特定角度使用这些结构性能力，这不是由结构本性本身预先决定的。其他途径对能动者是开放的：他们可能只是进行常规活动，构成再生产现存结构的必要条件，或者他们可能努力修改这些结构甚至完全改变这些结构。选择第二种或第三种途径也不是在虚空中无拘无束的跳跃。可以用三种方式将结构与转型的行动联系起来。首先，当能动者采取这种行动时，其行动能力本身在结构上是被决定的：例如，如果金融市场上的行动者试图取代政府，原因是他们发现这个政府的政策令人不快，那么为达到这样的目标，他们将使用自己的力量——例如，将资本从所在国转移出去，以产生货币危机——这种力量可能与金融市场行动者通常使用的力量是一样的[24]。

其次，结构不是简单地赋能和限定：它们通过发挥诸意识形态的作用，为能动者提供动机，也由此影响行动。我在这里提出的意识形态概念不是一种断言，认为一切都是结构上被决定的；相反，只是将意识形态设想为一套得到广泛接受的信念，其得到接受是在社会上导致的，在这个意义上，它们与结构联系在一起[25]。意识形态上的再现可能推动能动者采取一些行动，这不是被结构规定的利益所要求的。因而，回到之前用过的例子，金融市场上的能动者选择推翻政府的理由，可能不是因为政府的政策导致他们蒙受经济损失，而是因为政府使用的花言巧语损害了流行的新自由主义意识形态：人们至少可以认为，委内瑞拉的查韦斯政府导致的敌意是由此

191   引发的。在这里，这种敌意仍然与经济利益有一种间接联系，因为新自由主义要求放弃对金融市场的管制，因而（让我们假定）有利于金融市场上的主角。但是，也有一些情况表明，由意识形态推动的行动表现得更加无拘无束。举例来说，我已经在其他地方讨论过，大屠杀耗费了本来可以用于德国战争的很多资源，其经济效果也很矛盾（集中营的屠杀给纳粹德国

工业托拉斯法本公司这样的企业带来了利润，但它却消灭了稀缺而又熟练的劳动力），以至于不能清晰地表明大屠杀对德国资本的益处。消灭犹太人的驱动力是种族主义意识形态，这由纳粹精英和党卫军共有，这引导他们进行一场野蛮得无与伦比的全球战争，借此进行的破坏或许可以说提供的机会，以试图"解决犹太人问题"（尽管他们遵循的道路完全是扭曲的，然而这是因为相互对抗的官僚集团本身受相互冲突的经济、军事和意识形态压力，它们的斗争不断受偶然因素的干扰）。在这里，可以进行一种结构性解释，阶级对抗使权力的形成和争夺成为可能，（用齐泽克的比喻，参见上面第三章第三节）这种阶级对抗被一种激烈消灭的战争所置换[26]。

若参考"对抗"，我们就可以发现结构有助于解释转型的行动的第三种路径：结构内部和结构之间的冲突可能动摇显存的社会关系，它们直接或作为这种动摇的结果，推动能动者寻求改变。阿彻引用大卫·洛克伍德对社会整合和系统整合所做的著名区分，承认结构性矛盾的重要意义：社会整合与价值共识（或分歧）相关，这种共识或分歧是像帕森斯和哈贝马斯一样的规范性功能主义者的预设，洛克伍德坚持认为，这并不单独决定一个既定社会的稳定或冲突的程度，因为社会系统本身的整合可能是好的或坏的："如果说社会整合关注的是行动者之间有序或冲突的关系问题，那么系统整合关注的则是社会系统各部分之间有序或冲突的关系问题。"他将历史唯物主义中生产力和生产关系之间的矛盾作为"系统冲突"的一个实例[27]。阿彻主张，这个论证隐含着结构和行动者之间的本体论区分，这在社会理论的批判现实主义意义上是确定的，他还进一步强调"结构本身包含不可观察的突现性力量，这些力量的结合（关系之间的关系）产生更进一步的突现性质，即洛克伍德强调的——特别是那些产生矛盾和互补的突现性质"[28]。

根据这种解释，结构的或系统的矛盾是结构本身的属性——"关系之间的关系"[29]。可以确定，这与洛克伍德给出的生产力与生产关系的矛盾这个例子是一致的。社会生产关系显然是上一节所说的意义上的诸结构，正如 G. A. 科恩所指出的，这是"对个人发挥作用的力量与生产力之间的关系"。在我看来，生产力也包括一种结构，因为它们不仅存在于作为生产要素的劳动力和生产资料中，而且存在于这些要素的结合中，它们是以技术上被决定的生产合作形式结合的——马克思称之为劳动过程，科恩称之为"物质生产关系"[30]。所以，在这里，我们肯定有结构之间的矛盾这种情形。但是，黑格尔提供了如此讨论矛盾的哲学出发点，对他来说，存在本身和存在者的每一种特殊形式都是通过一种内在的矛盾被构成的，这个

192

矛盾既规定了存在的本性，又推动其从一个到另一个规定的运动。这表明矛盾不仅存在于结构之间，而且存在于结构之中。当然，这种黑格尔主义传统是很成问题的。黑格尔的规定即否定学说断言，内在于每个概念中的矛盾，当其被展开，就会引出全新的内容，这表达了真实的结构，这个结构虽然日益分化，却也是内在统一的，它还断言这个过程在其目标即绝对精神的自我实现中得到辩护。因而，这个辩证法中的每一步都有三个环节——直接的因而是无意识的同一性；通过否定的突现，这种同一性的分裂和分化；以及达到自我意识的和得到丰富的同一性的恢复，这归功于在对立面的和解中产生的对初始否定的否定。关于辩证法的马克思主义的伟大讨论是由使内在矛盾概念与这种唯心主义目的论脱离关系的努力驱动的[31]。

193 这场辩论中的困难之一是，黑格尔的内在矛盾概念是在逻辑学中产生的，在这里一个矛盾的句子——形式上，p. ~p——违背了不矛盾律。对黑格尔来说，这不是一个问题，他的绝对观念论表明，矛盾在诸规定概念中的展开过程就是理念在世界中的实现。但是，那些关心这个题目的马克思主义者们典型地寻求保留矛盾存在于实在之中的思想，却不同意黑格尔所说的辩证法在本质上是概念的。巴斯卡以一种有趣的方式提出了这个问题：

> 黑格尔的辩证法（在原则上）的驱动力是……从同时在场的且是现实的肯定的对立（因而不断违反不矛盾原理，黑格尔是这么做的也是这么说的）过渡到否定的次级对立，这些次级对立现在是现实的却不在场，但是当辩证的读者的意识或历史的路径推移到思辨理性的一个新层次时，它们就作为累积性记忆库中的否定性在场而得以保留。在这个阶段，它们现在回溯性地被重新描述为超越总体的诸环节。矛盾因而将自己取消了。[32]

那么，对黑格尔来说，矛盾仅仅被置于有待克服的位置，其引出的内容被吸收到绝对的自我同一的和解过程中：正如他指出的："矛盾不是物质的结束，而是对自身的取消。"[33] 根据巴斯卡，不矛盾律是"他暗自接受的一个规范，同时又看到它作为一种机制被到处违反，这个机制赋予他的辩证法以力量，直至其最终被冻结和沉睡"。因而，"黑格尔的辩证法……从来不同时是辩证的和矛盾的。唯物主义辩证法却是如此"[34]。换句话说，马克思主义者们对辩证法的兴趣不在于矛盾被绝对再吸收，而在于它们在历史运动中扮演的动态化和去稳定化的角色。但是，如何表述这种不依赖于黑格尔的绝对唯心主义，同时又能得到辩护的内在矛盾理论呢？在卢西194 奥·科莱蒂看来，不矛盾律是任何严肃的唯物主义的必要条件。他按照康德的思路区分了"真实的对立"和逻辑的矛盾，在前者中是两种肯定性的、独立存在的现存力量彼此相互冲突（例如两种力的相互排斥），后者则违反了不矛盾律。根据科莱蒂，辩证的矛盾的观念在将真实的对立归结为概念的对立的过程中不正当地合并了这两个概念[35]。

尽管厄尼斯特·拉克劳致力于一种论说的唯心主义形式，这种形式根据语言的模型构想社会，但在阐明其拉康式对抗观时，他还是使用了科莱蒂所做的这种区分（亦参见上面第三章第三节）：

> 这样，我们怎么阐明对抗呢？我们要追问真实的对立范畴和逻辑的矛盾范畴的共同点是什么，可能由此开始重新思考这个问题。答案是两者都是客观的关系；它们都在差异的系统内产生其效果。要不然，我想论证对抗性关系根本不是客观的关系，而是包含了任何可能的客观性的崩溃……对抗既不是真实的对立，也不是逻辑的矛盾。一种真实的对立是事物中的一种客观的关系；一种逻辑的矛盾则同样是概念之间的客观的关系。一种对抗是体验到任何可能的客观性的界限，在那里，任何客观性都暴露了自己的客观性的局部的和任意的品格。用一种语言学上的比喻，如果说语言是一个差异的系统，那么对抗则是差异的失败。在这个意义上，对抗将自己定位在语言的界限，它只能作为语言的一种断裂存在，也就是说，作为隐喻存在。[36]

拉克劳在这里依赖德里达将语言视为一个差异系统的观念的颠倒（参见上面第六章第一节）。就像意指是一个能被无休止地替代所驱动的无限的过程一样（拉克劳写道，"应当断言能指的首要性"，"但是必须有这样的附加条款，即能指、所指和符号都应当被视为能指"）[37]，所以社会在构成的意义上是开放的和未完成的。实际上，这两者是一样的："社会从来没有成功地等同于自身，就像任何节点都处于交互文本性之中，这会溢出任何一个节点。"[38] 创造性的政治干预采取一种霸权性接合形式，通过这种接合，一种空的能指赋予一种普遍意指以某种特殊内容，此前并不相关的因素之间等值的一个链条被建立起来了，并破坏了现存的差异关系。拉克劳提出了女性主义的例子：

> 考察"妇女"这个能指：它的意义是什么？孤立来看，它没有任何意义。但是，一方面，"妇女"能进入与家庭相等、从属于男人等的关系中；另一方面，"妇女"能进入与"压迫""黑人""同性恋"等的话语关系中。"妇女"这个能指本身没有什么意义。因此，它在社会中的意义只是通过一种霸权式的接合才被赋予的。[39]

195

"言说的领域是无限的，不断超出一切言说的范围"，鉴于此，任何这样的霸权式接合只能部分地固定意义，这往往不断渗透到其他不相容的关系中[40]。在拉克劳的普遍观念中，任何接合内在具有的任意和暂时的特性得到了表达，普遍就像"一个空的场所，一个只能被特殊充满的虚空，但普遍恰恰通过这种空性，在社会关系的结构化/解构化过程中产生一系列关键的效果"。因此，这两者之间有一个内在的鸿沟："始终开放的交互文本性是不能在最终意义上被决定的领域，霸权逻辑在其中起作用"，要决心采取一种特殊的霸权式干预："主体是结构的不确定性与决断之间的距离。"[41] 尽管巴迪欧无疑会丢弃拉克劳的语境主义本体论，即如一种具有观念性语言学形式的本体论，但他们两个人的两种形式的决断主义有类似之处。对拉克劳来说，决断是无根基的，因为一切事物都是如此：普遍的虚空是内在于指称过程本身的。巴迪欧也拒斥这种存在有根基的思想；此外，决断要忠实于事件，事件在其中发生的地点处于虚空的边缘（参见上面第三章第二节）。在这里，我们很容易看到这种隐含的思想，存在是纯粹的确实性，它以阻碍一切超越运动的物质对象和社会制度填满空间和时间，萨特在其马克思主义阶段称之为"实践的惰性"。巴斯卡批判现实主义意义上的本体论的一个优点是，它能使我们不再关注这些东西。他区分了真实与现实，这是一个具有重大战略意义的创新，因为它使我们概念化事件的世界，即我们从经验上感受到这些事件依赖于那些深层的生成机制之间的互动，即使这些生成机制在当今的很多情况下还未被现实化，但这种生成机制的互动趋势往往显示出诸可能性的广阔领域，这比只是现实存在的东西更广阔（上面第五章第二节）。从这个角度看，超越——对现实的超越——不是单纯从虚无中跳出来的，而是这些可能性的启动。超越的资源不是无法确定的——例如，无差别的、难以言表的存在，巴迪欧将这作为非一贯性的多样性——而是真实的那种确定结构，真实必然不同于现实。因而，人们会说，当拉克劳将对抗，作为客观性的界限加以体验的对抗，与逻辑矛盾和真实对立的客观关系对立起来，他所依赖的客观性概念也就过于狭窄了。

有趣的是，巴斯卡最近努力将他的哲学发展成"辩证的批判现实主义"，他本应攻击他所说的"本体论的单一性"，他认为巴门尼德持有这种观点——"关于实在的一种单纯肯定性的……概念"，但巴斯卡想要让我们"看到肯定性是否定性海面上一种微小却重要的涟漪"。"存在有内在间断、虚空和中止、欲望、缺乏和需要；这样的不在场及其趋势性的和现实性的缺席……先验地和辩证地对任何可理解的存在来说都是必然的。"巴斯卡不仅做出这种断言，还提出更强烈的主张，"否定有本体论上的首要性"，尽管这些论点有启发性，却是很成问题的：特别是，否定或不在场或非存在对肯定、在场或存在（这些术语在等值的意义上使用）的优先性是通过诉诸缺席中的事物里的人的能动性角色建立起来的，然而这些观点同样适用于物理世界和社会世界，这也指明巴斯卡最近的思想落入唯灵论的窠臼中[42]。然而，或许这些主张是论述真实的本性的，因而，即使巴斯卡在提出这些主张的时候不是尝试性的，但它们确实强调并表明真实如何超出单纯实存东西的肯定性。那么，将矛盾置于真实界之中就意味着，在事件和经验背后潜藏着一些生成机制，在其诸层级中存在着矛盾。

巴斯卡对真实的矛盾做出如下说明：

> 辩证的关联……是诸实体之间或一个总体的诸方面之间的关联，*197* 这些实体或方面在原则上是不同的却又不可相互分离，在某种意义上，它们是共时地或并列地内在关联的，就是说，在存在的意义上，二者（一些，全部）或一方预设另一方……真实辩证的矛盾具有辩证关联的所有特征。但它们的构成要素也是相反的，在这个意义上，（至少）它们各方面的一方面否定另一方的一方面［原文］，或否定它们的共同根据或全体，也许反之亦然。这样，它们在趋势上是相互排斥的，在潜在的或现实的意义上在趋势上是转型的。[43]

实质上，巴斯卡的阐述在宽泛的意义上与我在 1987 年首先对结构矛盾的界定是一致的，一个结构矛盾的存在如果且只是如果

（1）两个或更多社会实体之间存在一种关系；

（2）社会实体经由它们存在的关系项而被构成；

（3）由于这种关系，实体是相互依赖的；

（4）由于这种关系，诸实体潜在地处于冲突中。[44]

两种观点之间的主要差别是，巴斯卡不考虑真实矛盾是否局限于社会世界，我的界定则要求这些矛盾局限于社会世界：这就涉及我将在下一节讨论的问题。另外一个差别是，巴斯卡认为，在矛盾和转型之间具有关联。这意味着上面的界定要附加一个条款：

（5）随着冲突的展开，关系或趋于崩溃或将发生转变。

对这种真实的或结构性的矛盾观说些什么呢？首先，断言这种性质的矛盾的存在不是要否定不矛盾律。后者是融贯性和确定性思想的一个要求；结构性矛盾存在于真实中，在原则上没有理由认为，将结构性矛盾概念化

198 可能产生逻辑矛盾（当然，尽管辩证思维中的任何特殊情形就像一般思维中的情形一样，都能被证明是非融贯的）。将逻辑矛盾观和真实矛盾观联系起来的，我认为，是一种内在冲突的观念。一个句子由于其逻辑形式而是矛盾的：这种矛盾只能通过改变其逻辑形式而被消除，也就是说，只有通过用一个不同的句子将有缺陷的句子替换掉，才能消除这种矛盾。类似地，一种结构性矛盾，像康德和科莱蒂关于真实对立的观念一样，不是两个独立实体之间现实的或潜在的冲突。相反，二者之间关系的关系项是由这种关系构成的，正是这种关系将它们带入彼此冲突的状态。当巴斯卡将真实的矛盾作为辩证联系的实例时，他提到真实的矛盾这个特性，辩证联系包含"不同却不可分离的"实体之间的或一个总体的各方面之间的内在关系。内在关系思想有一个观念论的历史，它在黑格尔的规定即否定学说中产生，据此在概念中发现的矛盾使新内容呈现出来，随着绝对精神在哲学中逐渐达到完全的自我意识，这些联系的总体就表达了绝对精神的结构。但是，在哈雷—巴斯卡对因果性的解释中，当各种现象属于一个同一事物的本性——属于一个生成机制的时候，这些现象是内在相关的，而当生成机制未受阻碍时，就会产生各种事件。换句话说，诸内在关系是从自然必然性中产生的，这种必然性表现在因果互动中，是科学研究试图揭示的；我们关于一个事物的不同的观念之间的逻辑推论关系，是我们事后提出的各种理论产生的结果，这些理论是我们对该事物的真实本性加以经验探究而产生的，而不是先天地从绝对理念中演绎或发展出来的[45]。

那么，在对社会世界进行科学研究时，承认结构性矛盾的关系项是内在相关的，这并没有前后不一致。当然，这是马克思在《资本论》中所做的，我已经在本书第一章和第四章描述了他的资本主义生产方式理论，并将其作为后面讨论关于结构性矛盾的样板，我将使用他这个理论。或许首先值得强调的是，这种做法与克里斯托弗·阿瑟和托尼·史密斯提出的所

199 谓"新辩证法"毫无关系，这是将《资本论》的概念构造解读为黑格尔辩证逻辑的一个实例。这种解读不仅在关键方面误解了马克思在《资本论》中的话语，而且使黑格尔辩证法遭遇一些严重的哲学困难——就是说，黑格尔认为，矛盾产生一定样式的新内容，这个过程的最终目标，绝对精神的自我意识反思性地证明这个内容是有效的。经验科学的著作都不能依赖这些假设，《资本论》当然没有依赖这些假设[46]。

做了这番澄清之后，让我来指出上述规定的一个特性。它没有讨论结构性矛盾中相互关联的诸实体的性质。那么，就没有理由说这些实体不能是诸结构。我们在生产力与生产关系之间的矛盾中已经看到这样一种"诸

关系之间的关系"：在这里，潜在的冲突性关系将两个独立的结构绑在一起。当然，生产力与生产关系之间存在一种结构性矛盾，这样说本身并不能解释为什么这种矛盾成立。马克思主义历史理论所提供的最好的答案是生产力与生产关系之间的关系是一种非对称的关系：生产力趋向于发展，不仅因为人类有提高他们的劳动生产率的普遍兴趣，而且因为当时的生产关系在它们还能促进生产力发展的限度内仍然起到一定的作用；当生产关系不再起到这种作用（由于生产关系只能与经济发展水平的一种有限范围相一致，因而在可预知的意义上），那么，用马克思著名的隐喻，它们就成为生产力进一步增长的桎梏，生产方式就进入葛兰西所谓的一种"有机的危机"阶段[47]。

当然，这个一般模型产生了很多问题：在这里，我集中考察矛盾与转型的这种历史模式同马克思对这种模式如何表现在资本主义生产方式中的具体解释之间的关系。他在《资本论》第三卷第三部分提出了利润率趋于下降的理论，除了解释别的事情之外，还解释了生产力和生产关系之间的矛盾在资本主义模式中采取的形式。正如我们在上面第四章第二节所看到的，与直觉相反，利润率趋于下降不是劳动生产率下降的结果，而是劳动生产率提高的结果。由于更高的生产率往往使资本有机构成（生产资料投资方面的价值与劳动力投资方面的价值之间的比率）提高，因而利润率是趋于下降的。因此："一般利润率日益下降的趋势，只是劳动的社会生产力的日益发展在资本主义生产方式下所特有的表现。"[48] 周期性经济危机的发生是利润率趋于下降和各种阻止其趋势下降之间互动的结果；这些危机是资本主义生产关系如何阻碍生产力发展的症状，这个过程不需要采取绝对停滞或产出下降的形式，反而要由对生产性资源——无论是人力资源还是物质资源的浪费来体现，由衰退来体现[49]。

利润率趋于下降，以及更宽泛地说，生产力和生产关系之间的矛盾是结构性矛盾的一个实例，因而构成作为结构之间的矛盾的一种结构性矛盾的案例。但是，马克思在《资本论》中的展开过程涵盖对结构中的矛盾的概念化，这对马克思的论证来说可能是更重要的。我们在上面的第四章第二节看到，马克思强调资本主义生产方式由两种关系构成，即布伦纳所谓资本和雇佣劳动之间的"垂直"关系，以及"很多资本家"之中的"水平"关系。这两种关系都是结构性矛盾的案例。马克思最基本的论点之一是，资本是一种关系：增值的可能性或资本自我扩张的可能性恰恰取决于资本对雇佣劳动的剥削，资本自我扩张过程是一个独立的经济过程，而不是寄生在非资本主义关系，如同封建主义或奴隶制上的形式。然而，与此同时，雇佣劳动本身就预设了资本的存在，因为雇佣劳动若要存在，直接的生产者就必须与生产资料相分离，这些生产者只剩将劳动力卖给资本家，资本家集体控制生产资料。这样，我对结构性矛盾的界定给出的条件从（1）到（3）得到了满足，而且资本-关系也是一种内在冲突的关系，因为它通过剥削雇佣劳动而构成，这预设了资本和雇佣劳动的相互依赖关系，也是这种关系被再生产出来[50]。但是，资本-关系也必然包括"很多资本家"，因为正是通过实力相当的公司之间的竞争性斗争，资本主义方式的运行开始体现这种独特趋势。这种关系，似乎也类似于一种结构性矛盾的情形。个别资本家，作为包括复杂劳动分工的市场经济的参与者是相互关联和相互依赖的；此外，如果一个资本控制了整个（全球）经济，那么凭借这种成功，它就不再是资本，因为竞争的消失将消除技术创新的压力，提高劳动生产率，从而降低成本，这使资本主义具有独特的经济动力[51]。但是，资本之间的水平关系还是一种冲突：即使一些个别的公司从工人那里抽取剩余价值并作为它们的利润，但这些公司还是激烈地相互斗争，以最大限度地掠夺它们利润的份额。

所以，资本主义生产方式不是简单地以利润率下降趋势的形式遭受结构性矛盾：这个趋势反过来可以由构成资本-关系的垂直矛盾和水平矛盾，反映为资本与雇佣劳动之间的矛盾以及资本之间的矛盾来解释。这表明《资本论》通过建构一些相互差别且相互联系的分析层次，其中某些层次设定真实矛盾的存在，由此对诸规定加以排序。这在马克思在他的"从抽象上升到具体的方法"的著名阐述中得到表达，它开始于"最简单的规定"，来概括资本主义生产方式，重构为"一个具有许多规定和关系的丰富的总体"[52]。马克思以商品分析作为出发点，这为我们提供了劳动价值论，它必须被理解为一种社会劳动的配置理论，即在自主却相互依赖的商品生产者组成的经济体中的配置理论（上面第一章第二节和第四章第二节）。那么，我们就可以概念化资本-关系本身：在这里，资本-雇佣劳动关系具有优先性，因为若没有剩余价值生产，作为独立的经济关系的资本就不能存在，但若要分析这种关系，也要分析竞争性斗争，因为资本主义方式的各种趋势依赖于这些竞争。这些趋势中最重要的是利润率下降趋势，本身就包含一种矛盾，这次是结构之间的矛盾。在这里，值得提出的是，诸规定的排序并不需要我们将每一种规定都视为包含了真实的矛盾：在《资本论》中有一个黑格尔式的麻烦的诸解读，就是说它们往往要找矛盾，因为如果马克思的分析是辩证逻辑的真正例证，那么每个规定就必须包含一个矛盾，论证要基于这个矛盾。但若是这样的操作既在理论上是不必要的，又会导致歪曲的解读，那么马克思将资本主义设想为一种由诸矛盾构成的总体，并认为这些矛盾规定了资本-关系且体现了利润率下降趋势的做法似乎是重要的。约翰·里斯对马克思主义辩证法有一种卓越的阐述，用他的术语来说，资本主义方式要被理解为"一个处于不断变化过程中的内在矛盾的总体"[53]。

当然，就是这样的总体观念从 20 世纪 60 年代以来一直受到后结构主义者和后现代主义者的攻击。例如，当宣告社会不可能的时候，拉克劳的靶子就是这种作为一种总体的社会观念：

> 作为一个缝合起来的空间，作为一种给人们以理由或解释其自身的局部过程的深层机制，社会是不存在的。因为，如果它存在，就意味着会以各种方式固定下来。社会是一种最终的不可能性，一种不可能的客体，它只有作为这样的努力以构成不可能的客体或秩序，才能存在。也就是说，社会秩序是各种差异项的系统的不稳定的秩序，它总是来自外部的东西的威胁。差异项和空间都不是能够在终极意义上被彻底缝合的。[54]

一种霸权的结合缝合了从前的差异的分立"因素"，将这些因素变成一个被结构的总体的"环节"。但是，这样的结合是一种干预，是在从前不存在的地方构建总体；而且这必然是部分的和暂时的，因为差异项有克服任何界限的内在潜能："一个被总体上缝合的社会……会将……自身与一个封闭的象征秩序的透明性等同起来。社会的这样一种封闭是……不可能的。"[55] 在这里的批判中，总体与封闭被等同起来了。这里我们又遭遇了巴斯卡所谓的本体论的单一性：可以说诸存在只有一种确定的结构，但其唯一形式是它们形成现实的、肯定的实存的事物，这使创造性的转变没有可能性空间——或者毋宁说假如不是由于意义的内在不确定性，它们确实会成为那样。但是这里似乎没有理由将总体与封闭等同起来。除非在微不足道的意义上，因为任何事物都不可能，所以任何确定的真实都代表了可能的界限（正如斯宾诺莎提出的，一切规定都是否定）。在这里，巴斯卡的真实观念是有帮助的：作为一个被结构的矛盾的总体，资本主义生产方式是与真实相关的。它是一个发生机制的差异化结构，产生了各种各样的趋势，但这些趋势成为实际的程度取决于这些机制互动的结果，取决于外在于资本主义生产方式的其他条件。因此，基于我对结构性矛盾的界定，相互联系的实体潜在地处于冲突之中：如果将社会概念化为一个矛盾的实体，就意味着从两个方向不断地远离现实——向下确认深层的机制，同时既

203

生产又颠覆现实；向前追寻那些可能打破现实的趋势所产生的各种结果[56]。

马克思主义总体观的独特性是，矛盾在其中扮演了核心角色：马克思确认了结构性矛盾，这构成了资本主义生产方式的秩序，并将其统一起来。就这方面来说，矛盾的观念从一种解释的视角提供了"附加值"。在每个矛盾中都有一个机制，对有关的冲突性关系负责。例如，利润率下降趋势以这种方式得到解释，个别资本为寻求额外利润而不得不引入降低成本的创新，当它被普遍化，就会造成总利润率下降（参见上面第四章第二节）。一个怀疑主义者可能主张，虽然像这样一种机制做了解释性工作，但关于矛盾的说法只是黑格尔主义修辞学外观。确实有某些马克思主义版本，将矛盾随意丢在一边，这种做法不仅不利于且会妨碍这种分析：汤普森在谴责恶魔般的和歇斯底里的唯物主义时心里想的，有一部分就是这些东西。但是，矛盾的观念是构成性的，马克思主义政治经济学传统试图延续的就 204 是作为这个观念基础的理论，这个观念似乎确实超越了不同层次上设定的特殊机制。这里涉及两种思想：第一，最重要的关系——例如，之前讨论的资本-关系的两个维度（资本与雇佣劳动的关系和许多资本之间的关系）——包含结构性矛盾。第二，正是这些关系，以及由它们产生的生产力与生产关系之间的矛盾，赋予资本主义方式以全部形式。因此，在这些关系中产生的冲突不是社会世界的第二性质，通过精明地将改革和治国才能混合起来，这些冲突被消除了：矛盾在黑格尔的和解环节中并不能抹去自身，在这里，对立面认识到它们分享同一性。结构性矛盾只有通过现存总体的转型，才能被克服，只有这样，才能消除矛盾。

在《剩余价值理论》的一个关键段落，马克思抨击了约翰·斯图亚特·密尔，因为他假定供给与需求的同一性、生产与消费的同一性，因此断言危机的不可能性。"这里……这两个因素的潜在的、恰好在危机中强制地显示出来的统一，是与同样存在的、甚至表现为资产阶级生产特征的这两个因素的分离和对立相对的。"然而，实际上，"两个阶段的统一……本质上也是两个阶段的分离和彼此独立。但因为它们毕竟有内在联系，所以，有内在联系的因素的独立只能强制地作为具有破坏性的过程表现出来。正是在危机中，它们的统一、不同因素的统一才显示出来"[57]。换句话说，正如主流经济学家声称的，供给产生它们自己的需求，但供给和消费并不是直接相互等同的。它们是一个矛盾整体的"不同方面"。生产和消费的"统一"在它们的对抗中找到表达，事实上，商品生产者不能自动地为其商品找到市场，因此当危机中大量商品卖不出去的时候，生产和消费真实的相互依赖就"在危机中……显示出来"。

马克思这样总结他与密尔的差异："在经济关系——因而表示经济关系 *205* 的范畴——包含着对立的地方，在它是矛盾，也就是矛盾统一的地方，他就强调对立的统一因素，而否定对立。他把对立的统一变成了这些对立的直接等同。"[58] 那么，人们会说，虽然黑格尔提供了丰富的具体分析，而且他的很多一般规定都富有启发性，但他的观念论表现了这种趋势，将矛盾消解为"对立的直接等同"。《法哲学原理》展示了内在于现代"市民社会"的社会冲突和经济的不稳定性，并做出一种现实主义的理解，但黑格尔认为，它们首先可以通过自由主义国家的结构并最终在绝对精神的自我知识中得到和解："矛盾……删除自身。"[59] 然而，对马克思来说，对立面是彼此不同的，即使它们可以被连在一起，即使确实可以被界定为冲突的统一。资本和劳动不同，即使没有了一方，另一方不能存在：它们的矛盾关系只有通过社会转型才能被克服，其趋势是消灭这种关系，而不是在学术思想上重新表述。众所周知，马克思留下的《资本论》没有完成，但他计划在其中得出的结论是，"阶级斗争，在这一斗争中，这种运动和全部脏东西的分解会获得解决"[60]。

阶级斗争在这里被限制在资本主义生产方式这个更大的冲突之内，这意味着对结构性矛盾的这种解释没有将它与阶级主体性的碰撞等同起来，这正是巴迪欧和奈格里在 20 世纪 70 年代赞成的那种很不同的马克思主义版本的中心议题（第三章第二节与第四章第二节）。将矛盾化约为阶级冲突，似乎是从一个方面来匡正第二国际和第三国际马克思主义决定论和客观主义。但是，正如我们在奈格里对《大纲》的重新解读中所看到的，结果往往是将历史化约为相反集体意志的对抗，从而——甚至当他们直接关注资本与劳动之间关系的时候——使历史摇摆不定，一方将历史向前推进，另一方使历史后退或遭受挫败，不可理解，因为尽管对抗的一方从结构语境中可能获得额外的资源，而另一方被置于不利的位置，但这种语境已不 *206* 可见了。实际上，哈特和奈格里在《帝国》和《诸众》中的方案是，否定劳动者被打败的可能性，而使资本主义的每次重构都成为劳动者的胜利，成为对诸众创造性的一种肯定，但这在学术思想上抑或伦理-政治上都是站不住脚的。当奈格里将阶级冲突从生产方式的结构中摆脱出来的时候，毫不奇怪的是，可以看到他接受了被福柯复兴的尼采的历史观，将历史视为无穷无尽的权力的斗争。约翰·霍洛威，另一位当代顶尖的自治主义马克思主义理论家，信奉一种类似于主体主义的历史理论（尽管他受惠于早期法兰克福学派，而不是福柯和德里达），将这种理论概括为这句口号："处于开端的不是语词，而是尖叫"——受自己活动的产物的拜物教化支配的人的主体性的抗议[61]。劳动着的人们与永恒化的资本之间极端的两极对立，在这里不是相互对抗的主体性之间的对立，而是主体与客体的对立——再次将历史的变化因而将社会转型化约为一种神秘的东西[62]。

矛盾和转型之间的关系在任何情况下都应得到阐明。矛盾的社会关系的存在本身不会必然导致这种关系的转型，出于两个原因。第一个正是对批判现实主义的一般原则的一种重述，也就是说实际发生的事情通常不是同一个生成机制的结果，而是多种不同机制相互作用的结果。马克思主义一般历史理论与资本主义生产方式的特殊理论要求对相关社会机制进行某种排序，但这并不意味着早期分析设定的机制会使后来引入的机制失效。第二，能动性和结构是社会特有的两个层次。有机的危机并不预先决定结果，但提出选项（用最宽泛的术语来说，选项有崩溃或转型，但其他选项也是存在的，例如停滞）：实际结果的性质将取决于受危机影响的人类行动者的主观回应。正是在这个范围内，拉克劳的霸权式结合才是恰当的，当不同的行动者将自己融合为集体，这些集体的自我认同依赖于一套特殊的意识形态重现，这赋予集体以某种程度的凝聚力，使之能够解读危机并提出一种解决危机的纲领。拉克劳和墨菲指责经典马克思主义，这恰恰在于托洛茨基特别是葛兰西遵循一种二元论的思路，将某种生产方式中既定的一套"本质的"关系——生产关系中的阶级构成状况，等等——与由霸权式的关系提供的不可缺少的"补充"结合起来，这些关系允许在日常政治的所有偶然性中构造实践中有效的同盟[63]。他们的解决方案是让不确定的霸权关系向下流动，以感染作为整体的社会。

但是，拉克劳和墨菲认识到这个问题，他没有强制选择这个唯一战略。一方面，生产方式的相对根深蒂固的结构（借用韦伯的著名隐喻）转换了历史运行的轨道，承认这些结构的真实性并不意味着必须接受任何历史必然性学说，它只要求对导致必然性被临时耽搁的"次要的"环境做出某种说明。另一方面，政治无疑是一个不可化约的偶然性领域，计算、领导力、勇气和残忍这些主体性品质——马基雅维利试图用卓越理念来概括的所有东西——还有纯粹的运气——命运——在说明特定计划的成功或失败的时候都是必不可少的。这就是本萨义德所说的"政治和战略的撕裂之际"。但承认这一切并不意味着政治领域完全是不确定的：不同的集体实现它们特殊计划的能力部分地取决于它们能否获取各种各样的物质和意识形态资源。20 世纪 70 年代和 80 年代资本家对劳动者的胜利无疑与双方的相对领导力有关，但那种霸权式结合，例如，英国的撒切尔主义代表的结合占据结构性优势，这些优势来自 20 世纪 70 年代后半叶开始的经济关系的全球重构，以及根源于后 1968 战斗的崩溃、凯恩斯主义福利国家危机。内在于意识形态和政治斗争中的不确定性，不需要我们说这是一路下行的不确定性。毋宁说，规定的每个层面，从最深层的结构到诸主体性的最即时的运动，都包含确定性与不确定性、封闭性与开放性的特殊混合，它们都需要按自己的情况来分析。正如本萨义德所说，"确定的历史发展仍然充满交叉与分歧、分岔和纷争"[64]。 *208*

正是在这个背景下，我们才应当处理令当代左翼自由主义思想如此专注的决断论的所有问题。正是康德在《判断力批判》中指出将普遍从用来示例普遍的特殊情况中分离出来的固有鸿沟。没有任何原则能被用来确定普遍被应用于特殊上：设定这样一个原则只能产生无尽的倒退，因为需要一个进一步的原则来确定那个原则的运用，如此这般以至无穷[65]。维特根斯坦在遵循规则的评论中也包含非常类似的推理[66]。这里的要点在于，在普遍原则与其特殊运用之间总是有一道鸿沟。在这个意义上，决断必然是没有根据的，因为没有原则能独特地规定它们：对一个原则的运用是一种内在的创造性行动，它必然超出这个原则（可能会明显改变这个原则的内容）。但是，不能由此认为，政治判断与最为含蓄的确定相关考虑范围的（规范性与解释性的）理论语境完全无关。实际上，若没有这样一些语境，甚至识别一整套选项都是困难的。在解释性理论和规范性观念的意义上，原则仍然是用来指导判断和引起行动的。实际上，人们难以判断，其中一个主要维度可能是，识别究竟什么原则与这种考虑中的决断相关。再就是，没有一套元原则，能使这个任务成为规则的机械运用；此外，当承担这项任务时，行动者仍然不得不计算不同原则的权重，弄清这些原则如何准确地被运用于他面对的情境，即使他最后得出结论，这些不同的原则是相关的。但是，这里出现的画面是，行动者不断地对原则以及与他的决断有关的具体情境的特征，持续地来回考虑，而不是跨越的一跃。

三、一种自然辩证法？

这一章和上一章广泛推动的首先是支持一种批判现实主义的本体论，*209* 它将世界（包括社会的和心灵的）构想为层次化的相互作用的生成机制，在这个意义上，它是自然主义的，并勾勒了一种马克思主义的社会矛盾论。这引出我在上一节悬而未提的问题：矛盾是不是既存在于自然中又存在于社会中。人们只要是求助于马克思主义传统的领导人物——主要是恩格斯、列宁和托洛茨基，就会做出肯定的回答。但是，很多马克思主义者，特别是第二次世界大战以来的马克思主义者激烈地抵制自然辩证法的观念。例如，萨特和阿尔都塞在他们的马克思主义时期没有多少一致的东西，但他们都反对自然辩证法。科莱蒂轻蔑地将在正统共产主义运动中得到实践的辩证唯物主义视为"一种夜校哲学的杂烩"加以拒斥[67]。当约翰·罗默将辩证法称为"马克思主义的瑜伽"时，可能是从一般的意义上支持分析的马克思主义[68]。科莱蒂和罗默的规定可能说明了当代很多激进理论家拒绝一种总体上宽泛的自然辩证法观念的主要理由——这就是一种学术思想上的时髦，要与物理科学和社会科学的进展同步。但是，当人们密切关注科学特别是物理科学的进展时，他们赖以产生的这种态度的根据就像他们经常想的那样自明地有效。有趣的是，虽然巴斯卡对其真实的否定的主要的辩证范畴是否能拓展到社会世界之外，是模棱两可的，但他对恩格斯著名的三个"辩证法的规律"明显是同情的[69]。在抵达结论之前，需要谨慎处理这里涉及的诸问题。

210 确定无疑的是，黑格尔和马克思提出的辩证法首先是人类历史的辩证法。《逻辑学》，展开了绝对理念自我发展过程的结构，是普遍有效的，但是，只有当辩证的过程在个体人格的精神中变成自我意识——黑格尔所说的有限精神，才成为有生命的。《精神现象学》追踪意识的不同历史形态的演替，其中，"绝对知识"最终出现在法国大革命之后的欧洲现代性中[70]。对黑格尔来说，自然界是非辩证的，因为在人类主体性的有限形式中获得自我意识之前，它是精神的他者，处于绝对理念与自身相异化的阶段，是无意识的和对象化的："自然界是自我异化的精神；在自然界，精神一味地开怀（嬉戏），是一位放荡不羁的酒神；在自然界中隐藏着概念的统一性。"[71] 只有当我们逐渐看到生命形式的出现，即预示自我意识的思维产生的时候，自然界才开始引人入胜。马克思或多或少只是关注人类史。他感兴趣的矛盾是在上一节讨论的那些矛盾——首先，是构成资本主义生产方式的矛盾。

当然，恩格斯首先是在《反杜林论》中特别是在《自然辩证法》中提出了自然界特有的辩证法思想。重要的是权衡恩格斯面对的学术思想语境。恩格斯将物理科学的讨论看作两种明显错误的立场的对立。一方面，浪漫的自然哲学表达了对现代科学的拒绝，它思辨地将精神与自然加以比较研究。另一方面，化约论唯物主义者们捍卫当代科学，像德国的毕希纳、摩莱肖特与沃格特和英国的斯宾塞。这两股潮流都没有关注恩格斯思考的在物理科学本身中发生的转型。他认为17世纪的科学革命假定"自然的绝对不变性"：例如，经典力学不考虑时间——其方程式是可逆的。但是，在18 世纪晚期，我们看到"这个逐渐被认识到的观点，即关于自然界不是存在着，而是生成着和消逝着"。恩格斯给出的主要例证是赖尔的地球的地质史、达尔文经由自然选择的进化论、热力学定律尤其是第二定律，它假定不可逆的熵增过程[72]。换句话说，一种历史的自然观出现了，宽泛地说，它与马克思在《资本论》中采用的方法是一致的。正如本萨义德指出的，

在 19 世纪中叶，达尔文的进化论、能量守恒定律和马克思政治经　*211*
济学批判，三者同时出现却在逻辑上异质的创新，有助于使牛顿式的
范式瓦解。这些转型的"科学"不再指涉事实的确定性，而指涉概
率、选择与分岔。它们处理的是不稳定性与均衡、非周期性运动和时
间之箭。[73]

这是恩格斯提出的自然辩证法思想的语境：将物理世界视为经历着辩证的转型过程的，这么做就恰当地对待物理科学的实际发展，而避免化约的唯物主义。正如我们将在下面看到的，这是一个具有高度启发性的策略，它能从更晚近的各种理论创新中得到支持。大幅度地动摇这种唯物主义的表面合理性的正是恩格斯关于自然辩证法规律是普遍存在的这个主张。

辩证法的规律是从自然界的历史和人类社会的历史中抽象出来的。
辩证法的规律无非是历史发展的这两个方面和思维本身的最一般的规
律。它们实质上可归结为下面三个规律：
量转化为质和质转化为量的规律；
对立的相互渗透的规律；
否定的否定的规律。[74]

实际上，恩格斯是从黑格尔的《逻辑学》中选出这些"规律"的。但是，关于它们的真正的问题不是它们的衍生性甚或其内容——尽管否定之否定概念确乎很难与任何严肃的唯物主义联姻，因为黑格尔在辩证法中正是借助这个范畴将矛盾吸收进绝对的自我同一的协调中，并取消了矛盾[75]。真正的麻烦在于这个思想，普遍的辩证规律在任何地方，在自然界、历史和思想中都起作用。正如我们已经在上面第五章第二节所看到的，科学规律所做的就是阐明生成机制，只要该机制不受阻碍，就会创造事件的序列。恩格斯的"规律"做不到这样——它们不对世界上发生的事情的任何机制做出解释。正是这些规律的一般性使它们无法做到这样。那么，　*212*
这提出了以下的困境：要么"辩证法"根本不是什么真正的规律——也就是说，它们不能解释任何事情——或者它们在限制和指导实际的科学研究

时才有解释作用。

正是这种经验首先使很多马克思主义者得出结论,恩格斯错了,而真正的矛盾仅仅存在于社会世界。这曾经是我的观点,但有两个理由让我改变了主意。第一个是托洛茨基在他的《哲学笔记》中改进了自然辩证法,它写于 1933—1935 年,但直到 1986 年才出版。托洛茨基批判地将"辩证法规律"化约为一个——量变转向质变:

> **辩证法的根本规律是量变转向质变**,因为它赋予(我们)所有演化过程的一般公式——自然界的演化过程以及社会的演化过程……量变转向质变的原理具有普遍的意义,就此而言,我们将整个宇宙——毫无例外地——视为形态和转型的结果,而非有意识创造的结果。[76]

在这里,托洛茨基的建议不只是一种简化的操作。自然与历史相对立,若将其他两个"规律"应用于自然界,就更成问题了:特别是,若有人试图在物理现象中寻找对立面的统一,例如,假设一个橡实与它终将变成的橡树之间有"矛盾",那么就没什么事情更能让自然辩证法失去权威性了。比较而言,量变转向质变似乎确实是普遍的,因为它凸显了世界的两个关键特征——首先,突现和分层现象——也就是说,物理存在者具有质上的不同层次,每个都受到特殊规律的支配,包括有独特能力和特殊历史的人类(参见第五章第二节);其次,从一个存在状态向另一个存在状态的质变。恩格斯要努力提升的就是这种非化约的和历史的自然观,这两个特征确实是重要的。然而,在解释学理论的意义上,量变转向质变仍然不是规律,因为这个理论要识别一种生成机制。毋宁说,这概括了物理过程和社会过程的共性,是由广泛多样的不同机制生产出来的。这个思路表明,我们应当将自然辩证法视为一个宽泛的哲学自然观,而不是一套能从中演绎出世界特定方面的普遍规律。这种思考自然辩证法的路径有其优势,它不对工作着的科学家颐指气使,在斯大林主义统治下,这种颐指气使的做法名声不好,但这意味着在辩证哲学和科学研究之间有一种相当宽松和开放的关系,托洛茨基似乎已经想到了:"辩证法没有将研究者从艰苦的事实研究中解放出来,恰恰相反:它需要这种研究。但是,反过来,它赋予探究性思想以弹性,有助于人们用无价的类比武装这种思想,以一种大胆而谨慎的精神来培育这种思想,并用这种思想对付僵化的偏见。"[77]

我对刚阐明的自然辩证法思想持开放态度的第二个理由可以用"无价的类比"表明,物理科学的实际发展提供了这些类比,并有力地支持这种自然观。这里有三个例子可能有帮助。首先,在生物演化论中的争论——

160

例如，演化是否依赖小的、逐渐变化的积累，正如达尔文自己所相信的，或突发式的（像史蒂芬·杰·古尔德与尼尔斯·埃尔德雷奇所提出的"间断均衡论"思想）或如理查德·道金斯、理查德·莱沃丁与史蒂芬·罗斯的超达尔文主义的"豆袋遗传学"，他们认为在基因之间以及基因与其所处的环境之间存在着一种更为整体的关系构想[78]。其次，宇宙学，即关注宇宙史研究，现在有了由超弦理论提出的非同寻常的辩证法的意义，在此过程中的一个阶段的有效规律是相当不同的：在宇宙大爆炸之后的所谓 10^{-43} 秒普朗克时间之前，宇宙被压缩成一个微小的（在所有维度上 10^{-33} 厘米）、超热的和超稠密的硬块，其中所有的九个空间维度都是对称的，强的、弱的和诸电磁力形成一个单一的"宏大统一"力；在普朗克时间之后，随着宇宙的冷却和膨胀，三个力变得各自分化了，且只有三个空间维度膨胀了[79]。最后，混沌学与复杂性理论，尽管被误用于主张实在是一种意外的组合，实际上再现了某种相当不同的东西，即建构数学模型的努力，将使我们理解迄今似乎超出科学解释的复杂系统和动态过程。再者，结果包含一些高度辩证的观念——例如，耗散结构行为对其初始条件高度敏感，且这些条件中的微小变化能导致很大的差异，远离平衡的态势产生了一些分叉点，即实际采取的路径，产生于系统波动的概然结果。在这里以及更一般的意义上，我们看到科学家们依赖的是相变概念——例如，当一个化学反应达到临界点且变得自我催化因而有生命力时，质变就会突然发生[80]。

有时候，科学家反思他们的发现，明显认识到他们如何与自然辩证法思想产生共鸣。伊利亚·普里戈金与伊莎贝尔·斯腾格斯写道，混沌理论揭示了"一种或许可以被称作'历史的'自然"——也就是说，一种能发展和创新的自然。作为唯物主义不可分割的一部分，自然史的理念是马克思所主张的，恩格斯则提供了更多的细节[81]。更常见的是，科学家们虽未察觉到这种联系，但他们显然会得出与巴斯卡所谓的"辩证的批判现实主义"一致的结论。例如，我们思考认知科学家约翰·霍兰对突现的"重述"：

1. 突现发生在被生成的系统中……

2. 在这些被生成的系统中，整体大于部分之和……

3. 在被生成的系统中，突现现象是典型的带有变化要素的稳固模式……

4. 语境由其功能所决定，一个稳固的突现模式被嵌于其中……

5. 各种稳固模式之间的相互作用增加了限制和阻力，随着这些模式数量增加，限制和阻力也提供越来越强的"能力"……

    6. 稳固模式经常满足宏观法则……

    7. 生成突现现象的诸法则导致的典型后果之一是差异化的稳固性……

    8. 高层次的生成程序来自被强化的稳固性……[82]

分层的和动态的自然观是从这样的反思中产生的，它支持的不是单一的自然辩证法观念，而是各种自然辩证法观念即不同逻辑的多样性观念，这与马克思在历史中所发现的类似。巴斯卡在倡导"辩证法的唯物主义衍射"时想的正是这种松散状态[83]。但是，怀疑主义者会问：如果所有这些都是在科学中发生的，那么提出和捍卫一种明显的自然辩证观念有什么意义？且不说这种观念对某些工作着的科学家有启发性这个事实，也可以表明物理科学的意识形态状况与恩格斯当年面对的也没什么不同。一方面，有像道金斯这样的化约论唯物主义者，严肃地致力于用 DNA 无目的的组合与重组解释人世间的一切（DNA 既无关切，也无认识。DNA 就是这样。我们随着它的音乐起舞），他以很多方式回到启蒙理性主义——例如，谴责宗教和占星术，因为它们不试图理解它们要满足的社会需要[84]。另一方面，我们努力将自然精神化，不仅包括像查尔斯王子（唉，现在还有巴斯卡）那样的新派人物，还包括某些科学家。有一个例子是圣塔菲研究所的斯图亚特·考夫曼提供的，他运用复杂性理论，以提供精致的确证，我们舒适地生存在确实良性而有序的宇宙中，其中"有机体不是一再下降地堆在装置上的装置，而是内在于一切生命的一种更深层秩序的表达"，而"我们的社会制度是作为深层自然原理的表达来演化的"。宇宙秩序与社会结构之间的类似尤其表明这一点。根据考夫曼，"生物圈的共生主义体现了贸易的优势，可以在经济系统中找到其反映……我们都在为我们的货物忙碌——细菌、狐狸、CEO。此外，我们都在为彼此创造舒适之所"[85]。对那些没有被说服的人们来说，安然公司在某种意义上是由仁慈宇宙的结构委托的①，一种化约论的唯物主义似乎确实具有很大的价值，这种唯物主义认识到自然界中的复杂性和质的差异，它不是将超越概念化为奇迹，而是将其概念化为不可化约的机制相互作用的结果。

------

    ① 安然公司曾是世界上最大的能源、商品和服务公司之一，连续六年被《财富》杂志评选为"美国最具创新精神的公司"。该公司于 2001 年 12 月 2 日宣告破产，向纽约破产法院申请破产保护，成为美国历史上企业第二大破产案。战略方向性失误、轻视举债风险以及多年财务造假使之遭到多种指责。——译者注

第七章
正义和普遍性

一、从事实到价值

我在前两章试图勾勒一种批判现实主义本体论，与在第一部分考察的 *217* 那些理论不同，它能提供一个令人满意的基础，可以由此理解变革的可能性，进一步避免反现实主义，正如我在论及哈贝马斯、博尔坦斯基和希亚佩洛时试图表明的，这弱化了他们尝试对现存社会的批判。但是，涉及批判理论，我们要返回到我在第一章开头提到的观点，即批判预设了某些关于善的道德原则或观点，并返回到我引入的解释性社会理论和规范性政治哲学之间的关系问题[1]。正如我试图表明的，在第一部分讨论的所有理论家的普遍倾向是将这两方面——更宽泛地说，就是事实维度和评价维度——结合起来。哈贝马斯、博尔坦斯基和希亚佩洛都使正义和功能性走到一起（第一章第一节和第二章第一节）；比岱将平等、自由和理性的承诺纳入被理解为一种社会形式的现代性的预设中（第一章第二节）；布迪厄将伦理-政治的普遍性与科学的客观性合并起来（第二章第二节）；巴迪欧明确将普遍性作为事件的一种必要条件（第三章第二节）；而奈格里从德勒兹那里推导出一种肯定的存在观（第四章第三节）。我在第一章结尾得出一个暂时的结论，社会批判需要独立的、实质的正义原则。现在是考 *218* 虑这个结论的含义的时候了。

首先，它与社会理论中的一般传统趋势相冲突，随着本书论证的发展，这种趋势的轮廓，也就是经典马克思主义稳步呈现了。在历史唯物主义的奠基性文本中，最著名的《德意志意识形态》中，马克思对抽象的哲学思辨提出了一种毁灭性的批判。他的一个主要靶子是道德哲学，无论是康德的绝对命令形式，还是边沁的功利主义的形式。马克思认为，规范性观念和原则，都只是历史上诸阶级利益的特殊表达。因而，它们主张的普遍性是虚假的，实际上是意识形态的，因为它掩盖了普遍福利或道德共同体的外表背后的阶级对抗。马克思总结道，社会主义运动应当避免关于正义或权利的空谈[2]。不乏当代马克思主义思想家认为这个判断基本上是正确的。例如，弗雷德里克·詹姆逊拒绝对后现代主义做道德判断，将这看作"一种范畴错误"，提出以"一种真正的辩证努力在历史中思考我们的时代"取而代之[3]。在对青年马克思的卓越研究中，厄斯塔什·库维拉基斯书写了法国大革命对"康德哲学的核心内容，将政治置于道德律之下"提出的挑战：

> 一旦道德同意面对实际情况，它就一分为二，反映了这些情况本身的矛盾，并在这个过程中揭示它的政治的多重决定。现在革命事件如何危急地在其交汇点上动摇康德的建构，应当是更清楚了——它在这个交汇点上试图将两个之前不同的法律秩序（也就是旧制度的秩序和革命的秩序）结合起来，假定一个循序渐进的历史过程能将它们重新统一。因为革命搁置了现存的法律秩序，使社会陷入一种法律的真空，即使它最终产生了一个新的与自由更紧密一致的权利体系。权利，作为自由的外部主体间条件的一种形式，没有与确立它的那些手段一起到来；政治，在其顶点——革命事件——中显示自身独立于任何道德基础；革命，恰恰作为一个事件，推翻了那种认为历史以线性方式发展的同质的时间观念。[4]

219　　库维拉基斯试图强调法国大革命的意义，他将这个论证发展为广泛强调的部分，不仅支持马克思与马克思主义，而且支持后来整个左翼的发展，认为法国大革命作为一个事件，其意义还没有枯竭。这确实纠正了一定的左翼历史编纂学将1789—1794年革命当作资本主义现代性形成过程中的一个边缘插曲而不加理睬的做法，为人们所欢迎[5]。库维拉基斯还正确地坚持政治的特异性，其不服从的特性一如这个领域，其中社会总体的诸矛盾被集中和压缩，而且根据得到或维持国家权力的特殊命令，或将矛盾归于道德律之下，或将之化约为社会而削弱。但是，否定政治在某种程度上能从一般规范中推导出来，并非要求我们同意法国大革命是一个"独立于任何道德基础"的纯粹的事件。相反，正如比岱所强调的，伟大的革命开创了政治现代性，在肯定普遍道德原则的基础上寻求将自身正当化（第一章第二节）。当然，在某种意义上，革命有自我基础，正如库维拉基斯观察到的，因为它们推翻了"现存的法律秩序"，并开创一个新的：换句话说，它们是奈格里所谓的制宪权的例子。部分的困难在于，在与一种既有的宪政秩序一致和道德论证之间，"合法性"是模棱两可的。库维拉基斯参照康德"将政治置于法律-道德之下"的设想，将这两种含义混淆起来[6]。当然，在很多欧洲语言中，相同的术语——droit，Recht，等等——被用来指称实证法和自然权利，基于这种事实，这种含糊其词是被许可的[7]。但是，这不能表明从这个革命的事实出发，制宪权可以被用来宣称新法律秩序的基础，以说明革命参与者是错误的，当他们诉诸超越特定政治制度的道德原则，并在这些制度构建的东西出现之前存在，就能将他们的行动合法化。在对待革命在道德上无根基这方面，我认为库维拉基斯受到巴迪欧事件观的影响，将事件视为任意的、空洞的甚至有点均等化普遍性的实例，但是，正如我已经试图表明的，巴迪欧没有为这些条件何以能得到连贯的满足提供一种合理的说明（参见上面第三章第二节）[8]。

尽管库维拉基斯借鉴了某些最复杂的当代批判理论，但他在敌视道德 220 话语方面，与存在已久的正统马克思主义是一致的。但是，在我看来，马克思主义本身遭受了"道德赤字"——或者确实遭受了一种非常明显的矛盾。诺曼·杰拉斯详细分析了马克思的经济学著作，呈现了马克思以一种相对主义解释道德话语与他对剥削的批判中隐含依赖一些未完全清晰表述的规范性概念和原则之间的张力[9]。例如，考察如下这段话，从中可以看出马克思实际上将土地的集体所有权（与代际所有权）看作一种普遍的道德原则：

> 从一个较高级的经济的社会形态的角度来看，个别人对土地的私有权，和一个人对另一个人的私有权一样，是十分荒谬的。甚至整个社会，一个民族，以至一切同时存在的社会加在一起，都不是土地的所有者。他们只是土地的占有者，土地的受益者，并且他们应当作为好家长把经过改良的土地传给后代。[10]

这是一个精彩的段落，它表明马克思敏感地认识到当代永续发展观中的某些思考。但是，当马克思以社会的名义批判现存的财产形式时，他似乎非常接近诉诸某种超历史的规范性原则，而他也谴责其他人主张这种原则。马克思公开的学说与其隐含的理论承诺之间的这条鸿沟有助于人们创造一种倾向，以对抗经典马克思主义，强调解释对抗性社会结构以及它们产生的斗争，以及规范性政治哲学及其诉诸的伦理思想和观念。这个思想说的是人们不能同时从事两项工作；人们不得不在这两个话语体系中选一种。这不仅是很多正统的马克思主义者表明的态度，而且是像哈贝马斯与G. A. 科恩这样的自认为已经超越了马克思主义的理论家表明的态度[11]。但是，我看没有必要选择：人们既可以做蛋糕，也可以吃它。若要更强有力地指出就是：在理论上追随马克思主义并批判资本主义，需要阐明资本主义被谴责为不正义的伦理原则。要不然何以成功地批判呢？这种洞见要求经典马克思主义与平等自由主义实现真正的对话——也就是一种相互介入，这并不是采用一种霸道地吸收对方的话语形式。换句话说，追求规范性问题并不要求人们放弃解释性社会理论，这个理论表明马克思主义强大的学术思想力量。与此同时，马克思主义可以对平等自由主义者提出一些挑战性的问题，关于他们的正义观如何能够实际地实现[12]。

当然，经典马克思主义与平等自由主义之间的一场对话唤起了对更早的往事的回忆——例如，大约 20 世纪初期爱德华·伯恩施坦的修正主义与奥地利马克思主义的那些往事，当新康德主义伦理学作为政治努力的一部分被引入马克思主义时，它试图清除马克思主义的革命性力量。或许关于这些努力的回忆有助于本萨义德宣告："试图以正义论调和马克思的批判性等于将粉笔和奶酪混在一起。"[13] 当然，我在这里不是要稀释马克思主义批判，而是要使它更有效。在我看来，严肃地对待平等自由主义意味着挑战它，通过表明其与自己的假设相反，其正义原则不能通过改良而只能通过推翻资本主义才能实现[14]。此外，由于伯纳德·威廉斯提出的最有力的理由，康德没有提供最好的伦理和道德思想模型[15]。我会在下一节勾勒一种伦理自然主义版本，其关键概念是（最终是亚里士多德式的）幸福。换句话说，若将威廉斯所谓的道德的"独特制度"看作完全不同于人类生活的其余部分，我没有发现这有何帮助。

如前所述，第一部分的主要论题是，强行将解释性社会理论与规范性政治哲学统一起来将是不可取的。这主要不是因为自然主义的错误，也就是说，不是假定从"是"推出"应当"，从事实推出评价是不可能的，而部分地是出于更直接的政治的理由。罗尔斯的正义论经常因其抽象而被批评——因为这种抽象远离当代社会生活的现实。起初这种批评主要是马克思主义者所做的，但它已经被像米歇尔·沃尔泽、米歇尔·桑德尔这些社群主义者接受并发展了，他们否认任何一种超越其特殊的社会语境的正义原则的有效性[16]。但是，对我来说，似乎正是这种抽象、"现实主义"的缺乏，使罗尔斯理论实际上更一般地讲平等自由主义，产生了其批判的力量。当代自由民主政治将一些劣质品视为可行的，正是远离了这些劣质品，才使差别原则被用来持续谴责一个世界，其中不平等被明确安排为有利于处境最佳者，而根据差别原则，社会和经济的不平等只有在有利于处境最差者的情况下才是可以被容许的。

因此，平等自由主义表达的规范性原则就像萨缪尔·贝克特和勋伯格的严肃的现代主义作品，阿多诺称赞它们，因为它们在朴实的抽象中默默暴露了晚期资本主义世界的残酷与不正义。但是，这种与阿多诺的比较凸显了平等主义的困难，即其仅仅满足于表达普遍原则，且要对社会生活做一种深刻的重组。对阿多诺来说，社会世界完全被商品拜物教和工具理性腐蚀了，以至于使任何可能的行动者被剥夺了改变它的实际兴趣，当然也剥夺了实现任何重要改变的能力。高级的现代主义宣告了批判性的挑战和乌托邦的渴望，因此，这与其说是抗议的表达，不如说是绝望的表达。将规范性批判与社会现实直接对立，可能会因而引起一种无力感，而不仅是反抗感。有趣的是，罗尔斯本应进一步从《正义论》的普遍主义承诺退回，走向被布莱恩·巴里决定性拒斥为"米歇尔·沃尔泽反启蒙特殊主义的相当混乱的版本"；罗尔斯后来政治的正义观只是对原则做最佳陈述，用以表达多多少少潜藏在自由民主政体的实践中并支配这种实践的原则[17]。在他最后的著作《万民法》（1999）中，哲学理论与社会政治现实之间的鸿沟几乎消失了，在这里，罗尔斯通过美国国务院的诸范畴构想世界，将自由民主政体与"失败的"和"流氓的"国家对立起来。这里从抽象的普遍主义转向青年马克思所说的非批判实证主义是非常明显的：努力将规范性政治理论从其哲学抽象的限制中解放出来，结果却表明，他转而危险地几乎用这种理论证明超级大国现实政治的合理性[18]。

二、平等和福利

这个故事的寓意是，有必要建立一种马克思在完全不同的语境中所说的处于规范性政治哲学与解释性社会理论之间的"中间阶段"[19]。最近在平等自由主义内部的争论有助于我们研究这些联系。或许延伸最广并且哲学上复杂的这些辩论涉及的是科恩所说的平等主义正义的传播[20]。当我们说人们应当得到平等的对待时，我们要求他们在哪方面被平等对待呢？正如阿马蒂亚·森指出的，甚至像罗伯特·诺齐克这样的市场自由主义的拥护者也认为，某些东西，即个人自由应当被平等分配。根据他们如何回答"什么的平等"这个问题，可以区分平等主义诸形式[21]。更具体而言，假设平等的自由权应当被分配给每个人，那么经济平等应当由什么组成呢？

只是给每个人同样多的货币收入是不行的，因为人们有不同的需要和能力。如果一个残疾人有和一个奥林匹克运动员同样的收入，那么她并未被平等地对待。因此，社会要致力于福利平等吗？换句话说，我们应当试图让每个人平等地得到满足吗？这与所谓昂贵的品味问题发生了冲突。如果我提出了参与太空旅行（许多年后它将在商业上变得可行）的愿望，那么社会应当为我的旅行付费吗？大多数人会说"不"，但是我将比其他人得到更少的满足。这个问题凸显了平等与责任之间的关系。罗纳德·德沃金特别主张，平等主义的正义旨在补救糟糕的"原生运气"的后果——也就是说，这些偶然性的后果并非通过我们自己的过错而使我们不利的。自然禀赋的分配——为罗尔斯描述为"道德上任意的"——就是原生运气的一个例子。所以，（虽然德沃金对此态度不是很清楚）不同个体继承的财富也是这种运气的例子[22]。

224　　　德沃金的替代方案是资源平等。他想象了一个假想的拍卖，其中个体被授予平等获取社会资源的权利，竞标购买不同的商品和服务。这些竞标的均衡结果，被调整用来使诸个体避免并非由他们自己的选择（例如，患有残疾）而造成的诸多不利，这就构成了资源平等：公共政策应尽可能追求接近这种假设的事态。由于每个人的期望不同，人们对资源平等权利的利用方式也相当不同，所以这种平等形式使个体的物质情况非常多样。然而，根据德沃金，这与资源平等的要求并不对抗，因为平等主义者应当只是试图补救糟糕的原生运气的后果、试图补救非选择的自然的和社会的偶然性，这导致某些个体的不利境遇：个体在资源平等基础上所做的选择带来的差别并未构成不正义。那么，这就轮到由诸个体决定如何使用他们选择的那些资源了。如果我选择懒惰与浪费我的份额，那是我的问题。或者如果我向往太空旅行，那么我的责任就是找到一种融资方式，以弥补我自己分享资源的不足[23]。

　　　这种资源平等的理想因各种原因而被批判。我在这里只提三点。首先，德沃金被批判是因为一种过度的个人主义正义观。如果我生来就有残疾，那么显然我遭受了糟糕的"原生运气"。但是，如果由于我自己不小心驾驶，撞坏了我的车而导致残疾又将怎样？表面上看，我为我的困境负责。这意味着我要靠自己吗？[24]换句话说，德沃金的策略是将平等主义与一个经常与之对立的理想联系起来，特别是由于新自由主义权利——个体责任而与之对立的理想联系起来。但他不是对右翼做了很多让步吗？其次，这个策略取决于选择与机会之间的区分："我们有一千个理由可以在这两部分之间做出区分，我们命运的哪个部分可以由我们承担责任，因为这是人们选择的结果，而哪个部分不适用于自己承担任何责任，因为这部分并非人的劳动的结果，而是自然或原生运气的结果。"[25] 但是，个人的选择和客观的环境总是不容易区分的。一个贫穷的和受压迫的人可能对她的处境做出反应，将其作为命运来接受。她的选择及其表达的偏好似乎反映了她对环境是满意的。但是，人们可能会辩驳，这种情形显然缺乏真正的选项，个体偏好适应了环境。如果将这个结果视为受害者真正的选择，就是将不正义神圣化了。

对资源平等提出的第三个问题是，如同收入平等，资源平等对个体需要和能力的差异不敏感。如果我得了慢性病，我将不能像一个健康的人那样从相同的一些资源中获益。出于这个理由，森提出了一个不同的理想，能力平等。他认为一个人的生活品质在于他能够尽可能广泛地发挥一系列"功能"，这些功能的范围从保持健康或富足到从事复杂的活动，诸如反思地自由选择我有理由认为有价值的生活。根据森，我们应当力图平等化的是拥有最宽广的可能功能的能力。传统经济思考所青睐的是国民收入的粗略衡量，相比而言，这个思路的优点是提供了一个更复杂和精微的标准来评价个体的幸福。森影响联合国开发计划署提出一种人类发展指数，提供了一个更精确的衡量进步的尺度[26]。

如同德沃金，尽管以一种不同的方式，森也将平等和自由联系起来。我们应当试图平等化"实现替代性功能组合的实质性的自由（或者，不太正式地说，实现各种生活方式的自由）"[27]。G. A. 科恩认为这包含了自由与平等的一种强迫联姻。他指出，将健康描述为一种自由或能力真的是一种歪曲：它只是存在的一个条件或一种状态。在这个批评背后可能是这个思想，无论在论战上多么有用，这种做法将新自由主义者们喜爱的自由概念用于平等主义的目的，结果是抹杀了不同理想之间的关键差别，尽管是相关的，但这些理想各自有它们特殊的内容和基本原理。相反，科恩提出了一种更广泛和更中性的平等观，获得优势的平等，在这里，"优势"被理解为"个人状态的一种不同集合，它既不能化约为他的资源，也不能化约为他的福利"[28]。

获得优势的平等可能是不同形式的平等主义正义观在哲学上最精致的一种，尽管很难看到，采用这种正义观和能力平等正义观在实践上有什么不同。这两种平等观将我们引向某种更广泛的幸福理论，并将其视为一种客观状况。只要我们拒绝更简单的福利主义的形式，我们就被迫通往这个方向。一旦我们拒绝接受表面价值上的偏好-满足，我们就不可避免要区分个体的幸福和他对幸福状况的主观知觉。但是，这种拒绝内在于各种严肃的平等主义中。我们如何处理快乐的奴隶或满足的家庭主妇这样的案例呢？这些人真诚地承认，她接受了她的状况，然而是不利的。如果这不是虚假意识，而是乔恩·埃尔斯特所说的"适应性偏好"，那么社会批判就必须将其作为一个案例：家庭主妇是因为看不到改变的路径而对她的命运感到满意的。但是，任何这样的解释都隐含地将家庭主妇的实际偏爱与她可能的状况对照起来，如果她有平等的机会获得优势，她就将处于这种状况[29]。

在这里，更大的哲学问题出现了。功利主义对英语世界的哲学影响是巨大的。功利主义将我们应当追求的善定义为一般福利的最大化，福利在这里被定义为愉悦的心理状态或（在现代讨论中）被定义为欲望的满足。作为一种理想，福利平等依赖于相同的福利观。这是一种主观主义的个体幸福观。但是关于何谓平等的讨论凸显了这种幸福观的局限。正如我们所看到的，个体偏好经常要适应环境。一个奴隶的所有欲望都可能被满足——但这只是因为他已经放弃了任何与他可怜的和受压迫的状况不相容的欲望。这表明，恰当地评价个人幸福，我们需要超越主观设想的福利。例如，我们可能不是以一个人的实际欲望为基准，而是以她能合理地反思她的处境的情况下可能有的欲望为基准[30]。但这个修正可能不充分。如果
227 奴隶没有逃跑或成功叛乱的前景——就更不用说废除作为一种制度的奴隶制了：那么，她的满足还是她的幸福的准则吗？

这些思考似乎再一次将我们推向一种更客观的幸福观——罗尔斯所谓的"至善论"。例如，我们可以试图将平等置于亚里士多德、马克思和约翰·斯图亚特·密尔所信奉的自我实现的理念的基础上。但是这种倡议直接中止了自由主义的至少是罗尔斯捍卫的那种自由主义的更深层的动机，即其提供了一种社会形式，这个社会允许个体和团体追求他们自己的善观念。若要在至善论的基础上为一种资源的平等主义分配辩护，似乎就要赋予一种善观念——就是说，个体的自我实现——优于其他特权。换句话说，一种被恰当制定的平等主义需要一种人性繁荣的理论，即亚里士多德所谓的幸福（eudaimonia）。这是一种罗尔斯将强烈反对的结论。在他后来的著作中实现了相对主义转向，部分是因为他渴望使其正义论摆脱任何善观念即使是自由主义的污染。对反至善论而言，这种演化不是什么好的宣言。正如我们在第一章和第二章所看到的，社会批判的合法化实践需要实质性的和普遍的规范性原则，特别是要使之随时能合法化地对各种流行的形式做严苛的分析。

更大的困难在于如何阐述可捍卫的幸福观。问题在于，这个观念之所

以具有吸引力，乃是因为它表明我们能给出某些证明，这独立于个人的实际愿望，独立于那些让个人生活得好的东西。在詹姆斯·格里芬对幸福观卓越的探究中，它进行了如下的对比："说明欲望就要聚焦一个人的全部个性；若要说明客观的清单，就要聚焦那些对所有人都有好处的善品的指标，而不管它们之间的差别；若要说明至善论，就要聚焦一种类理念。"根据格里芬，亚里士多德，达至巅峰的至善论者，在他主张理想的生活在于哲学沉思和他提出的"道德之善在于德性"之间摇摆，且据此认为"我们不应当将实践理性以及实践中的诸德性视为对理想生活的一种实质性解释，而要视为对那些固定在最好生活上的各种生活模式的一种形式化阐述。第一个主张显然是站不住脚的：它将这样一种社会中的有闲的雅典绅士的生活作为理想，这个社会基于排斥和剥削奴隶与妇女（尽管这个理想显然是经久不衰的，但要感谢基督教将其转变为救赎者对天国中的上帝所做的沉思）。"至于第二个主张，格里芬承认，"在任何生命中都有可宝贵的审慎价值"——例如，成就、自律、自由、理解、欢乐、深层的人格关系，但"没有足够的审慎价值，也没有这些价值之间足够普遍地可规定的某种特殊平衡，以构成一种生命形式"[31]。

道德至善论因而不能挑出一种独一无二的人性繁荣的形式，将其作为全部吸引我们的理想：当其只是命令人们过一种特殊类型的生活，这个理论就过强了；相反，当其提供一种德性论，这种理论就过弱了，以至于不能具体规定我们应当追求哪种生活。格里芬认为，对至善论造成伤害的是这样的事实，即我们关心的幸福是个体的生活究竟过得怎么样，而这取决于我们每个人看待世界的特定视角。例如，尝试将幸福与基本需要的满足等同起来，就是将它置于这样的基石上。健康显然是一种基本需要——确实，伦·道尔和伊恩·高夫认为健康是人类最基本的需要[32]。但是，格里芬指出，有些情况表明，健康对我们也不是那么重要。我可能认为其他目标（我的孩子们的福利，或追求科研项目）是有价值的，即使实现它们的代价是缩短我自己的生命："健康，就其自身而言，不是价值；它是生命所必需的，我们每个人都靠自己的生命来实现某些价值。但是，如果维持健康将不允许且可能阻止人们过好生活，那么好生活的必要条件有什么道德地位呢？"他总结道，"博闻的愿望，正如它们是在审慎的价值中显示出来的那样，比基本需要更深入"，因为"只有让个人生活得更好，即便客观的普遍价值也才有意义"[33]。

"博闻的愿望"这个理念是格里芬自己不以为然地称为一种"被拓展了的效益主义"的基础，据此，"如果人们欣赏他们的对象的真正本性，

228

那么效益……就是愿望的满足"。事实上，格里芬对幸福的阐述远远超出了任何传统的效益主义。他特别关注的是，超越他描述的二元论，即欲望与知性、主观与客观的对立："正是'博闻的愿望'的力量跨越了理性和欲望之间的分野——也就是说，它不接受这种分野。"确立对一个个体的善所要求的

> 不是了解一个人当前的、个体的或许是特质的品味和偏好（这些可能并不符合他的最佳利益），而是了解在一般意义上什么使生活美好。即使一个人偏离了规范，我们仍需要了解这个人的这类活动的一般因果关系。对大多数来说，我们要从审慎的善的一般理论和人性的因果理论中了解博闻的、全球性的偏好。[34]

因此，"有了审慎的价值和必备手段的基本清单，就意味着提供了一种'客观的'尺度（在一定的意义上，这个尺度不依赖个体的愿望），它极大地减轻了人际比较的负担"，尽管这个清单只是一个起点，因为"在如何甚至是能否实现某些特殊价值方面，诸个体是不同的"。此外，一种审慎的价值理论，就其本身而言，只是给予我们一种适于某个个体的善理论——也就是说，这是根据个体利益来阐述什么是值得追求的。审慎与道德不同："一种有价值的生活……最重要的是包括用一个人的生命来做那些本身就有充分价值的事，即便抛却生命，也使生命有了价值。如果我们不尊重价值，或者我们普遍地损害价值，包括其他人的生命的价值，那么我们就看不到我们在这些必要条件下所做的事情。"将审慎和道德整合起来，需要引入"模糊的却具有决定性的同等尊重的概念"，这要实现福利最大化的效益主义目标，以吸纳"一种幸福的机会平等原则"，这接近于科恩的获得优势的机会平等思想。这个要求反映的事实是，"平等是一种与其他价值非常不同的价值。与自律和自由不同，平等关注的是人们生活的比较，而自律和自由是以一种方式关注一个人的生活。它根本就不是一种审慎的价值；它是一种道德价值，从某种意义上说就是道德价值"[35]。

这个简要的概述不能详细说明格里芬关于幸福的讨论的微妙之处，但他大概提供了最好的基础，以便提出一种可捍卫的至善论。格里芬的思路引发了两个初步的反思。第一，在阐述幸福的特殊道德维度时，平等尊重的理念发挥了重要作用，这表明摆脱康德是多么困难。罗尔斯政治哲学背后的原初动因是，提出一种社会正义论，以把握效益主义将极度满足一个社会所有人的愿望——在某种程度上是攫取的直觉："所以要这样行动，将无论是你人格中的人性，还是任何其他人的人格中的人性，始终同时当作

一种目的，而不只是一种手段。"[36]　如果我愿望中的满足只是被加入其他人愿望的满足之中，且被加入一般的福利中被总体考量，这样，我的利益可能被完全呈现为不如别人的利益重要，那么我就必然只能被视为手段而不是目的吗？格里芬拒绝罗尔斯对效益主义的批判，他诉诸平等尊重的理念，让我们从审慎走向道德，这似乎承认了罗尔斯的批判所依据的康德的思想。现代道德哲学要逃离亚里士多德、康德和边沁规定的空间似乎很难——或许，尼采对道德的贵族化批判才能应付他们，简言之，这种批判在当代继续产生非常强大的共鸣[37]。

　　第二，尽管格里芬的博闻的愿望论是作为"古典效益主义的一个自然发展"出现的，但他的理论与牛津的另一位哲学家约瑟夫·拉兹提出的对幸福更有力的至善论阐述，有惊人的相似之处[38]。对拉兹来说，"个体幸福"的概念"抓住了个人生活的一个关键评价：正是从他的观点来看，个人生活究竟如何是美好的或成功的"。因而，它不能被化约为一个人的实际愿望与她的生物学需要的满足上。像格里芬一样，拉兹试图消除理性与愿望之间的对立，他看到概念在自利与道德之间的鸿沟上架桥。尽管他认为价值取决于社会形式，但他强调自主对自由社会的价值，在那里，一个 _231_ "自主的个人的幸福在于成功追求到自我选择的目标和关系"[39]。对幸福的这些解释有两个主要差别。首先，尽管格里芬承认"有很多不可化约的审慎价值"，但他还是充满了效益主义论调，坚持认为价值概念本身是一种"量化的价值"，它提供"对生活有价值的东西"的"最终衡量"，允许我们对价值排序，以便在各种价值之间权衡[40]。拉兹是一个更激进的多元论者，他不是简单地断言某些目标的不可通约性，因为我们不能说一个目标比另一个目标更好，或者说这些目标价值等同，而是宣称这是"构成性的不可通约性"，在这里，当行动者选择一个目标而不是另一个目标时，仍然坚决拒绝选择，他们发现在这两个选项之间是格格不入的，而"拒绝用另一个选项替换这个选项，只有具备这个条件，行动者才有能力成功地追求他的一个目标"。因而，"广泛的不可通约性使人们不再希望提出一个实践推理的一般计算系统或计算技术"[41]。

　　第二个差别是，正如我们所看到的，在格里芬看来，平等也许就是"道德价值"，拉兹的自由的至善论则是反平等主义的。他认为平等就其自身而言，与其说是一个连贯的或可捍卫的理念，不如说是为其他道德关切的媒介：

> 　　使我们关心各种不平等的，不是因为不平等，而是它背后的原则所关切的东西。它是饥饿者的渴望、贫穷者的需要、病人的痛苦等。

事实是，他们比他们的邻居在相关的方面生活得更糟糕。但是，这之所以相关，不单是因为不平等的罪过。其相关性是，它表明他们的渴望更迫切，他们的需要更紧急，他们的痛苦更伤人，因而我们将平等置于优先地位，是因为我们对饥饿者、贫穷者和病人的关切，而不是我们对平等的关切。[42]

部分地出于这个理由，平等主义和"优先主义"的区别被描述出来了。后者的立场关注的不是平等地对待每一个人，而是改善最差者的处境。例如，罗尔斯的差别原则或许可以被视为一个优先原则，而不是平等主义理念，这个原则表明社会经济的不平等只有在有利于最差者的时候才能得到辩护。优先主义的一个吸引人的地方是，它避免了所谓的拉平，反对将平等作为一种理想。这是一个古老的论证，对任何平等主义者来说，任何改变都是受欢迎的，只要它能增强平等。所以，例如，如果一半的人口只有一只眼睛，一半的人口完全是盲人，那么将那些有一只眼睛的人弄瞎将产生一个更好的结果，因为这样每个人都将是一样的糟糕。一旦人们不是将平等看作一种单独的政治理念，而是将其看作几个相关而又不同的理念中的一个，这种反对便失去了大部分力量。例如，如果一个人既将自由看作价值，也将平等看作价值，那么将半盲的人全都弄瞎就是不能被接受的，因为如果没有其他理由，它就触犯了他们的个人自主[43]。

三、平等为什么重要

承认理念的多样性本身并非要为特殊的平等理念提供一种辩护。杰里米·沃尔德伦提出他所谓的基本平等原则，将其作为"道德和政治思想的一个假设"，当我们关注什么是平等的争论时，就应当详细说明这种平等，沃尔德伦却反对这种说明：

> E_1：道德论证包括人类全部的善，它不承认在这个领域对人进行任何进一步的根本区分（例如，分为男人和女人、黑人和白人等）。[44]

E_1引入了沃尔德伦所谓的与道德论证领域相关的"一种未分化的人类范围"的理念。这带来的问题是，为什么所有人都应当被包括在这个范围内。对这个问题，如果人们答道，所有人都同样地应得，显然是错误的，因为若要对应得做一种可行的说明，就要将其与授权这个一般概念区分开来，据此，一个人的应得取决于她做了什么，这样就将差别引入这个范围，正如沃尔德伦所建议的，为了使基本平等原则获得其所要求的内容，这个范围必须是未分化的[45]。如果说由于人们的能力是相同的，这个事实为 E_1 做了辩护，那么这个说法将是一个错误，因为这是在肯定一个错误。罗尔斯区分了正义和应得并加以论证，他表达的思想是，人们在能力上的差别反映在个人或大或小的生产能力上，取决于自然禀赋的分配，这种分配并非那些从中受益（或遭罪）的人们选择的——换句话说，这是德沃金所谓的"原生运气"，不能说原生运气的结果是因之得利或不得利的人们所应得的。沃尔德伦认为，未分化的人类范围的理念需要找出罗尔斯所谓的一种范围属性，并获其支撑——大致说来，这是一个人拥有或不拥有的属性，若说他拥有，是由于他属于某个范围且在这个属性隐含的尺度内拥有——这以适当的方式对所有人来说都是共同的。沃尔德伦引用托马斯·雷恩巴勒上校 1647 年在普特尼辩论中的著名评论为例说明，在英国革命的高潮，"在英格兰最贫穷的人与最得意的人一样有自己的生活"：

> 这意味着，尽管最贫穷的人的生活在某种客观的意义上与最得意的人可能不同，穷日子对穷人还是很重要的，就如同富日子对富人重要一样。**过日子对过日子的人重要**，因而这可能是一种范围属性，它适用于所有的生活，无论它们在"客观意义"的范围内处于怎样不同的位置。[46]

罗尔斯自己偏好的范围属性是"道德人格的能力"，这里"道德人格通过两个特点相区分：他们拥有（且假设他们拥有）一种善观念……；其次，他们能够拥有（且假定他们获得）一种正义感，一种正常地、有效地运用正义原则和根据正义原则行动的愿望，至少是在某种最小的程度上"。他坚持认为

> 平等正义的充分条件，即道德人格能力，完全不是严格的。当某个人生来或由于事故而缺乏这种必要的潜力，这被看作一种缺陷或剥夺。没有一个民族或得到承认的人群缺乏这种属性。只有离群索居的个人没有这种能力，或不能在最低程度上实现这种能力，而在实现这种能力上的失败是不公正的、贫困的社会环境或偶发事件的结果。而且，尽管有些个人获得正义感的能力有差异，但这个事实不是剥夺能力较低的人享有充分正义的保护的权利的理由。一旦达到某种最低程度，一个人就有权享有与任何其他人同样的平等正义。[47]

正如沃尔德伦提到的，"罗尔斯的公开立场是康德主义……康德也强调人类有掌握和回应道德律的能力"[48]。我们再次看到，将平等表述和捍卫

为一种理念，使我们回到了康德。我猜这种论证最终必然来源于康德的这一命令，即人要被当作目的，而不只是当作手段。拉兹不再诉诸这样的考虑："平等尊重或平等关切等原则，无非就是主张所有人是道德主体，以主张人道主义。"[49] 但是，这看起来不像是一种毫无力量的空泛之论。并非每个人都会接受尊重的观念。沃尔德伦引用了这个来自牛津大学新学院研究员和导师海斯汀·拉什多尔在 1907 年出版一部的关于道德哲学的重要著作中的著名段落：

> 对人类高等种族所处的社会环境的一切改善都假定，高等种族不与低等种族竞争，当前这个状况变得相当明显。这意味着，无数的中国人或黑人的较低的幸福水平或早或晚必然被牺牲——在最终的意义上，较低的幸福水平或许恰恰就是实存的，这样数量少得多的白人才有可能获得更高的生活水平。若从平等原则本身考虑，若从这个词显而易见的意义来考虑，这样一种政策的道德不可能得到捍卫……具有更高能力（即获得更高的幸福水平的能力）的个人或种族，与那些能力较低的人们比较而言，有权得到比平等的考虑更高的处境。因此，"每个人都算作一，没有人多于一"，这必然被解读为意味着"在计算的意义上，任何一个人的善与其他人相似的善是等值的"。[50]

那么，这是一种可怕的反平等主义的至善论：这强调要将幸福概念化为一种手段，用来关注对个人来说，一个人的生活究竟过得怎么样，而不是对幸福因而也是人的"高"和"低"进行排序。但是，即使我们完全不管拉什多尔的评论中提出的概念问题，一个令人高度尊重的牛津哲学家在一百年前竟这样写的事实有助于我们理解为什么 20 世纪是一个种族灭绝的世纪——大屠杀，只是这些种族灭绝中最惨烈的一次。当然，正是因为奥斯威辛，今天几乎没有人敢公开肯定类似于拉什多尔的见解。但是，即使否定人的平等价值在公共讨论中已经过时了，但这并不意味着它已经从社会实践中消失了。事实上，人们可能会说，我们自己的时代的一个独特的可恶之处是，虽然我们对平等尊重的理念费了大量口舌，但这个理念被有系统地违反乃是这个社会世界的一种常规特征。

这两个例子可能有助于人们关注道德问题。首先，伊拉克战争引起了很多争议，其中之一是英美占领军杀害伊拉克人的数量。解决这个争议的一个难题是，虽然占领者严谨记录（似乎是细心完成的）他们自己的人员伤亡数字，可作为一个原则问题，他们拒绝计算伊拉克人的伤亡人数。这个任务留给了非官方调查者——例如，一组公共卫生专家在 2004 年 10 月

235

估计有 10 万名伊拉克平民的死亡是英美两国入侵——主要是空袭的结果[51]。五角大楼对这个估算有异议，他们最初诉诸越战，以此为例说明他们拒绝清点伊拉克死亡人数是有道理的，当时白宫和美军高级指挥官若将精力放在清点敌人尸体上，会造成军事失败和人类的灾难。但是，不难看到，拒绝清点伊拉克死亡人数意味着他们在另一种意义上不算数——也就是说，在拉什多尔效益主义原则——"每个人都算作一，没有人多于一"的意义上不算数，事实上应当被这样解释，有些人——"低劣种族"的成员——少于一。

可以相信，美国的对伊政策在实践上隐含着，不像对待美国人那样对待伊拉克人，这并不需要我们相信，这种政策被有意识的种族主义态度所引导并用来对待伊拉克人（或一般而言的阿拉伯人）。更重要的是追踪这个政策的有规则的和可以预测的后果。这引发了一个密切相关的问题。以上引用的关于伊拉克死亡人数的研究提醒我们，一如其他地方，在伊拉克，美国军事力量的最重要的单向投送方式是轰炸机和导弹。当然，可以预料的是空袭杀害了很多平民。五角大楼将这些死亡与战争中的死亡区分为不同类别，并贴上"附带伤害"的标签。这个中性词语大概意味着传达这个思想，因美国空袭而被害的平民是美军在完成他们的主要任务时，针对武装敌人的军事行动而产生的一种非故意的和不受欢迎的副作用。但不明显的是，这种思想足以免除美国军事人员（以及他们的文职长官）对"附带伤害"所应承担的责任。毕竟，过失杀人罪是专门用来处理非故意杀人案的，其中人们以一种相关的方式表明，犯罪者因过失而杀人。此外，因空袭而被害的平民不只是一个一次性意外事件，而是使用空中力量的一种常规的、可以预测的结果。因此，即使美军飞行员以及他们的文职官员和军事指挥官没有以杀害平民的目的行事，但他们知道他们可能造成这样的结果。他们不能因而否认应当为他们的行为所造成的这个后果负责。

当然，只说他们不应当采取空袭的行为是不够的。即使我们将在二战期间对德国和日本的饱和轰炸的有关争论置于一旁，盟军的空中力量对交通枢纽的攻击还是造成了 12 000 名法国和比利时平民的死亡[52]。有人可能还想说，如果权衡轰炸法国和比利时可能造成的平民伤亡与让世界摆脱纳粹蕴含的全部收益，那么这些袭击仍可以因其击败纳粹德国的目的而得到辩护，这可能就是格里芬主张的那种权衡的案例，认为我们必须做这样的权衡，而且这并未明显违反基本平等原则。当然，伊拉克战争的辩护者可能辩称，在这个案例中，幸福算法会得出相同的结论——在伊拉克的平民伤亡人数与摆脱萨达姆·侯赛因的统治，为伊拉克带来自由民主制度所产

236

177

生的益处正好互相抵消。但是，首先，即使战争能这样辩护（我不相信可以这样辩护），这也不能免除袭击者的空袭造成平民伤亡的责任——这是美国和英国的政治与军事领导人经常否认的应当承担的责任。其次，即使将战争的直接动机问题完全置于一旁，我们在伊拉克看到的两种完全不同的做法——一方面，美国和英国为避免自己军队的伤亡而处处小心谨慎，另一方面，空中打击造成常规的和可预测的大量伊拉克平民的伤亡——的确违反了基本平等原则，特别是由于这两者是有联系的：使用空中武力之所以很有吸引力，是因为它可以减轻己方军队陷入危险的程度。当然，如果要求今天的将军回到一战中那些将军的做法，积极地寻求伤亡，必然是愚蠢的，但强大的军事力量造成大规模伤亡，这确实让很多人在道德上感到不安。若要明确陈述理由，说明人们为什么感到不安，一个方式就是阐明这种模式违反了基本平等原则。

麻烦是在当代世界中尽管人们不是直接以大规模人员伤亡为目的，但这造成的不可避免的死亡是有规律的和可预测的，而英美从空中发起战争并非唯一的案例。确实，贫困和不平等也造成伤亡，其规模远远大于五角大楼。托马斯·博格已经搜集了一组令人作呕的统计资料：1998 年，58.2亿人中有 12.14 亿人每天的收入不足 1 美元；28 亿人一天生活所耗费的低于两美元，这是世界银行制定的贫困线标准；每年有 1 800 万人因与贫困相关的原因而夭折，是全部人类死亡人数的 1/3。博格估计，在冷战结束后的 14 年间，2.5 亿人死于饥饿和可预防的疾病："这些人的名字，如果以越战纪念碑的方式列举出来，将写满一面 350 英里的墙。"[53]

在不断增长的全球不平等的语境中，大规模的贫困仍然存在：全球人口中最富有的 5%的收入与最贫困的 5%的收入之比已经从 1960 年的 30∶1增长到 1990 年的 60∶1 以及 1997 年的 74∶1[54]。博格预测，不平等——尤其是在南北之间——现在如此大，以至于只要全球收入的 1%，相当于每年3 120 亿美元，就足以根除严重的遍及世界的贫困问题[55]。因而，"人类可能从经济上消灭饥饿以及可预防的疾病，同时又不会给任何人带来真正的麻烦，这种可行性在人类历史上第一次出现"[56]。值得反思的是，这个数额远远低于美国的国防预算。在 2006 财政年度，布什政府要求国防预算不低于 4 193 亿美元[57]。一个人不必成为一个平等主义者，就会赞成这种转换：以相当保守的慈善为根据，人们就可以为这种转换做辩护，或通过拉兹提出的减少痛苦来为其做辩护。博格认为，北半球的富裕国家就要对每年 1 800 万人的死亡负责，尽管没有一个富裕国家积极寻求这些人死亡：

> 我们在道德上与全球贫困之间至少有三方面重要联系。首先，他

们的社会起点与我们的都是从同一个历史过程中产生的，这个过程弥漫着大量的严重错误。种族灭绝、殖民主义和奴隶制等类似的历史上的不正义都可以用来说明他们的贫困和我们的富足。其次，他们和我们都依赖同一种自然资源基础，在很大程度上，他们并未使用这些资源，没有获得补偿。富裕国家和发展中世界的精英们以双方共识的条款瓜分这些资源，而没有"留下足够多和好的"资源给其他大多数人。最后，他们和我们共存于同一个全球经济秩序中，这往往要将全球不平等秩序永久化，甚至要加剧这种不平等。

即使存在这些联系，我们也没能采取一种严肃的努力以减少贫困，这不仅意味着缺乏善行，而且意味着我们主动用经济手段造成了千百万人遭受贫穷、饥饿和被杀害。[58]

在这里，博格将南半球和北半球国家视为大体没有多大差别的实体，这是错误的（他将贫困国家的精英排除在外，这些精英从"以国家的名义自由地借用……自由地处置国家的自然资源的特权"中获益）[59]。在发达国家中也存在大量的财富、收入、资源和政治权利上的不平等：美国或欧盟的大多数公民对其统治者的政策和大型跨国公司有多少控制权呢？[60] 但是，博格的基本点当然是正确的。当今世界盛行的不平等导致了数百万人本可以避免的死亡。这些死亡——以及伴随这些死亡的所有其他形式的痛苦——是系统地造成的：它们是现存社会和经济结构的常规运行的一个可以预见的结果。但是，事实上没有人有意地造成这些死亡，可这并不意味着没有人对这些正在发生的死亡负责，就像美军指挥官和空勤人员不能否认要对平民死亡负责一样，因为这是他们合规则地预见到的。这个分析提出了各种各样的问题，但我想集中思考的是，如何恰当地描绘这里出现的错误。博格认为，若容忍贫困造成的死亡，就违反了我们都必须承担的压倒一切的消极义务，我们都"不要错误地对待（过分地伤害）他人"："继续支持全球秩序和那些塑造与维持这种秩序的国家政策，而不采取制度改革方面的补充行动或保护受害人，我们就要对这些可以预见的过分的伤害承担一种消极责任。"[61] 当然，这引出责任范围的问题：谁算是我们绝对不能伤害的一个他人？在这里，基本平等理念再次发挥了作用，它要求任何人都被看作与他人同等重要。更一般而言，出生中的意外让数百万人或者夭折，或者短命，或者生活悲惨，当我们力图说明这在道德上是如何可怕的时候，在我看来，这不仅是其中包含的苦难的问题，而且还是这样一个事实的问题：由于资本主义世界经济的非人机制，与一些幸运的人们相比，很多人被看作是不屑一顾的和不值得关心的——在德沃金原生运气的

239

意义上，这些足够幸运的人们出生在更优越的环境中。所以，平等作为一种理想是有意义的：不是那种模糊的人本主义的胡扯，这种胡扯被拉兹否定了。

人们应如何赋予这个理想以更多内容呢？例如，一个平等主义至善论者可能说，每个人都应当被提供些资源，这将给他一个获得幸福的平等机会（正如我们已经看到的，幸福在这里不能被化约为一个人在实际偏好上的满足）。作为一种正义观，这明显与前面两章所捍卫的实在论意义上的社会本体论相一致。当我们将幸福概念置入平等主义正义观，不是要人们遵循被严格界定的道德实在论，即这个理念——判定评价语句的真价值的方式与判定另一类直陈句的真价值的方式是相同的[62]。（尽管，实际上，我确实接受道德实在论。）但是，如果我们将道德判断与一个人过得怎么样联系起来——而这时平等进入这个图景，那么我们会将其与其他人过得怎么样联系起来——这确实需要我们密切关注一般而言和在特定的社会中人类有哪些东西是相似的，关注哪种环境可能促进他们的繁荣——换句话说，就要关注格里芬所说的"一种人性的因果论"。这就可能将规范性政治哲学与解释性社会理论结合起来。

若要看它如何发挥作用，就要考虑刚刚勾勒的平等机会概念。重要的是看到"机会"在这里必须被理解为客观的——也就是说，一个人获得的优势并不取决于他相信自己以什么样的途径来获得，而是取决于机会，即社会主导机制真正给他提供的那一套选项[63]。现在任何社会理论都必须有一个社会结构理论。但是，正如我在上面第六章第一节所认为的，恰恰是社会结构赋予人们以实现他们目的的特殊力量[64]。这是对的，例如，马克思主义生产力与生产关系理论，分别包括人类的生产能力和有效控制这些能力的模式。但是，韦伯式的社会结构观也是正确的，如米歇尔·曼恩的权力网络理论[65]。

根据这种解释，那么，平等主义至善论将阐述这些正义原则，而解释性社会理论要识别社会机制，正是这些机制能在或大或小的程度上使个体获得正义原则所需的机会。更具体来说，考虑上面所讨论的全球不平等的规模，解释性社会理论之于规范性政治哲学的特殊意义在于，它提供了一个用来对社会不正义的来源进行一种现实主义阐述的基础。雅克·比岱在研究罗尔斯时提到，罗尔斯在将不正义问题和克服这种不正义的伦理学与政治学理论作为主题上失败了[66]。随着时间的流逝，这个失败变得更加凸显。罗尔斯在《万民法》中将差别原则用于作为整体的世界，由此拒绝将其拓展为一种世界主义。他主张，"关系到一个国家命运的最重要因素是

其政治文化——其成员的政治与公民德性——而不是其资源水准"[67]。这
表明社会之所以贫穷，不是因为诸如其在全球经济体系中的位置，而是因
为它们实际上选择的国内政治文化。它们的困境不是糟糕的原生运气使然，
而是体现了它们的社会与政治制度选择。所有这些是特别古怪的，因为在
讨论民族-国家内部的正义时，罗尔斯恰恰持一种相反的立场，其著名的主
张是：

> 我们在自然禀赋的分配中的位置不是我们所应得的，我们在社会
> 上的初始起点也不是我们所应得的。如果我们拥有出众的个性，能使
> 我们努力培养能力，那么我们是否应得这种出众的个性也是成问题的；
> 因为这样的个性在很大程度上取决于人们早期的幸运的家庭和社会环
> 境，对此我们不能提任何要求。[68]

所以，尽管个人不应得其个性，因而也没有资格在物质上从他们允许
我们所做的那样受益（除非这也有利于处境最糟的人），但社会应得其政
治文化，因而也应得富有或贫困，这可能注定使他们如此。罗尔斯将这里
涉及的不一致完全置于一旁，结果得到了一种与"华盛顿共识"紧密一致
的全球正义观，根据这种正义观，社会的贫困是因为它们未能成功采用
"善治"的适当标准，这些标准命令他们信奉新自由主义，向跨国公司开
放它们的市场。另一种不同的思路，与上面勾勒的策略相一致，包括两个
截然不同却相互依赖的因素。首先，它明确将世界主义纳入其正义观，巴
里将其定义为"一种由三个因素组成的道德立场：个人主义、平等和普遍
性。其价值单位是个体的人；它并不承认以道德分量的多少来确认人的任
何范畴；而是将所有人都包括在内"[69]。在这个意义上，人们可能将世界
主义视为从地理学角度阐明瓦尔德隆的未分化的人类域概念——但它有激
进的含义，即正义原则在全球适用。它不同于比岱的世界主义，因为比岱
断言——社会契约必须在全世界拓展——并将这个断言与松散的黑格尔主
义理念结合起来，按照黑格尔主义理念，由于突现调控资本主义世界体系
的全球国家趋势，所以政治获得一种世界主义形式（参见上面第一章第二
节）。在这里遗漏的是，没有提出任何一种恰当的规范的世界主义正义观，
它的一些先决条件已经在这一章出现了。

但是，其次，若没有一种现实主义的关于贫困和不平等的政治经济学
的贡献，任何正义观都必然是不完备的。这首先需要形成一种结构的语境，
使行动者能获得追求目标的能力。一位重要的马克思主义政治经济学家阿
瑞吉评估了撒哈拉沙漠以南的非洲——世界上最贫困的地区，这评估是这

方面的典范，与罗尔斯显然指责那些受害者的努力形成了鲜明的对比：它重构了各种环境之间的相互联系——20 世纪 70 年代和 80 年代全球危机的影响，随后美国对金融与军事力量的垄断在回应危机方面，非洲遭受的历史和经济上的相对劣势（首要是与东亚对比），以及非洲精英的政治失败——都使大陆上如此多的人们生活在苦难中。阿瑞吉谨慎地指出这些精英对这种状况所应承担的责任：

> 尽管大多数国家为提升其国民经济在全球财富等级体系中的地位可以有所作为，尽管它们为增加（或减少）其公民的幸福水准，无论处于什么样的贫困或财富水准上，都能有所作为，但可能做得太少……从这种立场看，大多数非洲统治集团所做的远远低于它们的能力所当为。[70]

这种分析使我们探究结构与能动性之间的复杂的相互作用及其造成的全球贫困与不平等。更广泛地说，通过一种相互质疑与合作的过程，平等主义的规范性哲学与马克思主义政治经济学能提供一种更强大的知识框架，在这里，我们能极大地化解仍然支配我们的世界的不正义的本性和根源。

第八章

结　论

本书从两个方向展开论证。首先，在第一部分，我对一系列当代理论 243
家——于尔根·哈贝马斯、雅克·比岱、吕克·博尔坦斯基、夏娃·希亚
佩洛、皮埃尔·布迪厄、阿兰·巴迪欧、斯拉沃热·齐泽克和安东尼奥·
奈格里展开了一种内在批判。这之所以是一种内在的批判，是因为我不是
基于一套独立制定的标准去发现他们的缺陷，而是力图表明这些不同的理
论家何以未能以他们自己的方式为社会批判以及更广泛地说，为超越提供
一种可靠的哲学基础，我们理解的社会批判与超越指的是有能力超越由现
存的信仰和习俗所设定的限制。这项论证在更广阔的领域展开，其结论是
通过关注当今最有哲学雄心的两位激进思想家——巴迪欧和奈格里而得出
的。在第二部分，我试图勾勒另一种方法的一些内容，它使我们更有效地
构思如何超越。我在这里超出了纯粹的内在批判，即仅仅从理论批判生成
的内容中得出积极的结果。第二部分的三个主题——现实主义本体论、马
克思主义结构性矛盾理论和中立的规范性平等主义正义观念——在第一部
分讨论的任何理论家那里都找不到；事实上，被认为仅从理论批判的内容
中产生积极结果的这些论题之所以恰当，在于其为克服在我的批判中暴露
出来的缺点和局限性来说是必需的[1]。

在结论这一章，我想归纳第一部分和第二部分的论证，以阐明那些在 244
我看来似乎是主要的影响。这么做，我有时会重复，有时也会拓展那些已
提出的观点。

（1）本体论问题。这是一个让我自己感到最为惊讶的结果。尽管（或
者有时候是因为）海德格尔试图唤醒本真的存在之思，但 20 世纪哲学发展
的主要推动力一直是从本体论中解放出来的，例如，科学哲学大多关注认
识论、方法论和历史性问题，而德里达从事的是对在场的形而上学的解构。
我本人受到加斯东·巴什拉很大的影响，而唯心主义哲学家以这种本体论

为手段，试图控制和左右科学研究。但是，从原则上说，将认识论和本体论分开是不可能的：例如，实在论提供了一幅思想和世界之间关系的独特画面，它含蓄地表明世界的面貌。通过辩称如今的规定是老生常谈，即科学潜在地可以无限发展的理念，依赖于人们对宇宙本身是无限这个命题的认同，随之依赖哥白尼革命，保罗·费耶阿本德一度强调认识论的标准与宇宙论的相互依存关系：

> 那种认为自然在质量和数量上都无限丰富的想法导致一种欲望，去做出新发现的欲望，进而产生一种内容增加的原则，为我们提供了用以下方式来判断理论的另一种标准：如果一个理论获得的内容超出已知的内容，那么该理论就比那些没有超出已知理论的内容更受欢迎了……这种要求在一个由一定数量的基本性质组成的有限的世界中是没有意义的。[2]

本体论、认识论和实证科学之间的边界因而并不是完全泾渭分明的。虽然认识到了这个普遍真理，但我没想到当本体论进入当代批判理论，竟有如此大的笼罩力。然而，事实证明，例如，博尔坦斯基和希亚佩洛的反实在论表明，它极大地限制了对他们阐述的兴起中的资本主义新精神的批判力度。事实上，这两种差别很大的且在某些方面直接对抗的本体论预示了巴迪欧和奈格里的思想。因此，我在本书第五章不厌其烦地阐明罗伊·巴斯卡提出的那种批判现实主义的本体论，并指出它如何能调节各种力量，并克服这些形而上论述的缺点。我必须承认，我对整个主题还保留谨慎的态度。因为任何本体论都是一种先验论，所以它对任意和过度的想象都是很开放的。费耶阿本德提出的在科学革命中产生的新宇宙论何以有可能改变本体论和认识论的例子，与强烈要求重新反思哲学前提的解释性理论中的那些突破，说明事情是如何运作的，当然，这个关于非常复杂的历史过程的极其简化的描述只是表明，当它们进展顺利的时候，这个描述才是对事态如何发展的唯一最佳阐明[3]。

（2）马克思主义政治经济学批判的核心。从前面对本体论的简明反思到马克思的《资本论》，看起来像是一个很大的跳跃，但这种变化没有看起来那么随意。我在第六章试图通过阐述马克思主义社会矛盾理论，说明前面所描述的批判的实在论的本体论的作用。这样的理论可以被引入不同的方向——在自然辩证法（第六章第三节）中，在马克思的一般历史理论中，在他的具体的资本主义生产方式理论中。这与马克思自己一直全神贯注的事情是一致的，而且更重要的是，这与目前对采取第三条道路时遭遇的困境所做的回应是一致的。关于这个困境的一个占主导地位的事实是，世界正日益被按照一种相当纯粹的资本逻辑的版本来塑造，这在新自由主义和"华盛顿共识"的政策处方中得到了体现。有很好的理由坚持一种强社会结构理论，由于它能更充分地解释那些强大的结构，我们过我们自己的日子的能力，或者是改变我们目前所依赖的世界的能力，就取决于这些结构。

事实上，在本书写作过程中，反复琢磨对马克思《资本论》的解读并不仅仅是在这里讨论各位思想家（或者说，实际上会涉及马克思）的生平的结果。任何真正的批判理论都要置于资本主义，这意味着批判理论要直面有关经济体系的最合乎逻辑的结果，也就是马克思主义政治经济学批判。*246* 然而，这一直以来都是巴迪欧思想的缺陷，即使在他坚守马克思主义的日子里，也没有花多少时间来批判，这一直以来也是哈贝马斯思想的缺陷，在交往行动理论中，资本主义生产方式在功能主义的社会整合逻辑中消失了，这一直以来还是博尔坦斯基和希亚佩洛思想的缺陷，我们在原则上无法在其精神赖以形成的理想政治共同体之外进入资本主义，同样，这一直以来也是哈特和奈格里思想的缺陷，在《帝国》和《诸众》中，资本逻辑要为生产生活的内在胜利让位。当今世界如此全面地深受资本统治，我们仍然需要阅读《资本论》。

这应当是足够清楚的，我并不赞赏人们虔诚地阅读，且为忠实而汲取和重申教训。我们关于比岱和奈格里的讨论特别强调了在马克思话语中的重要的双关语：与任何复杂的理论著作一样，《资本论》也需要批判地审视。不仅如此，马克思的政治经济学批判需要在一部新的原创著作中得到延续。尽管第二国际和第三国际的马克思主义存在各种局限性，但他们确实拓展了马克思本人的分析，特别是他们试图将资本主义发展的特殊阶段概念化，即他们所说的金融资本阶段或（在列宁影响下所说的）帝国主义阶段[4]。后来，马克思主义政治经济学在不同方面得到了发展，其中很多是富有成效的。自 2001 年 9 月 11 日以来的政治危机要求人们重新审视帝国主义问题。在这里，大卫·哈维所采取的方向似乎堪称典范。作为《限制资本》（1982）——一部对马克思的概念做严格的批判性解读的作者，哈维试图用这些概念帮助分析他认为不同于资本主义的"时空压缩"的过程，他最近试图重新表述马克思主义关于资本主义形式的帝国主义理论。他认为，帝国主义必须被视为被他称为权力的两个逻辑的"矛盾融合"，遵循乔瓦尼·阿瑞吉的看法，他分别称这两个逻辑为资本主义的权力逻辑与领土疆域的权力逻辑，"这两个逻辑之间的关系应当被视为问题式的，它们常常是矛盾的（也就是辩证的），而不是功能性的或片面性的"[5]。这种用马克思主义方法研究帝国主义的做法并未非化约地将帝国主义概念化为经济竞争和地缘政治这两种不同形式的斗争的相互作用。这使我们有可能

247 分析布什政府的全球战略，将其视为对长期过度积累和盈利能力的普遍危机的一种回应，视为对主导国家之间的经济与政治权力的动态分配过程的一种回应[6]。这种分析对批判理论来说是极其重要的，因为它使该理论能面对阿甘本所谓的全球性例外状态，而我们现在都生活在这种例外状态的阴影中。

（3）批判的现状。马克思的抱负是建立一种既是解释性又是批判性的理论。为了突出这一点，当谈及这个理论的时候，我倾向于使用他的主要的经济学文本标题或副标题——政治经济学批判[7]。马克思试图提出一种解释性理论，用来揭示资本主义剥削和危机的机制，而不诉诸规范性概念和理念。在我看来，这只是受黑格尔批评康德的影响而特别引起的一个错误。但是，同一错误的不同版本也体现在第一部分讨论的各种批判理论中。这本身可能就是一个值得研究的问题：激进思想为什么不参照某些道德标准，而且为什么如此专注呢？也许人们有一种共同的恐惧，担忧将批判陷入对现状无效的谴责，陷入一种抽象的伦理"超越"中，而缺乏任何有效改变现实的那些能力的手段。它们回避规范性的东西，无论其深层原因是什么，都是一个错误。我在第七章批判性地考察了当代平等主义正义观念提出的一些哲学问题，并力图勾勒一种策略，以便有一个良好的开端弥补这种缺陷。其中有些问题很难，我在论证中完全意识到自己的论点存在不连贯之处。然而，即使不能证明这个策略是解决问题的最佳方法，问题本身仍然是不可回避的。

然而，这并不是在社会批判研究中提出的唯一问题。正是批判理论脱离了深深植根于西方哲学传统中的公正理念。总的来说，当社会与自我分裂的时候，就会出现一些内部冲突，这时批判就出现了[8]。马克思主义社会矛盾理论将这种构成性的分裂作为一种研究主题。但是，当社会处于这种分裂状态时，可以确定的是，任何看法当然都只能是一种局部的和党派

248 的观点，这让我们不可能获得普遍性和真理。但批判思想经常挑战的恰恰是我在最后一句话中所表达的思想。例如，对巴迪欧来说，关于一个事件的真理只能从忠实于事件的解释性干预的视角中呈现出来。齐泽克强调了马克思主义中存在局部与真理的结合以及这种结合与马克思主义中的某种线索相似：

　　　　在马克思主义传统中，这种局部性构想不仅不是一个走向真理的

障碍，而且是真理的积极条件，这在卢卡奇的早期著作《历史与阶级意识》中得到了清晰的表述，而沃尔特·本杰明在《历史哲学论集》中提到一个更直接的弥赛亚主义方式——原始宗教：当一个受害者从他目前的灾难性处境出发，突然洞察所有的过去，将他视为一系列灾难，并发现正是这一系列灾难导致他现在的处境时，"真理"就出现了。[9]

确实是卢卡奇在他重要的文章《物化与无产阶级意识》中最充分地阐发了"局部性"这个作为"真理的积极条件的观念"。他认为，正是工人阶级在资本主义生产关系中的特定地位为此提供了唯一的视角，从中可见这些关系能够被理解为一个总体：

> 只有当工人意识到自己是商品时，他才能意识到自己的社会存在。正如我们已经看到的，他的直接的存在使他作为纯粹的、赤裸裸的客体进入生产过程。由于这种直接性表明自己是形形色色的中介的结果，由于一切都是以这种直接性为前提的这一点开始变得清楚了，商品结构的拜物教形式也就开始崩溃了：在商品中，工人认识了自身以及他自己和资本的关系。只要他实际上还不能使自己超过这种客体地位，他的意识就是商品的自我意识，或者换句话说，就是建立在商品关系、商品交换基础上的资本主义社会的自我认识、自我揭露。[10]

工人作为"绝对商品"的地位，乃是资本主义社会的物化关系的顶点，工人阶级才获得一个立足点，从中可以恰当地将这些关系的本性理解为消除他们的过程的一部分："工人在生活中的纯粹抽象的消极性，从客观上来说，不仅是物化最典型的表现形式，不仅是资本主义社会化的结构模式，而且正因此，从主观上来看，它又是一个转折点，由此可以意识到这个结构，因而能在实际上打破这个结构。"卢卡奇将他的思想表述为马克思这个观念的发展，在1843年《导言》中，马克思将无产阶级作为普遍的阶级——他们的特殊利益与整个社会的利益是一致的[11]。正如我们所看到的，布迪厄的知识分子理论是同一观念的另一种变形，根据布迪厄，科学领域的特殊属性使人们产生了一种普遍的兴趣（参见上面第二章第二节）。布迪厄的论证虽然是有趣的，但他的观点站不住脚，因为介于科学客观性和对平等和自由的不可化约的规范性主张之间的普遍性是模棱两可的。但他试图为这个想法注入活力，即以局部性视角提供进入普遍性的路径，这表明其思想的启发力量还远未殆尽。

巴迪欧、齐泽克和厄斯塔什·库维拉基斯也借鉴了马克思关于无产阶级是普遍阶级的观念（第三章第三节）。但他们的做法并没有多大意义，因为他们都明确将作为政治主体的无产阶级和作为社会阶级的工人阶级截然区别开来。其结果是消除了特殊性和普遍性以及偏见和真理之间的紧张关系，正是这种紧张关系使这个观念如此有力。根据厄尼斯特·拉克劳，"无产阶级"只是其中一个空洞的能指，即在霸权式结合中利用的空洞的能指，那么这个能指就可以用来塑造任何旧的原材料。如果这个能指有所指，那么它实际指称的是阶级，就是那种在经验上具有偶然性的存在，就是巴迪欧以居高临下的蔑视口吻对待的这种偶然性。当然，只要我们看见这些概念表达了不同的事物，否定这种思路并不意味着简单地将工人阶级和无产阶级等同起来，而是说我们要将这些概念视为对一系列结构性场所的占有者和一个集合体的占有者之间差异的表述。换句话说，阶级是一群具有相同结构能力的行动主体，或者，更明确地用马克思主义术语来说，他们在生产关系中具有相同的地位。另外，集合体是一些行动主体组成的集团，他们协调自己的行动，因为他们相信他们有一种共同的身份。一个阶级（或阶级的一部分）可以成为一个集合体，但这绝不是自发形成的[12]。那么，无产阶级作为一个普遍的阶级，作为革命性的政治主体，其行动的能力取决于工人有没有获得一种必要的共同身份的感觉：他们需要有这种感觉才成为一个集合体。

250　　　今天，有一个可以作为社会批判承载者来行动的或现实的或潜在的普遍阶级吗？我已经指出布迪厄关于知识分子可以扮演这个角色的说法大打折扣。哈特和奈格里提出作为新的革命主体的"诸众"概念也经不起仔细的考量，这既因为它作为一个阶级分析的概念具有不足之处，也因为其预设了一种生机论（第四章第三节）。卢卡奇的原初立场是怎样的？他借鉴了黑格尔所说的"思想只能把握它自己创造的东西"，因此将无产阶级视为"社会历史演化过程的主客体的同一"，这是对绝对精神的一种经验性替代[13]。在这里，没有必要在这种极端唯心主义的基础上继续前行。卢卡奇的一个最有力的见解是我称为"一种透视的意识形态观念"的这个公式化表述，据此一个人的信念可能反映了其观察社会总体的视角，这是她自己在社会总体中的位置，更确切地说，这是她在阶级结构中的位置赋予她的[14]。（在这里，布迪厄再次明显地接近卢卡奇的论述："每个场域都是观察事物的视角和习惯中的视角的建制化。"）[15] 因而，资本主义社会的各种机制就只能从被剥削阶级的视角中理解；比较而言，资本主义社会诸场域内的资产阶级视角只能有限地掌握这些机制。弗雷德里克·詹姆逊评论道：

　　　　这种思路根据遏制策略确立意识形态……卢卡奇的成就是他理解

了这样的遏制策略——马克思自己在他的经典政治经济学批判及其建构的精致框架中原则性地描述了这些策略，是为了避免由于劳动与价值的关系这样的洞见而产生的最终结果——只有立即直面而压制理想，才能通过对抗揭开这些策略的面具……在这里，马克思主义无疑意味着，这个思考不知道这种边界，它无限地总体化，但意识形态批判并不取决于对马克思主义作为一种体系的某种教条的或"实证的"观念。毋宁说，这只是用于总体化的命令的场所，马克思主义各种历史形式使自身同样得到有效的批判，正好是对它们自己的局部意识形态的局限，或他们的遏制策略的一种批判。[16]

从这个"进行总体化的命令"的视角看，真正的困难在于无产阶级自身。20世纪的革命想象仍然将无产阶级集体当作其社会参照，这里的无产阶级集体是由第二次工业革命中出现的工人阶级构成的，他们来自彼得格勒和都灵、柏林和格拉斯哥、底特律和比林库尔、格但斯克和圣保罗的大工厂。但是，我们今天生活在这种工人阶级集体的废墟之中，在上一代强大的新自由主义攻击和资本主义的重组过程中，这个集体——正如博尔坦斯基和希亚佩洛所指出的被解构了——被系统地分化了。但是，人们似乎还有很好的理由坚持认为无产阶级是普遍的阶级。我在这里强调两点。首先，我已经论证过，当代资本主义若有什么趋势，那就是将雇佣劳动这个社会经济范畴普遍化，而不是消灭这个范畴。今天的工人阶级集中在新型的工作场所——例如，大卖场和客服中心——但是，这些新事物并不意味着资本更少依赖劳动，即使这种劳动并不生产任何可以辨认的物质产品。然而，不可争辩的是，这种工人阶级是各种不同范畴的雇佣劳动者的聚集，他们分散在一个全球化的经济体系内部，不是任何一种集体，也不是一个革命的政治主体。一方面，无产阶级集体的古老形式——首要的是，北半球的工会运动和社会民主党——在危机中，另一方面，新的形式仍然在形成之中。另一种全球化运动意义重大的原因之一是，它可能提供一种相对有利的语境，特别是它发展了一种用于增强团结和动员的跨国网络，由此人们可以想象并建构这些形式。

齐泽克建议我们不要放弃作为普遍阶级的无产阶级概念，且提出了第二个理由，当他解读本雅明时认为，我们要从受害者的立场看待历史。批判，我曾指出，意味着社会分裂并与自己相对抗。这种分裂的核心是赤裸裸的不正义，它反映了在生活机会方面的骇人的不平等，我在前面第七章第三节对此做过描述。但是，如果这种结构性的不正义使世界破碎化，难道这不是要我们有所偏袒吗？在这个支离破碎的世界，从受到不正义之害的立场出发不是恰当的吗？这些受害者有权获取资源，却被排挤、否定了权利。若要肯定地回应这些问题，就要采取一种道德立场，而不是进行卢卡奇的认识论论证。这与在拉美的解放神学家要求天主教会"优先选择穷人"的建议类似[17]。马克思和卢卡奇提出的普遍阶级概念比这更进一步，因为它不是将无产阶级简单地设想为受害者，而是还将其设想为主体。解放神学家恩里克·杜塞尔论证道，马克思将"活劳动"设想为"肉体的存在"，⋯⋯设想为资本的非存在，"不同于资本的他者的外在性、异质性"。这种解读意图确证，第三世界的穷人对资本来说具有极端外在性[18]。但是，作为资本的他者而存在的工人与存在于资本-关系之外的工人是有差别的。杜塞尔重复引用《1861—1863年经济学手稿》中的一个著名段落，用来支持他的穷人外在于资本的论题，在将劳动力同时称为"绝对贫穷"和"财富的一般可能性"之后，马克思写道："劳动作为资本的对立物，作为与资本对立的存在，被资本当作前提，另一方面，劳动又以资本为前提。"[19] 那么，从马克思的角度看，剥削不仅是痛苦的源泉和不正义的明证，它隐含着雇佣劳动与资本之间互为前提并因而相互依赖的关系（参见第六章第二节。）因而，全球资本的不平衡发展已经将发展中国家拖进跨国公司的生产网络，这是一种希望的迹象。因为正是剥削者对被剥削者的劳动的依赖，使工人阶级有力量改变世界，因而结束所有受资本压迫的人们遭受的痛苦与不正义[20]。社会批判必须以这种普遍解放的视域为背景——即使我们只是刚刚可以想象和建构一种能带来这种改变的主体。

（4）政治的意义。我们需要一个建立在社会根基上的普遍解放计划，而这种需要涉及批判与政治之间关系的问题。这是一个很难的题目，因为政治本身似乎是这样一个完全堕落的领域。在"华盛顿共识"的旗号下，传统的政治已经被降低为国家的微观管理，这服从于一套每个"严肃的玩家"都只将其当作理所当然的新自由主义政策的处方，即使其效应只是排除了大部分秩序治理的政策选项。因而，社会被重新自然化，政策制定被化约为技术。此外，政党政治不断成为协调机制，权力越来越集中于日趋专断的领导人以及他们的随从们手中，大多数公民日益退出公共生活，就完全不必惊讶了：当政客和公司都以同样的方式试图愚弄人民，使人民沦为只是做出无关紧要选择的消费者，公民实践为什么看起来是有价值的呢？当更多严肃的决定无法被排除在公共领域之外，例如，入侵伊拉克，政府就通过歪曲议题，丑化有切身体会、分析透彻的不同的反对意见，说这些意见禁不起理性讨论的检验，会破坏决策过程。齐泽克将这称为"后政治"，因为它取消了"真正的政治"和"不可能的艺术"，而真正的政治

"改变的恰恰是现存体系中被看作是'可能'的东西"[21]。这并不意味着更深切感受到的政治简单地消失了，而是迁移到传统政治体系的边缘空白处表达自身，一方面，它表现在被污名化的少数群体的排他性民族和宗教身份的声明中，表现在不同种类的宗教激进主义中；另一方面，也表现在有倾向性的世界性运动——例如，反全球化运动和反战抗议，以及反全球贫困的运动中。

于是，当代批判理论家像布迪厄与巴迪欧那样，以不同方式介入公共领域——他们将传统政治保持在自己的活动范围内——就不足为怪了。但是，政治的含义不只是敌对性霸权机器之间难以言表的无聊对抗。它似乎还有两个特别重要的含义。一个是经典马克思主义国家理论所表明的，政治在这里是聚集和凝结社会总体中诸矛盾的领域。这个事实并没有仅仅因为今天的政治已经表现为"后政治"而简单地消失了：实际上，在新自由主义占据霸权的情况下，在关键政策领域做出决策的权力要屈服于金融市场或已转移到像中央银行的公共机构手中，这些机构并不对公民或他们选出的代表负责，这不意味着这些领域的政治性有任何减弱。这个意义上的政治的持续后果在"9·11"以来的多年危机中凸显出来：在伊拉克战争问题上，国家体系四分五裂，相当意外地表明，对外政策如何急速地将更深刻的张力传导到全球政治经济中[22]。因而，当齐泽克将马克思主义批判为"对这种政治要素以及对政治冲突的适当逻辑的一种否定"时，就太过分了。

在平等主义正义观盛行的社会，在我看来只能是共产主义社会，人们可以合情合理地期望各种冲突不像在阶级社会中那样具有激烈和系统化的特征，在阶级社会，获取资源并因而获得益处的分配是非常不平等的，相对而言，共产主义社会的冲突经得起一种民主决策过程的辩论与妥协的检验。但是，各种冲突的出现经常要求集体协商来解决。一种平等主义的正义观能提供一个规范性框架，在其中进行这样的协商，尽管人们无疑会继续产生争端，但它要讨论的问题是，（如果有不同的观念，那么）应当选择什么观念[23]。

当代激进运动对政治的看法往往是模棱两可的。有些人希望看到民族-国家或诸如欧盟的地区性组织能（重新）获得能力，以控制不断上升的市场力量；宽泛地说，这与博尔坦斯基和希亚佩洛认为社会批判可以更新资本主义并扮演这个角色的思路是一致的。其他人表达了对国家的一种深深的怀疑，正如霍洛威的口号所概括的，现在它被哈特和奈格里所采用，"不夺取政权就能改变世界"。这两种立场似乎都不充分。前者的意思是，国

254

255

256

家是一种能被动员起来反对资本的中立力量，且能限制资本的运作，而上一代的全部历史经验强调的是国家和资本绑在一起的连接力量。后者忘记了，如果我们忽略了国家，随之而来的也不是国家将忽略我们。这是以出走的方式抵抗，它包含的承诺是，我们可以种植我们自己的花园，我们可以找到一个没有资本主义的地方生活。但是，今天的资本得到国家强有力的援助，正在侵占世界的花园，并在那里种基因改造的作物。如果构建一个新的无产阶级集体，一个上文探讨过的新的革命主体，就有了挑战的能力，这样就需要面对和打破现存国家的权力，创造大众力量的形式，这种力量能根据某种优先顺序支配世界及其资源，这与现行的占统治地位的优先顺序是截然不同的[24]。

这引导我们走向超越"后政治"的第二种政治含义。这是一种在古典的共和传统中得到理解的政治，在那里，自由具有一种集体主体的性质，拥有建构和重构社会秩序的最终权力。这种权力显然不同于在各种新自由主义选项中表达自己偏好的权利，在当代"后政治"的视域中，公民权逐渐被归约为这种权利。而且，问题是如何建构一个能够行使构成权力的主体。重要的是看到，这并不要求我们想象一个宏观的主体，个体的身份被融入其中。哈特和奈格里将诸众视为这种力量的突现的承载者。他们的优点之一是坚持个体的人的单一性："提出诸众概念的挑战是，对一种社会多样性来说，如何在保持内部不同的同时，一起进行沟通与行动。"[25] 但是，正如我在上文（第四章第三节）试图表明的，哈特和奈格里将这种主体构想为在趋势上已经存在的东西，而我认为这种主体仍然在形成中。诸众理论失去了美德（*virtù*）——马基雅维利理解的共和政治的一个关键维度，即要仔细校准创造性的干预，通过这些干预，一种政治计划才能实现，才能避免意料之外的危险，并把握机遇，这都是在命运和人们遭遇的客观情境中出现的，这种美德能掌握政治计划以朝向目标。这种走向政治的策略理路与单纯的机会主义战术非常不同，因为这清晰地显现为，要经过不懈的斗争，才能将策略与环境联系起来，而不是把握它可能带来的直接回报的时机。虽然一种新的政治主体绝不是人为制造的，然而具有创造力（也许像卢梭的立法者），但这种策略性思考是这种主体形成过程中的一个本质性要素。正是因为命运带来的东西是不可预料的——谁能严肃地认为他已经预知了"9·11"之后全球政治的新格局呢？——策略性判断不能从更一般的理论前提中演绎出来。但是，一个比较丰富而现实的批判理论能帮助人们勾勒客观的语境，并详细说明规范性原则，这二者一起规定了这种规范性原则在其中移动的空间。在本书中，我已经试图探究当代思想为这

257

样一种理论提供的资源[26]。

关于当前的一种思路是，将其视为一个转型的时刻，其中一种政治主体已经死亡，新的还尚未出现。在另一种全球化的旗帜下，不同形式的反资本主义的抵抗运动汇集起来，人们可以将其作为这种主体即将出现的第一次萌芽。这使人们容易理解"各种运动中的运动"的混乱与不确定性，并将其视为给刚开始突现的东西以最终形式的各种实验摸索和不成熟的尝试的混合物。当然，它们既从彼此又从另一种全球化的行动主义者的网络中以非常不同的登记名称出现，是临时展开的，我在第一部分探讨的多种批判理论也带有这个过渡时期的标志——但是，在某种意义上，它们都是"后"马克思主义，都指向各种抵抗或驾驭资本主义的新方式。这些理论家发现他们自己处于某些困难中，困难的共同来源是，试图超越马克思主义，因为强壮的资本主义表面上取得了胜利，却凸显了马克思主义政治经济学批判的现实性。这样说不是要在正统马克思主义中寻求庇护：在第二部分我试图捍卫一种经典马克思主义的版本，而一种批判实在论的本体论从底层对其加固。但是，没有理由局限在与罗尔斯或巴斯卡的对话上。事实上，本书也致力于拓展这种讨论——并非以一种非批判混合的精神，而是出自一种向那些与自己有深刻分歧的人们学习的愿望。无论如何，这似乎是我这时能采取的最好的立场，尽管地平线上阴云密布，但闪烁的红云也许预示着新的一天的黎明。

258

注　释

导　论

259 　　[1] 不过，正如我们将在后面的第四章第三节中看到的，内在性——超越的神学概念的反义词，即上帝等同于世界的观念，由斯宾诺莎做出了最有影响力的阐述——是一个重要的主题，托尼·奈格里为此发展了一个社会批判的版本。

　　[2] 其中有一个例外，参见 W. Easterley, "The Lost Decades: 'Developing Countries' Stagnation in Spite of Policy Reform", *Journal of Economic Change*, 2001 (6). 罗伯特·珀林在《下降的轮廓》(*Contour of Descent*, London, 2003) 中给出了对自由主义经济表现的一份确凿调查。在《新帝国主义》(*The New Imperialism*, Oxford, 2003) 中，大卫·哈维描绘了新保守主义对乔治·布什的管理施加了多大的影响，作为激进的新自由主义，它是一种专制的军国主义，虽然它"将继续采用一种基于通过剥夺而实现积累的政治经济学"(pp. 201-202)。相比之下，乔瓦尼·阿瑞吉认为，"新保守主义的帝国计划从根本上远离了20世纪80年代和90年代的新自由主义，这个距离比哈维所承认的要远得多"，参见 "Hegemony Unravelling", I, New Left Review, 2nd ser., 2005 (32), p. 51. 也可以参见博阿尔等在 *Afflicted Powers* (London, 2005) 这本书的 "反驳" 部分对 "军事新自由主义" 的讨论。

　　[3] J. -F. Lyotard, *The Postmodern Condition* (Manchester, 1984), pp. 16-17, 10, xxv.

　　[4] J. -F. Lyotard, *The Postmodern Condition* (Manchester, 1984), p. 66.

260 　　[5] J. Baudrillard, *The Illusion of the End* (Cambridge, 1994), pp. 81, 92, 108. 也可以参见 J. Baudrillard, *Simulations* (New York, 1983).

　　[6] 参见 E. Bircham and J. Charlton, eds, *Anti-Capitalism: A Guide to the Movement* (London, 2001), A. Callinicos, *An Anti-Capitalist Manifesto* (Cambridge, 2003), D. Bensaïd, *Un nouvel internationalisme* (Paris, 2003), T. Mertes, ed., *A*

Movement of Movements（London，2004），S. Tormey，*Anti-Capitalism*：*A Beginner's Guide*（Oxford，2004），以及 H. Dee，ed.，*Anti-Capitalism*：*Where Now*?（London，2004）.

［7］L. Boltanski and E. Chiapello，*Le Nouvel Esprit du capitalisme*（Paris，1999），esp. part Ⅲ.

［8］这里没有任何贬低弗朗索瓦·凯斯内、杰拉德·迪梅尼尔、多米尼克·列维和克劳德·塞尔法蒂以及其他学者著作的重要性的意思。

［9］M. Hardt and A. Negri，*Empire*（Cambridge，MA，2000），p. 413.

［10］E. Laclau and C. Mouffe，*Hegemony and Socialist Strategy*（London，1985），p. 4.

［11］A. Callinicos，*Equality*（Cambridge，2000），esp. ch. 3.

［12］F. Jameson，*The Political Unconscious*（London，1981），ch. 1（引自第 53 页）。也可以参见下面的第八章。

第一章　现代性及其承诺：哈贝马斯和比岱

［1］J. Bidet，*Théorie générale*（Paris，1999），p. 9. 在后面的第二章第一节也讨论了博尔坦斯基和希亚佩洛的著作。

［2］想要一个精彩的概述，参见 J. Roemer，*Theories of Distributive Justice*（Cambridge，MA，1996）.

［3］B. Barry，*Justice as Impartiality*（Oxford，1995），p. 214. 也可以参见 Bidet，*Théorie générale*，pp. 325，337.

［4］想要更详细的对这些文本的批判性讨论，参见 A. Callinicos，*Against Postmodernism*（Cambridge，1989），ch. 4.

［5］A. Honneth，*The Critique of Power*（Cambridge，MA，1991），p. 62. 更多可参见 A. Callinicos，*Against Postmodernism*（Cambridge，1989），part I.

［6］J. Habermas，*The Theory of Communicative Action*，I（London，1984），p. 390.

［7］J. Habermas，*The Philosophical Discourse of Modernity*（Cambridge，1987），p. 315.

［8］J. Habermas，*The Theory of Communicative Action*，II（Cambridge，1987），p. 355.

［9］J. Habermas，*Between Fact and Norm*（Cambridge，1996），pp. 105，56.

［10］J. Rawls，*Political Liberalism*（expanded edn，New York，1996），p. xviii.

［11］Habermas，*Between Fact and Norm*，p. 45.

［12］Habermas，*Between Fact and Norm*，pp. 46，26. 对照 Habermas，*The Theory of Communicative Action*，II，*Passim*. 哈贝马斯假设社会再生产取决于规范性的

整合（尽管他描述了系统和生活世界的对立），但他没有适当地考虑到由大卫·洛克伍德描述的社会和系统整合之间的根本区别：参见洛克伍德对规范功能主义的经典批判，"Social Integration and System Integration"，in David Lockwood，*Solidarity and Schism*（Oxford，1992）。作为这本书再版的附录，也可参见本书第六章第二节。

［13］Habermas，*Between Fact and Norm*，p. 51. 参见 On Parsons's evolution，A. Callinicos，*Social Theory*（Cambridge，1999），pp. 237−245.

［14］Habermas，*Between Fact and Norm*，pp. 55，26.

［15］Habermas，*Between Fact and Norm*，p. 4.

［16］Habermas，*Between Fact and Norm*，p. 4.

［17］Habermas，*Between Fact and Norm*，p. 27.

［18］法律效力这个概念已经引起了后结构主义哲学家的兴趣：参见 J. Derrida，*Force de loi*（Paris，1994），以及 G. Agamben，*Etat d' exception*（Paris，2003），ch. 2.

［19］Habermas，*Between Fact and Norm*，pp. 27，30.

［20］G. W. F. Hegel，*Elements of the Philosophy of Right*（Cambridge，1991），§ 156；p. 197. 对照 J. Habermas，*Between Fact and Norm*，pp. 159−162.

［21］Habermas，*Between Fact and Norm*，p. 64.

［22］Habermas，*Between Fact and Norm*，p. 457.

［23］Habermas，*Theory of Communicative Action*，I，p. 398.

［24］Habermas，*Between Fact and Norm*，p. 99.

［25］Callinicos，Against Postmodernism，pp. 104−113. 也可以参见下面的第五章第二节。

［26］Habermas，*Between Fact and Norm*，pp. 445−446.

［27］R. Rorty，Contingency，Irony，Solidarity（Cambridge，1989），pp. xvi，44，48，67.

［28］Habermas，*Between Fact and Norm*，pp. 62−63.

［29］C. S. Peirce，"Some Consequences of Four Incapacities"，in *The Essential Peirce*（2 vols，Bloomington，1992，1998），I，p. 52. 也可以参见 Peirce，"Pragmatism"，ibid.，II，p. 419.

［30］Habermas，*Between Fact and Norm*，p. 15.

［31］Habermas，*Between Fact and Norm*，pp. 20−21.

［32］Habermas，*Between Fact and Norm*，p. 155.

［33］Habermas，*Between Fact and Norm*，p. 14.

［34］Rorty，Contingency，Irony，Solidarity，ch. 1，pp. 5，7. 罗蒂论述真理的最充分的结论可以在这本书中找到：R. Brandom，ed.，*Rorty and His Critics*（Oxford，2000），其中包括哈贝马斯和罗蒂之间的交流。也可以参见下面的第五章第

262

二节。

[35] Habermas, *Between Fact and Norm*, pp. 7, 452-453. 哈贝马斯对于将道德原则的任何部分赋予法律体系都充满敌意，这导致他反驳罗纳德·德沃金的"作为正义的法律"这个有趣的理论，这个理论认为审判就是提供对与美德的内容相符的实证法的可争议的诠释，但是它不能还原为正义，它是"独白式的"，甚至是"唯我论的"（ibid., ch. 5, pp. 222, 225）——批判，这显然以接受哈贝马斯的交往行动理论为前提。可对照 R. Dworkin, *Law's Empire* (London, 1986).

[36] Rawls, *Political Liberalism*, p. 35.

[37] Habermas, *Between Fact and Norm*, pp. 17, 66, 460.

[38] Habermas, *Between Fact and Norm*, p. 318.

[39] Habermas, *Between Fact and Norm*, pp. 372, 356, 367. 哈贝马斯引自 B. Peters, *Die Integration moderner Gesellschaften* (Frankfurt am Main, 1993).

[40] Habermas, *Between Fact and Norm*, pp. 359, 378.

[41] Habermas, *Between Fact and Norm*, p. 175.

[42] 关于英国的情况，参见 G. Monbiot, *Captive State* (London, 2000)，而更广泛的思考，参见 E. M. Wood, "The Uses and Abuses of 'Civil Society'", in R. Miliband and L. Panitch, eds, *The Socialist Register* 1990 (London, 1990).

[43] Habermas, *Between Fact and Norm*, pp. 356, 358. 也可以参见该书第 380~381 页。

[44] Habermas, *The Structure Transformation of the Public Sphere* (Cambridge, 1989).

[45] Habermas, *Between Fact and Norm*, p. 296.

[46] 例如，参见 Q. Skinner, *Liberty before Liberalism* (Cambridge, 1998).

[47] A. Negri, *Le Pouvoir constituant* (Paris, 1997), p. 1.

[48] Habermas, *Between Fact and Norm*, pp. 299, 301, 305. 也可以参见该书第 486 页。

[49] Habermas, *Between Fact and Norm*, p. 372.

[50] Habermas, *Between Fact and Norm*, pp. 410, 416.

[51] J. Bidet, *Théorie de la modernité* (Paris, 1990), p. 106.

[52] J. Bidet, *Théorie générale*, pp. 401-426（引自第 418 页）。

[53] Habermas, *Between Fact and Norm*, p. 444. 关于科索沃问题，参见 J. Habermas, "Bestialität und Humanität", *Die Zeit*, April 1999.

[54] P. Anderson, "Arms and Rights", *New Left Review*, 2nd ser., 2005 (31), p. 31. 关于论述科索沃问题的批判性文献，参见 T. Ali, ed., *Masters of the Universe?* (London, 2000).

[55] K. Marx and F. Engles, *Collected Works*, III (London, 1975), p. 332. *263*

（马克思，恩格斯. 马克思恩格斯全集：第 3 卷. 2 版. 北京：人民出版社，2002：318. ）

［56］ R. Rorty，"Universality and Truth"，in Brandom，ed. ，*Rorty and His Critics*，p. 22.

［57］ Habermas，"Richard Rorty's Pragmatic Turn"，in Brandom，ed. ，*Rorty and His Critics*，p. 46.

［58］ Rorty，"Universality and Truth"，p. 10.

［59］ Bidet，*Théorie générale*，p. 136.

［60］ L. Althusser，*L'Avenir dure longtemps* （expanded edn，Paris，1994），pp. 523－524. 比岱对阿尔都塞的最广泛的讨论是 "La Lecture de Capital par Althusser"，in P. Raymond，ed. ，*Althusser philosophe* （Paris，1997）.

［61］ J. Bidet，"Pour un contractualisme révolutionnaire"，in id. and J. Texier，eds，*L'Idée du socialisme a-t-elle un avenir?* （Paris，1992）. 也可以参见 Bidet，*Théorie de la modernité*，pp. 124－138，*John Rawls et la théorie de la justice* （Paris，1995），以及 *Théorie générale*，ch. 7.

［62］ Bidet，*Théorie générale*，pp. 151，407. 也可以参见在这本书中对哈贝马斯精彩的批判性讨论，*Théorie de la modernité*，pp. 96－124.

［63］ Marx，*Capital*，I （Harmondsworth，1976），pp. 125，274，272－273. 也可以参见下面的第四章第二节。

［64］ Bidet，*Théorie de la modernité*，pp. 67，71－72.

［65］ Bidet，*Théorie de la modernité*，p. 73. 也可以参见该书第八章。

［66］ Bidet，*Théorie générale*，pp. 41－42.

［67］ Bidet，*Théorie de la modernité*，p. 273. 也可以参见 Bidet，*Théorie générale*，ch. 4.

［68］ Bidet，*Théorie générale*，pp. 36－37，42，17－18，29. 关于元结构的构成要素，可参见该书第 483 页。

［69］ Bidet，*Théorie générale*，pp. 120，127.

［70］ Bidet，*Théorie générale*，pp. 189，185.

［71］ Rawls，*Political Liberalism*，p. 50. 最重要的尝试是系统地探索罗尔斯所说的这种合理的考虑，对此特别可参见 T. M. Scanlon. *What We Owe to Each Other* （Cambridge，1998）.

［72］ Bidet，*Théorie de la modernité*，pp. 297－298；*Théorie générale*，p. 171，也可以参见该书第 149～150 页。

［73］ Bidet，*Théorie de la modernité*，p. 51.

［74］ Bidet，*Théorie de la modernité*，pp. 246，248，273，289，290.

［75］ Bidet，*Théorie de la modernité*，p. 11.

［76］A. Callinicos, "Socialism and Modern Times", in C. Bertram and A. Chitty, eds, *Has History Ended?*（Aldershot, 1994）, 以及 *An Anti-Capitalist Manifesto* *264*（Cambridge, 2003）, esp. ch. 3. 也可以参见这本书对民主型计划经济的详细讲解：M. Albert, *Parecon*（London, 2003）.

［77］尤其是参见 G. Duménil, *Le Concept de loi economique dans le "Capital"*（Paris, 1978）.

［78］K. Marx, *Grundrisse*（Harmondsworth, 1973）, p. 100.（马克思, 恩格斯. 马克思恩格斯全集：第30卷. 2版. 北京：人民出版社, 1995：41.）

［79］K. Marx, Theories of Surplus-Value（3 vols, Moscow, 1963—1972）, Ⅲ, p. 74.（马克思, 恩格斯. 马克思恩格斯全集：第26卷Ⅲ. 北京：人民出版社, 1974：75-76.）最有影响力的历史解释版本是恩格斯在《资本论》第三卷的附录中提出的。关于对此所做的批判, 可参见例如, J. Weeks, *Capital and Exploitation*（London, 1981）, chs. Ⅰ and Ⅱ and Appendix; C. J. Arthur, *The New Dialectic and Marx's "Capital"*（Leiden, 2003）, ch. 2.

［80］Marx, *Capital*, Ⅰ, p. 274.（马克思, 恩格斯. 马克思恩格斯全集：第44卷. 2版. 北京：人民出版社, 2001：198.）更多的关于市场依赖性的意义, 参见 R. Brenner, "The Social Basis of Economic Development", in J. Roemer, ed., *Analytical Marxism*（Cambridge, 1986）, 以及 "The Low Countries in the Transition to Capitalism", in P. Hoppenbrouwers and J. L. Van Zanden, eds, *Peasants into Farmers?*（Turnhout, 2001）.

［81］关于由马克思在《资本论》中的方法所构成的一些认识论问题的讨论, 参见 A. Callinicos, "Against the New Dialectic", *Historical Materialism*, 13. 2（2005）.

［82］M. Foucault, *The Order of Things*（London, 1970）, p. xxii. 巴迪欧也有一个与此想法相同的版本：参见下面的第二章第二节。

［83］Bidet, *Théorie générale*, pp. 150, 39, 19.

［84］E. Balibar, "'Droits de l'homme'et 'droits du citoyen'", *Actuel Marx*, 1990（8）.

［85］Marx, *Capital*, Ⅰ, p. 152.（马克思, 恩格斯. 马克思恩格斯全集：第44卷. 2版. 北京：人民出版社, 2001：75.）也可以参见 A. Callinicos, *Equality*（Cambridge, 2000）, ch. 2.

［86］Bidet, *Théorie générale*, p. 38.

［87］Bidet, *Théorie générale*, p. 146. 比岱在这里回应了我对他的书稿所做的评论：我对多年来我们无论是面对面还是在通信中就这些问题所做的对话, 致以感谢之忱。

［88］也可以参见 Bidet, *Théorie générale*, p. 34 n. 1, 224.

［89］Bidet, *Théorie générale*, p. 9.

[90] Bidet, *Théorie générale*, pp. 177-184. 另一种解释，将斯大林主义社会理解为一个变体的资本主义，参见 T. Cliff, *State Capitalism in Russia* (London, 1988)，以及 A. Callinicos, *The Revenge of History* (Cambridge, 1991).

[91] F. Jmeson, *A Singular Modernity* (London, 2002), p. 215. 然而，我对詹姆逊对现代性思想持激进怀疑态度不敢苟同：在我看来，可以在如下著作中发现对这个主题最好的讨论，Habermas, *The Philosophical Discourse of Modernity*, Lecture I，以及 H. Blumenberg, *The Legitimacy of the Modern Age* (Cambridge, MA, 1983).

第二章 在相对主义和普遍主义之间：法国批判社会学

[1] 在《权力的批判》(*The Critique of Power*, Cambridge, MA, 1991) 一书中，阿克塞尔·霍耐特将哈贝马斯在拒绝与很多正统的马克思主义立场决裂而失去批判能力的早期法兰克福学派（除此之外是无效的）和福柯的无主体的权力谱系学之间的中介作用主题化了。

[2] R. Rorty, *Achieving Our Country* (Cambridge, MA, 1998)，以及 "Back to Class Politics", in R. Rorty, *Philosophy and Social Hope* (London, 1999).

[3] 对于这次危机的当代回应，参见 A. Callinicos, *Is There a Future for Marxism?* (London, 1982)，以及 P. Anderson, *In the Tracks of Historical Materialism* (London, 1983).

[4] J. Derrida, *Spectres of Marx* (New York, 1994), p. 13.

[5] D. Bensaïd, "Spectres et survies", *Rouge*, 21 October 2004. 也可以参见本萨义德在《复兴》(*Resistances*, Paris, 2001) 第二部分第三章中对德里达表示同情的结论。

[6] B. Cassen, "On the Attack", *New Left Review*, 2nd ser., 2003 (19).

[7] 参见 P. Bourdieu, *Contre-feux* (Paris, 1998)，以及 *Contre-feux* 2 (Paris, 2001).

[8] L. Boltanski and E. Chiapello, *Le Nouvel Esprit du capitalisme* (Paris, 1999), p. 633. 塞巴斯蒂安·巴德根在这篇文章中对这本书做出了一个很好的批判性介绍："A New 'Spirit of Capitalism'", *New Left Review*, 2nd ser., 2000 (1).

[9] Boltanski and Chiapello, *Le Nouvel Esprit du capitalisme* (Paris, 1999), p. 68.

[10] M. Weber, *The Protestant Ethic and the Spirit of Capitalism* (London, 1976), p. 181. 参见 A. Callinicos, *Social Theory* (Cambridge, 1999), ch. 7.

[11] Boltanski and Chiapello, *Le Nouvel Esprit du capitalisme* (Paris, 1999), pp. 65, 37, 41.

[12] Boltanski and Chiapello, *Le Nouvel Esprit du capitalisme* (Paris, 1999), pp. 45, 46, 65.

[13] L. Boltanski and L. Thévenot, *De la justification* (Paris, 1991), pp. 53-54.

［14］Boltanski and Thévenot, *De la justification* (Paris, 1991), pp. 27, 59.

［15］Boltanski and Thévenot, *De la justification* (Paris, 1991), pp. 55−56.

［16］Boltanski and Chiapello, *Le Nouvel Esprit du capitalisme* (Paris, 1999), pp. 63, 64. 关于最初的六个城市更详细的描述，参见 Boltanski and Thévenot, *De la justification*, chs. Ⅱ, Ⅳ, and Ⅵ.

［17］Boltanski and Thévenot, *De la justification* (Paris, 1991), pp. 92, 96, 98, 99.

［18］Boltanski and Thévenot, *De la justification*, p. 100.

［19］Boltanski and Thévenot, *De la justification*, pp. 168, 172, 174, 266.

［20］Boltanski and Thévenot, *De la justification*, pp. 278, 268, 267, 289.

［21］Boltanski and Chiapello, *Le Nouvel Esprit du capitalisme*, pp. 37, 582.

［22］Boltanski and Chiapello, *Le Nouvel Esprit du capitalisme*, pp. 57, 64, 143, 94.

［23］Boltanski and Chiapello, *Le Nouvel Esprit du capitalisme*, pp. 103, 115−116, 123, 397.

［24］Boltanski and Chiapello, *Le Nouvel Esprit du capitalisme*, p. 677 n. 49. 可广泛参见该书第81~85页。

［25］Boltanski and Chiapello, *Le Nouvel Esprit du capitalisme*, pp. 149, 243, 244.

［26］Boltanski and Chiapello, *Le Nouvel Esprit du capitalisme*, pp. 255, 266, 275, 33. 可广泛参见该书第三章和第四章。

［27］Boltanski and Chiapello, *Le Nouvel Esprit du capitalisme*, pp. 238, 207, 549, 290.

［28］Boltanski and Chiapello, *Le Nouvel Esprit du capitalisme*, pp. 424, 434. 可广泛参见该书第五章。

［29］T. Frank, *What's the Matter with Kansas?* (New York, 2004), pp. 108−109. 在《酷的征服》(*The Conguest of Cool*, Chicago, 1997)一书中，与博尔坦斯基和希亚佩洛对法国的阐述有几分类似，弗兰克提供了一种对美国资本主义的解释，不同的是，他关注的是广告和男装产业，而不是各种管理思想，而且将其描绘为一个分两步走的过程——首先是艺术的批判，然后是资本主义的占有——他认为，20世纪60年代的文化转型的驱动力之一是采用一种意识形态的反抗，特别是通过创新型的广告主管，通过创造性的个体，反抗科层化资本主义的官僚结构。

［30］Budgen, "A New 'Spirit of Capitalism'", p. 155.

［31］M. Walzer, *Spheres of Justice* (Oxford, 1983), pp. 312, 314.

［32］Boltanski and Thévenot, *De la justification*, pp. 432, 97−98, 103−106.

［33］Walzer, *Spheres of Justice*, ch. 2 (引自第62页)。

266

[34] 汤姆·鲍德温已经指出，解决这个困难的一种方式可能是晚期罗尔斯的重叠共识思想，这是各种合理性的完备学说的共识，尽管这些学说存在真正的差别，但它们都支持同样的自由主义政治正义观。但是，在博尔坦斯基和他的合作者的这本书中，没有关于这种解决方案的线索：至多他们指的是城市之间的妥协。然而，罗尔斯坚持认为，重叠共识与权宜之计不同：后者的稳定性源于"偶然情况和各相关力量的平衡"，而关于重叠共识的学说给出了理由，虽然这些理由可能因不同的学说而有所变化，并在原则上支持他们肯定共同的正义观。参见 *Political Liberalism*（expanded edn, New York, 1996），Lecture IV.（引自第 148 页）。

[35] J. Bidet, "L' Esprit du capitalisme：questions à Luc Boltanski et Eve Chiapello", in J. Lojkine, ed., *Les Sociologies critiques du capitalisme*（Paris, 2002），p. 217.

[36] J. Bidet, "L' Esprit du capitalisme：questions à Luc Boltanski et Eve Chiapello", in J. Lojkine, ed., *Les Sociologies critiques du capitalisme*（Paris, 2002），p. 221.

[37] J. Rawls, A Theory of Justice（rev. Edn, Oxford, 1999），pp. 14, 54；也可以参见该书第 273~274 页。罗尔斯的第一个正义原则，在字典式排序上优先于差异原则，是："每个人都有一种平等的权利享有最广泛而平等的基本自由的制度，且它必须与尊重他人自由的制度相容。"同上书，第 266 页。

[38] Bidet, "L' Esprit du capitalisme：question à Luc Boltanski et Eve chiapello", in J. Lojkine, ed., *Les Sociologies critiques du capitalisme*,（Paris, 2002），p. 221.

[39] Boltanski and Chiapello, *Le Nouvel Esprit du capitalisme*, pp. 627, 628.

[40] Boltanski and Chiapello, *Le Nouvel Esprit du capitalisme*, pp. 76, 77, 437, 171, 173, 438.

[41] Boltanski and Chiapello, *Le Nouvel Esprit du capitalisme*, pp. 448, 459.

[42] Boltanski and Chiapello, *Le Nouvel Esprit du capitalisme*, p. 464. 这里有一个关于概念化问题的很好的讨论，参见 E. O. Wright, "The Class Analysis of Poverty", in E. O. Wright, *Interrogating Inequality*（London, 1994）.

[43] Boltanski and Chiapello, *Le Nouvel Esprit du capitalisme*, pp. 301ff.

[44] A. Harney, "Going Home：Chinese Migrant Workers Shun Long Factory Hours and Low Pay", *Financial Times*, 3 November 2004.

[45] 例如，M. Hardt and A. Negri, *Multitude*（New York, 2004），pp. 133-134.

[46] Boltanski and Chiapello, *Le Nouvel Esprit du capitalisme*, p. 437.

[47] 因为除了其他方面还有一个类似的结论，参见 E. Renault, "Justice et évalustion suivant *Le Nouvel esprit du capitalisme*", *Actuel Marx*, 2001（29）.

[48] Boltanski and Thévenot, *De la justification*, pp. 167, 168.

[49] Boltanski and Chiapello, *Le Nouvel Esprit du capitalisme*, pp. 89-90, 584-

267

585（引自第 89 页）；参见 A. O. Hirschmann, *Exit*, *Voice*, *and Loyalty*（Cambridge, 1970）.

［50］Boltanski and Chiapello, *Le Nouvel Esprit du capitalisme*, pp. 18, 21.

［51］例如, C. Harman, *Explaining the Crisis*（London, 1984）, R. Brenner, "The Economics of Global Turbulence", *New Left Review*, 1998（229）, 以及 G. Duménil and D. Lévy, *Capitalism Resurgent*（Cambridge, MA, 2004）.

［52］Boltanski and Chiapello, *Le Nouvel Esprit du capitalisme*, p. 87.

［53］Bidet, "L' Esprit du capitalisme", p. 233.

［54］Boltanski and Chiapello, *Le Nouvel Esprit du capitalisme*, p. 479（比较第 173 页和第 477~478 页）, 639, 616.

［55］这并不意味着寻求正义与功能性的联系必然是错误的：相反, 任何可行 *268* 的正义观念所必须满足的约束条件是：一个社会是由其再生产的能力来支配的。可以想见, 这是罗尔斯专注于"基于正当理由的稳定性"的原因之一。但人们要承认功能的重要性, 除非它能够表明这个社会值得被再生产, 否则就不代表正义观念必须要确保一个既定社会的再生产。

［56］Bidet, "L' Esprit du capitalisme", p. 233. 欲知更多关于反全球化运动内部的这些政治分歧, 参见 A. Callinicos, *An Anti-Capitalist Manifesto*（Cambridge, 2003）, 以及 "The Future of the Anti-Capitalist Movement", in H. Dee, *Anti-Capitalism: Where Now?*（London, 2004）.

［57］J. -P. Sartre, *Critique de la raison dialectique*（Paris, 1960）, p. 9.

［58］我在这里引用的是 A. Callinicos, "Social Thoery Put to the Test of Practice: Pierre Bourdieu and Anthony Giddens", New Left Review, 1999（236）, 以及收录在由吉姆·沃弗雷编辑的即将出版的论文集中的文章 "Pierre Bourdieu and the Universal Class". 最近对布迪厄思想的两个杰出的研究试图将这个方法与他的政治学联系在一起：J. F. Lane, Pierre Bourdieu: *A Critical Introduction*（London, 2000）以及 J. Wolfreys, "In Perspective: Pierre Bourdieu", *Intenational Socialism*, new ser., 2000（87）.

［59］Bourdieu, *Pascalian Meditations*（Cambridge, 2000）, pp. 7, 15, 1.

［60］P. Bourdieu, "Pour un savoir engagé", in id., *Contre-feux* 2, p. 40.

［61］G. W. F. Hegel, *Elements of the philosophy of Right*（Cambridge, 1991）, § 205, p. 237.

［62］Marx and Engels, *Collected Works*, Ⅲ（London, 1975）, pp. 184, 185, 186.（马克思, 恩格斯. 马克思恩格斯选集：第 1 卷. 2 版. 北京：人民出版社, 1995：13, 14-15.）

［63］马克思后来远离了这个超黑格尔式的无产阶级概念：参见 M. Löwy, *The Theory of Revolution in the Young Marx*（Leiden, 2003）, 与此明显不同的阐述见于 S.

Kouvelakis, *Philosophy and Revolution* (London, 2003), ch. 5, 以及本书第三章第三节。

[64] Bourdieu, *Pascalian Meditations* (Cambridge, 2000), p. 123.

[65] M. Foucault, *Dits et écrits* 1954—1988 (2 vols, Paris, 2001), Ⅱ, pp. 154, 155; M. Foucault, *Power/Knowledge* (Brighton, 1980), pp. 126, 127.

[66] Bourdieu, *Pascalian Meditations*, pp. 93, 124, 52, 65, 73; 可广泛参见这本书的第二章。

[67] Bourdieu, *The Rules of Art* (Cambridge, 1996), pp. 130, 129.

[68] Bourdieu, *The Rules of Art* (Cambridge, 1996), p. 130.

[69] Bourdieu, *The Rules of Art* (Cambridge, 1996), p. 340.

[70] Bourdieu, *Pascalian Meditations*, p. 80.

[71] G. Mauger, "L'Engagement sociologique", *Critique*, 589−590 (1995), p. 8.

[72] Bourdieu, *The Rules of Art*, p. 342.

[73] P. Bourdieu, *La Domination masculine* (Paris, 1998), p. 123 n. 4.

[74] P. Bourdieu, *Distinction* (London, 1984), p. 511. 也可以参见 P. Bourdieu, *Science de la science et réflexivité* (Paris, 2001), pp. 173−184.

[75] Bourdieu, *Pascalian Meditations*, p. 111.

[76] Bourdieu, *Pascalian Meditations*, p. 123.

[77] 参见 *Science de la science et réflexivité*, p. 9. 在这里布迪厄将自己置于"这个由巴什拉、科瓦雷和康吉莱姆体现的法国科学哲学传统"中，而关于乔治·康吉莱姆的温暖的描述，参见 *Esquisse pour un auto-analyse* (Paris, 2004), pp. 40−45.

[78] Bourdieu, *Science de la science et réflexivité*, p. 136.

[79] Bourdieu, *Pascalian Meditations*, pp. 112−113.

[80] Bourdieu, *Science de la science et réflexivité*, pp. 142, 155.

[81] 雅克·布维斯探讨了布迪厄在下面这本书中使用的科学客观性概念的张力。参见 Jacques Bouversse, *Bourdieu savant et politique* (Marseilles, 2003), ch. Ⅴ.

[82] Bourdieu, *Pascalian Meditations*, pp. 183−184.

[83] Bourdieu, *Pascalian Meditations*, p. 173.

[84] Bourdieu, *Pascalian Meditations*, p. 234. 也可以参考关于堂吉诃德效应的论述，例如，Bourdieu, *Pascalian Meditations*, p. 160. 以及 P. Bourdieu, *The Logic of Practice* (Cambridge, 1990), p. 62.

第三章　触摸虚空：巴迪欧和齐泽克

[1] F. Braudel, *The Mediterranean and the Mediterranean World in the Age of Philip* Ⅱ (2 vols, London, 1978), Ⅰ, p. 21.

[2] M. Foucault, *L'Ordre du discours* (Paris, 1971), pp. 56, 57−58.

[3] M. Foucault, *L'Ordre du discours* (Paris, 1971), pp. 59-60. 关于这种事件观念反映的受德勒兹意义理论影响的进一步研究，参见 G. Deleuze, *Logique du sens* (Paris, 1969).

[4] M. Foucault (1971) 'Nietzsche, la geneaologie, l'histoire', *Dit et ecrits 1954—1988* (2 vols, Paris, 2001), I, p. 1011; P. Rabinow, ed., *The Foucault Reader* (Harmondsworth, 1986), p. 83.

[5] J. Derrida, *Spectres of Marx* (New York, 1994), p. 75; 总体上参见第一章和第二章。丹尼尔·本萨义德在这本书第一章中采用德里达关于反时代的观念，帮助人们唤醒历史唯物主义的一种非决定论版本：*Marx for Our Times* (London, 2002), ch. 1.

[6] J. Derria, *Politics of Friendship* (London, 1997), p. 107 n. 4.

[7] G. Balakrishnan, *The Enemy: An Intellectual Portrait of Carl Schmitt* (London, 2000), pp. 261, 113, 45-46.

[8] C. Schmitt, *Political Theology* (Cambridge, MA, 1985), pp. 5, 6, 13, 37.

[9] 参见 Balakrishnan, *The Enemy*, p. 49. 更全面的内容参见该书第二章和第三章，以及 G. Agamben, *Etat d'exception* (Paris, 2003), ch. 2.

[10] G. Agamben, *Homo Sacer* (Stanford, CA, 1998), pp. 15, 18.

[11] Benjamin, *Illuminations*, p. 259. 阿甘本在《例外状态》(*Etat d'exception*) 第四章中提供了他所描述的"瓦尔特·本雅明和卡尔·施密特关于例外情况的辩论"的说明（引自第 89 页）。

[12] Derria, *Politics of Friendship*, p. 127.

[13] Derria, *Force de loi* (Paris, 1994), p. 58.

[14] Agamben, *Etat d'exception*, pp. 18, 145-146. 阿甘本提出了一种绝妙的"紧急状态的短暂历史"，同上，第 26~41 页。

[15] Schmitt, *Political Theology*, p. 15. "赤裸生命"概念对阿甘本来说是重要的，但这里关键是受到海德格尔和福柯的影响：参见 Agamben, *Homo Sacer*, *Passim*.

[16] Balakrishnan, *The Enemy*, p. 76.

[17] Agamben, *Homo Sacer*, p. 25. 巴迪欧自己也提到了例外状态的理念，参见 *le Siècle* (Paris, 2005), p. 226.

[18] S. Žižek, *The Ticklish Subject* (London, 1999), p. 135.

[19] P. Hallward, *Badiou: A Subject to Truth* (Minneapolis, 2003). 巴迪欧在其最新著作《世纪》(*Le Siècle*) 中提供了对"短暂的 20 世纪"对抗世纪末自由主义必胜信念的批判性辩护的思想主题，这相对来说容易得到理解。

[20] A. Badiou, "Le (Re) commencement du matérialisme dialectique", *Critique*, 240 (1967), and *Le Concept de modèle* (Paris, 1969). 此外，斯塔瑟斯·库维拉基斯试图将巴迪欧定位于"萨特与阿尔都塞之间"，参见"La Politique dans ses

270

limites，ou les paradoxes d'Alain Badiou"，*Actuel Marx*，28（2000），p. 47.

［21］A. Badiou，"Kampuchea vaincra！"，*Le Monde*，17 January 1979.

271 ［22］A. Badiou，*Théorie du sujet*（Paris，1982），p. 318. 关于巴迪欧最近对毛主义的批判性反思，参见 *Le Siècle*，pp. 92−97.

［23］这些紧张关系在阿尔都塞自己出版的《答约翰·刘易斯》（*Réponse à John Lewis*，Paris，1973）中清晰可见；在他去世后出版的《论再生产》（*Sur la re-production*，Paris，1995）或许是他最具持久性的毛主义文本。关于这些模棱两可之处的更多论述，参见 A. Callinos，*Is There a Future for Marxism？*（London，1982），ch. 6，该书较为独特地在"客观主义"方向上试图解决这些问题（虽然不是唯一的，参见 P. Anderson，*Arguments in English Marxism*，London，1980）。

［24］Badiou，*Théorie du sujet*，pp. 294，296，40，25. 参见 Badiou，*Le Siècle*，pp. 92−93，对 1965 年中国哲学界关于一分为二与合二而一之间关系的辩论的研究。

［25］Badiou，*Théorie du sujet*，pp. 29，148，160.

［26］Badiou，*Théorie du sujet*，pp. 204，205，148. 关于对工人阶级和无产阶级更多的探讨，也可以参见下面第三章第三节。

［27］参见 T. Cliff，"Trotsky on Substitutionism"，in Badiou，*Selected Writings*（3 Vols，London，2001—2003），I，以及 N. Harris，*The Mandate of Heaven*（London，1978）.

［28］Badiou，*Théorie du sujet*，pp. 59，56，62. 参见 L. Althusser，*Politics and history*（London，1972），p. 166.

［29］Hallward，*Badiou*，pp. 36，xxv.

［30］Badiou，*Théorie du sujet*，p. 106.

［31］Badiou，*Saint Paul*（Paris，1997），p. 8.

［32］Hallward，*Badiou*，p. 198.

［33］Badiou，*Théorie du sujet*，pp. 48，242. 集合论最早出现在《主体理论》（*Théorie du sujet*）中，当时巴迪欧构思了作为例外的主体概念（第 108~109 页）；特别是参见该书第 281~290 页。霍尔沃德关于拉康对巴迪欧的影响有一个很好的讨论，参见 Hallward，*Badiou*，pp. 11−15. 可能最易为人们接受的关于拉康晚期思想的讨论是由齐泽克提供的，参见 Žižek，*The Sublime Object of Ideology*（London，1989）.

［34］转引自 Hallward，*Badiou*，p. 226；Badiou，*L'Etre et l'événement*，p. 7.

［35］Badiou，*L'Etre et l'événement*，pp. 15，144−145，143−144. 也可参见 Hallward，*Badiou*，p. 16.

［36］Badiou，*L'Etre et l'événement*，p. 144.

［37］Badiou，*L'Etre et l'événement*，pp. 212，32，33.

［38］Hallward，*Badiou*，p. 57.

〔39〕Badiou, *L'Etre et l'événement*, pp. 31, 32.

〔40〕Badiou, *L'Etre et l'événement*, p. 32.

〔41〕Badiou, *L'Etre et l'événement*, pp. 44, 66.

〔42〕Hallward, *Badiou*, p. 100.

272

〔43〕Badiou, *L'Etre et l'événement*, pp. 69, 32.

〔44〕Badiou, *L'Etre et l'événement*, pp. 95, 99-100, 101.

〔45〕Badiou, *L'Etre et l'événement*, p. 109.

〔46〕Badiou, *L'Etre et l'événement*, p. 109. 虽然巴迪欧先于比岱使用"元结构"这个术语，但同一个词在这两位哲学家的著述中表达了截然不同的观念。

〔47〕Badiou, *L'Etre et l'événement*, pp. 111, 114, 115.

〔48〕Hallward, *Badiou*, p. 96.

〔49〕Badiou, *L'Etre et l'événement*, pp. 146, 193-194.

〔50〕Hallward, *Badiou*, p. 114.

〔51〕Badiou, *L'Etre et l'événement*, p. 195.

〔52〕Badiou, *L'Etre et l'événement*, pp. 200, 201, 202.

〔53〕Badiou, *L'Etre et l'événement*, pp. 204, 363, 361.

〔54〕Badiou, *L'Etre et l'événement*, pp. 223, 429. 巴迪欧认为有四种类性程序——爱、艺术、科学和政治。参见 Hallward, *Badiou*, part Ⅲ.

〔55〕Badiou, *L'Etre et l'événement*, p. 430.

〔56〕Hallward, *Badiou*, pp. 122, 114.

〔57〕Badiou, *Le Siècle*, pp. 144, 251.

〔58〕Badiou, *L'Etre et l'événement*, pp. 233, 257.

〔59〕Badiou, *Théorie du sujet*, pp. 143-144；然而，巴迪欧在这里用道成肉身来识别基督教事件，而他后来的观点是："保罗的思想将道成肉身化为复活。"参见 *Saint Paul*, p. 78.

〔60〕Badiou, *Saint Paul*, pp. 2, 40, 5, 47, 116.

〔61〕事实上，巴迪欧不认为 1989—1991 年是"这类事实——处境中突然而彻底的改变，完全不代表事件的光环已经被加诸这种改变之上——的范例"，参见 *D'un désastre obscure* (Paris, 1988), p. 12. 这或许是他要求事件参与到普遍性之中的结果，接下来我会做出批判。

〔62〕Benjamin, *Illuminations*, p. 264.

〔63〕Hallward, *Badiou*, pp. 75, 76.

〔64〕Galileo Galilei, "The Assayers", in S. Drake, ed., *Discoveries and Opinions of Galileo* (New York, 1957), pp. 237-238. 关于伽利略的柏拉图主义，参见 A. Koyré, *Etudes galiléenes* (Paris, 1966).

〔65〕Badiou, *Le Siècle*, pp. 83, 85.

［66］Hallward, *Badiou*, p. 406 n. 4. 亦可参见 Kouvelakis,"La Politique dans ses limites", p. 7.

［67］D. Bensaïd, *Resistances*（Paris, 2001）, p. 160；大体上可参见该书第二部分第二章。

［68］Žižek, *The Ticklish Subject*, p. 142.

［69］Badiou, *Saint Paul*, pp. 6, 81.

273　［70］Badiou, *Saint Paul*, pp. 85, 89.

［71］St Augustine, *Concerning the City of God against the Pagans*（Harmondsworth, 1984）, XIV, 26, pp. 591−592.

［72］*Rom.* 11: 33.

［73］Augustine, *City of God*, XX, 2, pp. 897, 898.

［74］Badiou, *L'Etre ei l'evenement*, p. 265.

［75］Hallward, *Badiou*, p. 273. 参见该书第十三章,对巴迪欧的关系性排除做了卓越的批判。对照巴迪欧强调纯粹化是很有趣的,例如,他在《世纪》中讨论现代艺术时对此所做的强调,与弗雷德里克·詹姆逊在他所谓的在二战之后发展起来的"晚期现代主义意识形态"中对纯粹性作用的批判。参见 Fredric Jameson, *A Singular Modernity*（London, 2002）, pp. 161−196.

［76］Badiou, *L'Etre ei l'evenement*, pp. 125, 126−127.

［77］Badiou, *L'Etre ei l'evenement*, p. 127.

［78］Hallward, *Badiou*, p. 223.

［79］即使对诸如查尔斯·伯特海姆的 *Class Struggles in the USSR*（2 vols, New York, 1977, 1978）那样非常精致的毛主义文本而言,这也是恰当的。

［80］例如,参见"Ethics as the dissipation of the paradoxes of party spirit", in Badiou, *Théorie du sujet*, pp. 325−332.

［81］Badiou, *D' un désastre ohscure*, p. 7.

［82］Badiou, *Théorie du sujet*, p. 341.

［83］Badiou, *L' Ethique*（Paris, 1993）, p. 65.

［84］Hallward, *Badiou*, p. 251. 参见 A. Badiou,"Eight Theses on the Universal", in id., *Theoretical Writings*（ed. R. Brassier and A. Toscano, London. 2004）.

［85］Badiou, *L'Etre ei l'evenement*, p. 447.

［86］Hallward, *Badiou*, p. 228.

［87］Bensaïd, *Resistances*, pp. 160−161.

［88］T. Eagleton, *Sweet Violence*（Oxford, 2003）, p. 240. 关于《白上白》,参见 Badiou, *Le Siècle*, pp. 85−89. 巴迪欧在很多场合都承认他的形而上学需要修改,这至少部分地将霍尔沃德和其他人对他的批评考虑在内:例如,"Preface to the English Edition", *Ethics*,（London, 2001）, pp. lvi−lviii. 但是,从迄今为止出版的

对《世界报》的预告，以及《存在与事件》所承诺的续集来看，我们可以判断巴迪欧所做的这些修改不能把他从上述描绘的困难中解救出来。《世界报》阐发了一种显现的逻辑，它与存在的数学不同，还包含了关系。以下引文表明，他这种让步是非常有限的，也显示出巴迪欧思想中的深刻连续性："当真理展现自身，当存在要从我们眼前溜走时，就会显示出一致性的局部崩溃，因而也是逻辑的暂时取消。对于这时要浮现出来的事物而言，替代或取消处所的逻辑就在它自身处于可重新怀疑的、创造性的不一致中，也就是说，处于虚空，即任何处所的无所处之中。" A. Badiou, "Being and Appearance", in *Theoretical Writings*, p. 175.

［89］齐泽克与拉克劳之间日益扩大的距离在他们与朱迪斯·巴特勒的三方争论中体现出来了，参见 *Contingency, Hegemony, Universality* (London, 2000)。我对这本书和《敏感的主体》(*The Ticklish Subject*) 提出了更充分的评价，参见 *Historical Materialism*, 8 (2001).

［90］Žižek, *Organs without Bodies: Deleuze and Consequences* (London, 2004).

［91］Žižek, *The Ticklish Subject*, pp. 154, 162-163.

［92］Žižek, *The Ticklish Subject*, pp. 29-30. 对这个段落的另一种理解，参见 L. Rauch ed., *Hegel and the Human Spirit* (Detroit, 1983), p. 87.

［93］Žižek, *The Ticklish Subject*, p. 36.

［94］J. Lacon, *The Four Fundamental Concepts of Psychoanalysis* (London, 1977), p. 205. 关于拉康对死亡驱力的相关见解的讨论，参见 Žižek, *The Sublime Object of Ideology*, ch. 4.

［95］Žižek, The Ticklish Subject, p. 54.

［96］T. Eagleton, "Enjoy!", *London Review of Books*, 17 (1997, 11), p. 7. 伊格尔顿在他新近研究悲剧的著作《甜蜜的暴力》(*Sweet Violence*) 中阐述的马克思主义与齐泽克相近，都强调真实界的重要性。

［97］Žižek, *The Sublime Object of Ideology*, p. 162.

［98］S. Žižek, "Class Struggle or Postmodernism? Yes, please!" in Bulter et al., *Contingency, Hegemony, Universality*, pp. 120, 121.

［99］E. Laclau and C. Mouffe, *Hegemony and Socialist Strategy* (London, 1985), p. 125. 亦可参见 E. Laclau, "Metaphor and Social Antagonisms", in C. Nelson and L. Grossberg, eds, *Marxism and the Interpretation of Culture* (London, 1988).

［100］S. Žižek, "The Spectre of ldeology", in E. Wright and E. Wright eds. *The Žižek Reader* (Oxford, 1999), p. 75.

［101］Badiou, *Théorie du sujet*, p. 145. "不存在性关系"是拉康的命题。参见齐泽克的同名论文，重印于 *The Žižek Reader*.

［102］S. Žižek, "Over the Rainbow", *London Review o f Books*, 4 November 2004.

［103］S. Žižek, "The Spectre of ldeology", p. 74.

274

275

［104］S. Žižek, "Georg Lukács as the Philosopher of Lenninism", in G. Lukács, *A Defence of History and Class Consciousness* (London, 2000), p. 169.

［105］S. Kouvelakis, *Philosophy and Revolution* (London, 2003), pp. 330, 333. 亦可参见该书第 83 页及以后各页（海因里希·海涅将共产主义理解为一个引起"资产阶级对抗"的事件）。

［106］Badiou, *L'Être et l'événement*, p. 368. 比较 Žižek, *The Tickish Subject*, pp. 226－227.

［107］K. Marx and F. Engels, *Collected Works*, XI (London, 1979), p. 133. （马克思. 路易·波拿巴的雾月十八日. 北京：人民出版社，2018：43－44.）相关研究包括 H. Draper, *Karl Marx's Theory of Revolution* (4 vols, New York, 1977—1990)，以及 A. Gilbert, *Marx's Politics* (Oxford, 1981). 库韦拉基斯也许偏向巴迪欧和齐泽克，因为他关注的是以一种非化约的方式思考马克思思想中的政治独特性："在我看来，政治不是阿喀琉斯之踵或缺陷的信号，在我看来，它是马克思强有力的支点，这个支点在他的著作中最具开放性和原则性。"Kouvelakis, *Philosophy and Revolution*, p. 351；亦可参见下面第七章第一节。但是，巴迪欧本体论的问题在于，它使社会与政治之间的关系变得不可想象。

［108］Badiou, *Théorie du sujet*, p. 89.

第四章 存在的慷慨：安东尼奥·奈格里

［1］A. Badiou, *Deleuze* (Minneapolis, 1999), p. 96. 英译本对贝尔纳诺斯话语的表达有些不同："这重要吗？神恩无所不在。"*The Diary of a Country Priest* (London, 1937), p. 253. 关于巴迪欧和德勒兹的讨论，参见 P. Hallward, *Badiou：A Subject to Truth* (Minneapolis, 2003), pp. 174－180.

［2］G. Greene, *The Lawless Roads* (Harmondsworth, 1947), p. 138.

［3］J. Derrida, "Marx & Sons", in M. Sprinker, ed., *Ghostly Demarcations* (London, 1999), p. 269.

［4］M. Hardt and A. Negri, *Empire* (Cambridge, MA, 2000), p. 62.

［5］M. Hardt and A. Negri, *Empire* (Cambridge, MA, 2000), pp. 91－92.

［6］M. Hardt and A. Negri, *Empire* (Cambridge, MA, 2000), pp. 387, 388, 389, 391. 总体上参见该书第四章第一节"虚拟性"与第四章第二节"繁育与衰落"。

［7］关于工人主义史的很好的批判，参见 S. Wright, *Storming Heaven* (London, 2002).

［8］在这一章，我从很多方面批判了《帝国》（*Empire*）和奈格里的早期思想。这第一次在我这篇文章"Toni Negri in Perspective", *Internation Socialism*, 92 (2001) 中提出来，它对《帝国》的讨论比这里更为详尽。有两部很好的文集也对

《帝国》做出批判性回应：G. Balakrishnan, ed., *Debating "Empire"* (London, 2003)，以及 P. A. Passavant and J. Dean, eds., *Empire's New Clothes* (New York, 2004).

［9］A. Negri, *Marx Beyond Marx* (South Hadley, MA, 1984), pp. 4, 18, 23. 也可以参见该书第 138 页："在这个关系的中心，资本主义的关系直接就是权力关系。"

［10］A. Negri, *Marx Beyond Marx*, pp. 35, 24.

［11］A. Negri, *Marx Beyond Marx*, pp. 14, 154.

［12］A. Negri, *Marx Beyond Marx*, p. 9.

［13］引自 Wright, *Storming Heaven*, p. 28. 大卫·哈维充分描述了这种将阅读《资本论》作为一种共享的、世代的经验：*Spaces of Hope* (Edinburgh, 2000), ch. 1.

［14］Negri, *Marx Beyond Marx*, p. 91.

［15］Negri, *Marx Beyond Marx*, pp. 100−101.

［16］Negri, *Marx Beyond Marx*, p. 101.

［17］Negri, *Marx Beyond Marx*, p. 102.

［18］A. Negri, "Marx on Cycle and Crisis", in A. Negri, *Revolution Retrieved* (London, 1988), pp. 66, 72.

［19］Negri, "Archaeology and Project: The Mass Worker and the Social Worker", in *Revolution Retrieved*, pp. 224, 225.

［20］Negri, *Marx Beyond Marx*, p. 27. 也可以参见该书第 187 页及其后各页。

［21］Negri, *Marx Beyond Marx*, p. 188.

［22］Negri (1968), "Keynes and the Capitalist Theory of the State post-1929", in Negri, *Revolution Retrieved*.

［23］Negri, *Marx Beyond Marx*, p. 27. 参见，例如 N. I. Bukharin, Economics of the Transformation Period (New York, 1971) 以及 C. Castoriadis, "Modern Capitalism and Revolution", in *Political and Social Writings* (2 vols., Minneapolis, 1988), II.

［24］Negri, *Marx Beyond Marx*, p. 172.

［25］特别是参见 Negri, *Marx Beyond Marx*, Lessons 7−9.

［26］Negri, *Marx Beyond Marx*, p. 121.

［27］K. Marx, Grundrisse (Harmondsworth, 1973), pp. 459−460. （马克思，恩格斯. 马克思恩格斯全集：第 37 卷. 2 版. 北京：人民出版社，2019：450—451.）

［28］E. P. Thompson, *The Poverty of Theory and Other Essays* (London, 1978), p. 253.

［29］参见 Marx, *Grundrisse*, pp. 239−376. 至于批评性评论，例如 J.

Mepham，"From the *Grundrisse* to *Capital*" in J. Mepham 以及 D. H. Ruben eds.，*Issues in Marxist Philosophy*（3 vols，Brighton，1979）；I. J. Bidet，*Que faire du "Capital"*?（Paris，1985），ch. Ⅵ以及 *Théorie de la moder nité*（Paris，1990），pp. 67-73.

[30] Bidet，*Que faire du "Capital"*?，pp. 124，161. 总体上参见该书第七章。

277 马克思的经济学概念不断重塑，并在《1861—1863 年经济学手稿》的形成过程中发挥了关键作用。对此，有两项非常重要的研究：V. S. Vygodsky，*The Story of a Great Discovery*（Tunbridge Wells，1974），特别是第 5~7 章；以及 Enrique Dussel，*Towards an Unknown Marx*（London，2001）.

[31] Negri，*Marx Beyond Marx*，pp. 57，123，186.

[32] 在处理这个主题时，我得益于这篇文章对《超越马克思的马克思》（*Marx Beyond Marx*）的批判，Daniel Bensaïd，"A la recherche du sujet perdu（Negri corrige Marx）"，in *Le Discordance de temps*（Paris，1995）.

[33] Marx，*Grundrisse*，pp. 449，114.（马克思，恩格斯. 马克思恩格斯全集：第 30 卷. 2 版. 北京：人民出版社，1995：440，394.）关于资本一般和各种资本之间的区别，是罗曼·罗斯多尔斯基对《大纲》的经典评论 The Making of Marx's "Capital"（London，1977）一书的主题之一。也可以参见 C. Arthur，"Capital. Competition，and Many Capitals"，in M. Campbell and G. Reuten eds.，*The Culmination of Capital*（Basingstoke，2002）.

[34] R. Brenner，"The Economics of Global Turbulence"，*New Left Review*，229（1998），p. 23.

[35] 人们后来对这一章有很多不同的解读，提出了很多我无法在这里讨论的问题，但我在我的博士论文 "The Logic of *Capital*"（Oxford University，1978）中首次进行了研究。我也得益于比岱对马克思思想中关于市场和竞争进行的讨论，参见 *Que faire du "Capital"*? 以及 *Théorie générale*（虽然我对后者持保留意见，参见上面第一章第二节）.

[36] 参见 Karl Marx，*Capital*，I（Harmondsworth，1976），p. 139.

[37] 值得注意的是，马克思在《资本论》这个阶段并不认为劳动力的商品化以某种方式隐含在市场经济概念中。参见比岱的讨论，我在上面第一章第二节也对此做了摘要和批评。这个例子很好地说明，马克思是如何在《资本论》中通过阿尔都塞所谓的"概念的设定"而前进的，这是渐进地引入新的理论规定（而不是演绎），以使阐述达到更具体的分析层面。参见阿尔都塞为 G. Duménil，*Le Concept de loi economique dans "Le Capital"*（Paris，1978）一书所写的序言。

[38] Marx，*Capital*，I，p. 899.（马克思，恩格斯. 马克思恩格斯选集：第 2 卷. 2 版. 北京：人民出版社，1995：263.）参见 E. M. Wood，"The Separation of the Economic and Political in Capitalism"，*New Left Review*，127（1981）.

[39] K. Marx，*A Contribution to the Critique of Political Economy*（London，

1971），p. 86.（马克思，恩格斯. 马克思恩格斯全集：第 31 卷. 2 版. 北京：人民出版社，1998：480.）参见 Rosdolsky，*The Making of Marx's "Capital"*，ch. 4 以及 Vygotsky，*The Story of a Great Discovery*，ch. 3.

［40］Marx，*Capital*，Ⅰ，p. 188n. 4.（马克思，恩格斯. 马克思恩格斯全集：*278* 第 44 卷. 2 版. 北京：人民出版社，2001：106.）

［41］Marx，*Gundrisse*，p. 657.（马克思，恩格斯. 马克思恩格斯全集：第 31 卷. 2 版. 北京：人民出版社，1998：50.）

［42］Marx，*Gundrisse*，p. 414.（马克思，恩格斯. 马克思恩格斯全集：第 30 卷. 2 版. 北京：人民出版社，1995：394.）

［43］Bidet，*Que faire du "Capital"*？，p. 135. 马克思在《大纲》中对竞争的处理模棱两可，也许是主要受黑格尔在《逻辑学》这个文本中对本质与现象的阐述的影响，可以说在一定程度上是后者造成的结果，现象在《逻辑学》中是本质的外化，似乎是将本质化约为纯粹的副现象，但与此同时，本质不是别的，只是现象间的关系。正如查尔斯·泰勒所指出的，对黑格尔来说，"本质的实在越是被外化，实在的关系性就越是得以展开，实在就具有更多的内在性"：*Hegel*（Cambridge，1975），p. 278.

［44］参见 Marx，*Capital*，Ⅰ，pp. 433－436.

［45］Marx，*Capital*，Ⅲ（Harmondsworth，1981），p. 300.（马克思，恩格斯. 马克思恩格斯全集：第 46 卷. 2 版. 北京：人民出版社，2003：220.）关于争取超额利润的竞争在利润率下降趋势中的作用，参见该书第 373~374 页，而更为总体性地对价值规律的讨论，参见该书第 1020 页。

［46］参见 A. Callinicos，"Periodizing Capitalism and Analysing Imperialism"，in R. Albritton et al.，*Phases of Capitalist Development*（Basingstoke，2001）.

［47］例如，罗伯特·布伦纳搜集了详细的资料，说明国际竞争对特别是美国、日本和德国等经济体中制造部门的成本、价格和利润的影响，参见 "The Economics of Global Turbulence" 以及 *The Boom and the Bubble*（London，2002）.

［48］特别是参见 P. Gowan，*The Global Gamble*（London，1999）.

［49］参见 C. Harman，"The State and Capitalism Today"，*International Socialism*，2nd ser.，51（1991），以及 "Globalization：A Critique of a New Oxthodoxy"，*International Socialism*，2nd ser.，73（1996）.

［50］Hardt and Negri，*Empire*，pp. xii，190，314－315.

［51］K. Marx and F. Engels，*The Communist Manifesto*（London，1998），p. 37；（马克思，恩格斯. 马克思恩格斯选集：第 1 卷. 3 版. 北京：人民出版社，2012：402.）Hardt and Negri，*Empire*，pp. 304，321，323.

［52］T. Negri，"Ruptures dans l'empire，puissance de l'exode"，27/10/2001，in *Multitudes*，7（在线版，这是一篇访谈），nuiititudes-infos@ samizdat. net. 也参见 M.

Hardt and A. Negri, *Multitude* (New York, 2004), p. 177. 约翰·霍洛威评注了奈格里的功能主义：*Change the World without Taking Power* (London, 2002), pp. 171-172.

[53] Marx, *Grundrisse*, p. 449. （马克思，恩格斯. 马克思恩格斯全集：第 30 卷. 2 版. 北京：人民出版社，1995：440.）在这本书第二节，马克思继续指出，"资本一般，本身是一种现实的存在"，即他在《资本论》第三卷第五部分提出的 *279* 观点，此外，货币资本的往复被解读为"资本关系取得了它的最表面和最富有拜物教性质的形式"，作为"即创造更多货币的货币……，自行增殖的价值"。*Capital*, Ⅲ, pp. 515-516. （马克思，恩格斯. 马克思恩格斯全集：第 46 卷. 2 版. 北京：人民出版社，2003：440，441.）

[54] A. Callinicos, "Marxism and Global Governance", in D. Held and A. McGrcw, eds, *Governing Globalization* (Cambridge, 2002); A. Callinicos, *The New Mandarins of American Power* (Cambridge, 2003), ch. 5, 以及 E. M. Wood, "Global Capital and National States", in M. Rupert and H. Smith eds, *Historical Materialism and Globalization* (London, 2002).

[55] 参见 C. Harman, *The Fire Last Time* (London, 1988), 博尔坦斯基和希亚佩洛对这个过程在法国的情况的说明，我在上面第二章第一节已经讨论了。

[56] Negri, "Archaeology and Project", p. 209. 关于奈格里对资本主义的超政治化理解，何以有助于他将 20 世纪 70 年代晚期意大利的一些灾难性政治误判合法化，参见 A. Callinicos, "Antonio Negri and the Temptation of Ontology", in T. S. Murphy and A. -K. Mustapha eds., *The Philosophy o f Antonio Negri* 2：*Revolution in Theory* (London, 2006).

[57] 参见 Hardt and Negri, *Empire*, p. 409.

[58] A. Negri et al. (1983), "Do You Remember Revolution?", in Negri, *Revolution Retrieval*, p. 242. 奈格里确实更直接地面对了挫败的现实（虽然首先是作为一种个人经验），参见 Negri and A. Dufourmantelle, *Negri on Negri* (New York, 2004), pp. 39-57.

[59] Hardt and Negri, *Empire*, p. 268. 总体上参见该书第三章第三节。

[60] A. Negri, "Capitalist Domination and Working-Class Sabotage", 可在这里看到：www. geocities. com/cordobakaf/negri_sabotage. html, p. 10.

[61] A. Callinicos, *Making History* (2nd edn, Leiden, 2004).

[62] Negri, *Marx Beyond Marx*, p. 56.

[63] Negri, *Le Pouvoir constituant* (Paris, 1997), p. 40, n. 1.

[64] Negri, *Le Pouvoir constituant* (Paris, 1997), pp. 428, 49.

[65] Negri, *Le Pouvoir constituant* (Paris, 1997), p. 438.

[66] A. Badiou, *Deleuze*, p. 15. 关于德勒兹和福柯的权力观和抵抗观的差别，参见 A. Callinicos, *Against Postmodernism* (Cambridge, 1989), pp. 80-87.

［67］我在"透视奈格里"的第 47~48 页简要讨论了这两个文本的一些相似之 *280*
处。还有更具创造性地从马克思主义角度借用德勒兹，其中最著名的或许是让-雅克·勒赛克尔，例如，参见 *Une philosophie marxiste de langage*（Paris，2004）.

［68］丹尼尔·本萨义德已经写了对这本书［以及保罗·维尔诺的《群众的语法》（*The Grammar of the Multitude*）］很好的批判："Multitudes ventriloques"，www. multitudes. samizdat. net.

［69］Hardt and Negri，*Multitude*，pp. 100，106，102，xiv.

［70］Hardt and Negri，*Multitude*，p. 223. Negri and Dufourmantelle，*Negri on Negri*，p. 112.

［71］Hardt and Negri，*Multitude*，p. 108.

［72］P. Taylor et al.，"Work Organization，Control and the Experience of Work in Call Centres"，*Work*，*Employment Society*，16（2002），p. 148. 对哈特和奈格里的非物质性劳动观的批判，参见 J. -M. Harribey，"Lc Cognitivisme，nouvelle société ou impasse théorique et politique？"，*Actuel* Marx，36（2004）. 下面的评论显然令人困惑且对这些问题的讨论没有帮助："如果……在资本主义社会，劳动是一切财富的来源，那么抽象劳动就必须是价值一般的源泉。"Hardt and Negri，*Multitude*，pp. 144－145. 马克思拒绝这个句子的前提，因为它混淆了使用价值（财富）和价值（抽象社会劳动）。所以，他在《哥达纲领批判》中坚持认为"劳动不是一切财富的源泉"，认为断言相反的命题是将"超自然的创造力归于劳动"，而忽略了自然在使用价值的生产中的作用。参见 K. Marx and F. Engels，*Collected Works*，XXIV（London，1989），p. 81. 对《超越马克思的马克思》中同样混淆了这两者所做的批判，参见 J. Bidet，Théorie générale（Paris，1999），pp. 460－463.

［73］Hardt and Negri，*Multitude*，pp. xvi，xv，148.

［74］P. Virno，*The Grammar of the Multitude*（New York，2004），p. 103.

［75］Holloway，*Change the World Without Taking Power*，p. 40；也可以参见该书第 40~41 页和第 167~175 页。哈特和奈格里确实也意识到这一点：例如，*Multitude*，p. 333.

［76］Hardt and Negri，*Multitude*，p. 145.

［77］C. Harman，"The Workers of the World"，*International Socialism*，2nd ser，96（2002）.

［78］F. Zakaria，*The Future of Democracy*（New York，2004）. 也参见 Callinicos，*The New Mandarins of American Power*，pp. 23－34.

［79］Hardt and Negri，*Multitude*，p. 350.

［80］E. Laclau，"Can Immanence Explain Social Struggles？"，in Passavant and Dean，eds.，*Empire s New Clothes*.

［81］Hardt and Negri，*Empire*，pp. 76，70，62. 以及"我绝对拒绝一切超 *281*

越"，参见 Negri and Dufourmantelle， *Negri on Negri*， p. 158.

[82] Hardt and Negri， *Multitude*， p. 337.

[83] G. Deleuze and F. Guattari， *Mille plateaux* （Paris， 1980），p. 633；特别是参见该书第六章。

[84] G. Deleuze， *Spinoza et le problème d'expression* （Paris， 1968），p. 157. "上帝是万物内在的而非过渡性的原因。"参见 B. Spinoza， *Ethics* （Harmondsworth， 1996），prop. 18， p. 6. 当然，对奈格里而言，斯宾诺莎是一个非常重要的参照点：特别是参见 *The Savage Anomaly* （Minneapolis， 1991）.

[85] Laclau， "Can Immanence Explain Social Struggles?"， pp. 23， 24， 26， 关于拉克劳论述衔接的更多内容，参见下面第六章第二节。

[86] D. Bensaïd， "Plèbes， classes， multitudes"， in D. Bensaïd， *Un monde à changer* （Paris， 2003），p. 81.

[87] 在一种军事语境中，有一种从新保守主义视角对这些问题的辩证探索，参见 E. Luttwak， *Strategy* （rev. edn， Cambridge， MA， 2001），以及从马克思主义角度同样很好地处理了这些问题，参见 D. Bensaïd， "La Politique comme art stratdégique"， in D. Bensaïd， Un *monde à changer*.

[88] Hardt and Negri， *Empire*， pp. 326， 336；也参见该书题为"一个平滑的世界"的一节，第332~336页。乔瓦尼·阿瑞吉对这些断言隐含的经济分析已经做了有力批判：参见"Lineages of Empire"， *Historical Materialism*， 10：3 （2002）. 哈特和奈格里至少部分地放弃了这种分析，并承认在《诸众》（*Multitude*）中持续的不规则性，参见 *Empire*， p. xii.

[89] Hardt and Negri， *Multitude*， pp. 87， 88， 336. 作者没能认识到美帝国主义的实际性，这一点遭到极力批判，参见 A. Boron， "*Empire*" *and Imperialism* （London， 2005）.

[90] Negri and Dufourmantelle， *Negri on Negri*， p. 69.

[91] Hardt and Negri， Multitude， p. 341. 也参见该书第 333 页。

[92] *Financial Times*， 30 November 2004.

[93] Holloway， *Change the World Without Taking Power*， pp. 205， 208， 209. 更多关于这些战略问题的讨论，参见 A. Callinicos， *An Anti-Capitalist Manifesto* （Cambridge， 2003），特别是该书第二章和第三章。

[94] Hardt and Negri， *Multitude*， pp. 356， 358.

第五章　批判现实主义的本体论

[1] G. Deleuze， *Spinoza et le problème d'expression* （Paris， 1968），p. 157.

282　[2] M. Hardt and A. Negri， *Empire* （Cambridge， MA， 2000），p. 413.

[3] 巴斯卡在《从东方到西方》（*From East to West*， London， 2000）中显示出

他误入了唯灵论。安德鲁·科利尔为巴斯卡的哲学写了一篇相当出色的导论：*Critical Realism*（London，1994）．我在一些文章中也对巴斯卡的著作有过批判性评价，参见"Le Réalisme critique et au-delà"，in J. Bidet and E. Kouvelakis eds，*Dictionnaire Marx contemporain*（Paris，2001），以及 R. Bhaskar and A. Callinicos，"Marxism and Critical Realism：A Debale"，*Journal of Critical Realism*，l. 2（2003）．

［4］Michael Devitt，*Realism and Truth*（Oxford，1984），pp. 14，15－16，22.
"在客观上"这个形容词似乎没有添加任何东西："说一个事物有一种客观的实存……就是说它的实存与本质绝不依赖于我们的认识能力。"参见该书第 13 页。

［5］R. Bhaskar，*The Possibility of Naturalism*（Brighton，1979），以及 M. Archer，*Realist Social Theory*（Cambridge，1995）.

［6］W. V. Quine，"On What There Is"，in *From a Logical Point of View*（New York，1963）.

［7］R. Bhaskar，*A Realist Theory of Science*（2nd edn，Hassocks，1978），p. 39.

［8］参见上书第一章和第二章，而且，对巴斯卡先验论证的批判，参见 Callinicos，"Le Réalisme critique et au-delà"，pp. 402－404.

［9］D. Bensaïd，Marx for Our Times（London，2003），p. 83.

［10］参见布迪厄的佳作：*The Political Ontology of Martin Heidegger*（Cambridge，1991）.

［11］Bhaskar，*A Realist Theory of Science*，p. 51.

［12］R. Harré and E. H. Madden，*Causal Powers*（Oxford，1975），pp. 5ff. 这本与巴斯卡的博士导师（哈雷）合写的书，是对哈雷著作的重要补充。参见 R. Bhaskar，*Dialectic*（London，1993），pp. 225－226. 巴斯卡认为，哈雷的贡献在于发展了"一种结构性的、理论性的、纵向的或实存性的实在论"，他将自己的贡献描述为"发展了一种'横向的'因果性的、超事实的或深度动态化的规则性的实在论"。

［13］Bhaskar，*A Realist Theory o f Science*，p. 98.

［14］Bhaskar，*A Realist Theory o f Science*，p. 35.

［15］Collier，*Critical Realism*，p. 45.

［16］Bhaskar，*The Possibility of Naturalism*.

［17］Collier，*Critical Realism*，pp. 7－8.

［18］Bhaskar，*A Realist Theory o f Science*，p. 64.

［19］P. Hallward，*Badiou：A Subject to Truth*（Minneapolis，2003），p. 177. 关于存在的单义性，参见 G. Deleuze，*Différence et répétition*（Paris，1968），pp. 52－61，*283* 以及 A. Badiou，*Deleuze*（Minneapolis，1999），ch. 2.

［20］Deleuze，*Différence et répétition*，p. 53.

［21］Deleuze，*Spinoza et le problème d' expression*，p. 166；关于真实的（或形式

的）但以非数字表示的差别的关键概念，参见该书第一章。

[22] Badiou, *Deleuze*, p. 25.

[23] Deleuze, *Différence et répétition*, pp. 270, 272−273.

[24] Deleuze, *Différence et répétition*, pp. 270−271；参见 Badiou, *Deleuze*, ch. 4.

[25] 对这种说法需要加以界定，在某种程度上，德勒兹提出了他自己的事件理论，认为事件具有很多意义，这些意义是事物的物理状态（états des choses）无形体的表面效果，参见 *Logique du sens*（Paris，1969）. 但是，这种差别需要映射在现实和虚拟之间的差别上。因此："一般而言，事物的状态不是混沌的虚拟物的实现，除非能够从这种虚拟物中获得一种潜能，这种潜能在坐标系中分配自身。"参见 G. Deleuze and F. Guattari, *Qu'est-ce que la philosophie?*（Paris，1991），p. 116.

[26] A. Badiou, *L'Etre et l'événement*（Paris，1988），p. 363.

[27] Badiou, *Deleuze*, p. 50.

[28] Bhaskar, *A Realist Theory o f Science*, p. 99.

[29] 例如，S. Kripke, "Naming and Necessity", in D. Davidson and G. Harman eds, *Semantics of Natural Languages*（Dordrecht，1972），以及 S. P. Schwartz ed., *Naming, Necessity, and Natural Kinds*（Ithaca, NY，1977）.

[30] B. Greene, *The Elegant Universe*（London，1999）.

[31] 巴斯卡式的实在显然也与拉康式的实在不同：更多关于这个主题的讨论，参见我发表在 Historical Materialism, 8（2001）上的对 S. Žižek, *The Ticklish Subject*（London，1999）以及 J. Butler E. Laclau, and S. Žižek, Contingency, Hegemony, Universality（London，2000）这两本书的评论。

[32] Deleuze and Guattari, *Qu'est-ce que la philosophie?*

[33] Bhaskar, *A Realist Theory of Science*, p. 44；亦参见该书第 169 页及其后各页。

[34] Collier, *Critical Realism*, pp. 46, 47, 50.

[35] Collier, *Critical Realism*, pp. 110−111. 亦参见 J. H. Holland, *Emergence*（Oxford，1998）.

[36] Deleuze, *Différence et répétition*, p. 55.

[37] G. Deleuze and F. Guattari, *Mille plateaux*（Paris，1980），p. 73.

[38] P. Bourdieu, *Science de la science et réflexivité*（Paris，2001），p. 127.

[39] Bhaskar, *A Realist Theory of Science*, p. 21.

284

[40] Deleuze, *Spinoza et le probleme d'expression*, ch. XI.

[41] 关于物理主义与实在论的区别，参见 Devitt, *Realism and Truth*, pp. 23−24.

[42] 就我所知，巴斯卡没有直接处理的一个问题是，实在的分层是否必须在某些终极层面上终结。哈雷和马登论证道，"巴门尼德式的个体"，其本性是不变

的和等同于它们的力量，是在自然科学中被设定的"终极实体"，诸物理场域及其中出现的异常性是巴门尼德式的个体所扮演的这种角色的最佳选项：*Causal Powers*，ch. 9.

［43］R. Rorty, "Is Truth a Goal of Inquiry? Davidson vs. Wright", *Philosophical Quarterly*, 45（1995）, p. 282.

［44］J. Habermas, "Richard Rorty's Pragmatic Turn", in R. B. Brandom ed., *Rorty and His Critics*（Oxford, 2000）, pp. 44, 46.

［45］A. Giddens, "Reason without Revolution?" in R. J. Bernstein ed., *Habermas and Modernity*（Cambridge, 1985）, p. 115, 以及 A. Callinicos, *Making History*（2nd edn, Leiden, 2004）, § 3. 4, pp. 119-129.

［46］Devitt, *Realism and Truth*, pp. 27-28.

［47］A. Badiou, Théorie du sujet（Paris, 1982）, p. 140. 巴迪欧对德勒兹关于真理的观点的有趣讨论, 参见 Badiou, *Deleuze*, ch. 5.

［48］A. Tarski, "The Concept of Truth in Formalized Languages" in A. Tarski, *Logic*, *Mathematics*, *Metamathematics*（Oxford, 1969）.

［49］Rorty, "Is Truth a Goal of Inquiry?", p. 282. 亦参见其 "Pragmatism, Davidson, and Truth", in E. LePore, ed., *Truth and Interpretation*（Oxford, 1986）.

［50］Bhaskar, *A Realist Theory of Science*, p. 249. 关于科利尔对巴斯卡拒斥符号真理论的一个精彩的批判, 参见其 *Critical Realism*, pp. 239-242. 巴斯卡后来发展了一种无望而混乱的"去蔽"意义上的真理观：例如, 参见其 *Dialectic*, pp. 217-220, 319.

［51］D. Davidson, "On the Very Idea of a Conceptual Scheme", in Davidson, *Inquiries into Truth and Interpretation*（Oxford, 1984）. 约翰·麦克道威尔对戴维森有一种极具挑战性和探索性的探讨, 参见 Davidson, *Mind and World*（expanded edn, Cambridge, MA, 1996）, pp. 129-161.

［52］D. Davidson, "The Structure and Content of Truth", *Journal of Philosophy*, LXXXVII（1990）, p. 325.

［53］R. Rorty, "Universality and Truth", in Brandom, ed., *Rorty and His Critics*, p. 16. 在这里, 重要的是看到, "意见一致"并不是意指一种哈贝马斯式的理想共识, 而毋宁是指维特根斯坦所谓的"判断中的……一致"：*Philosophical Investigations*（Oxford, 1968）, I, § 242. 罗蒂也主张, "人们通常分化为相互怀疑的（并非相互不可理喻的）论证共同体"（"Universality and Truth," p. 15）, 但是这超出了戴维森所说的任何事情, 且事实上与他的主张（罗蒂将其放在括号里）是矛盾的, 任何人的言说都是根据其在一个共享的世界中具有的共同本性在原则上能为任何其他人所理解。

［54］Davidson, "The Structure and Content of Truth", p. 303. 写这个文本是为

了回应罗蒂的"Pragmatism, Davidson, and Truth";关于一个批判性的讨论,参见 A. Callinicos, *Theories and Narratives* (Cambridge, 1995), pp. 81–82.

[55] D. Davidson, "Truth Rehabilitated", in Brandom ed., *Rorty and His Critics*, pp. 66, 73. 戴维森在这篇文章中附带写道:"我们知道很多事情,并将学到更多;我们绝不会确切知道的是,我们所相信的究竟哪些是真的。"参见该书第 67 页。但是这种见解——如果与符合真理论结合起来,就为实在论所蕴含——这确实是根据批判戴维森的实在论者的看法所得出的,他们将戴维森的"仁爱原则"解读成反实在论的(根据这一点,当我们解读另一种观念时,必须归因于她的大部分真实的信念),这些反实在论者是禁不住戴维森所受的那些(在我看来是古怪的)批评的。参见 Devitt, *Realism and Truth*, ch. 10; D. Papineau, *Reality and Representation* (Oxford, 1990). 在我看来,与其说戴维森在这里不能首尾一贯,不如说戴维森的批评者们搞错了。

[56] P. F. Strawson, "Truth", in Strawson, *Logico-Linguistic Papers* (London, 1971).

[57] Devitt, *Realism and Truth*, pp. 107, 62.

[58] 注意,我在这里努力将实在论与我们的探究是不是以真理为目的这个论题脱离开。罗蒂和戴维森认为,当意见不一致的时候,实在论不高于真理之上,而克里斯平·怀特认为,一旦努力捍卫某种实在论的版本,那么实在论就高于真理之上:Rorty, "Is Truth a Goal of Inquiry?", Davidson, "Truth Rehabilitated" 以及 C. J. G. Wright, *Truth and Objectivity* (Cambridge, M A, 1992). 这么说似乎更好,当我们追求知识的时候,达到真的信念才算得上是成功。

[59] Collier, *Critical Realism*, p. 239.

[60] I. Lakatos, *Philosophical Papers* (2 vols., Cambridge, 1978), I. Lakatos and P. Feyerabend, *For and Against Method* (Chicago, 1999); 以及 John Kadvany. *Imre Lakatos and the Guises o f Reason* (Durham, NC, 2001).

[61] Bhaskar, *The Possibility of Naturalism*, p. 3.

[62] 特别是参见 D. Davidson, *Essays on Action and Events* (Oxford, 1980).

286　　[63] 如果认为分层和突现概念一般就是禁止化约论解释,将是错误的。在某些情况下,化约论解释可能会成功。而且,对一直工作的科学家来说,突现理念的表面价值似乎是,它允许科学家们聚焦于跃迁式的变化。这会产生一种完全不同的模型。与其说这种新模型不能化约到它所附着的现象上,不如说它要求不同理论和平共存。参见 Holland, *Emergence*. 但可以确定的是,将自然视为分层的,就确立了一种规范,将一个层级化约到另一个层级上,对科学探究来说,不是违约行为。

[64] K. Marx, *Capital*, III (Harmondsworth, 1981), p. 956. (马克思,恩格斯. 马克思恩格斯全集:第 46 卷. 2 版. 北京:人民出版社,2003:925.)

[65] 对"华盛顿共识"的一个相当主流的批判,参见 J. Stiglitz, *Globalization*

and its Discontents (London, 2002).

［66］参见 A. Callinicos, *Equality* (Cambridge, 2000), ch. 4. 哈利·布莱豪斯和艾瑞克·欧林·怀特在《历史唯物主义》(*Historical Materialism*) 2002 年第 10 期发表的对这本书的评论，以及我的回应，"Egalitarianism and Anti-Capitalism," in *Historical Materialism*, 11. 1 (2003).

第六章　结构和矛盾

［1］大卫·洛克伍德在 "Social Integration and System Integration", appendix to id., Solidarity and Schism (Oxford, 1992) 中提出了功能主义的开创性批判；阿尔都塞在 "Note sur les AIE", in *Surla reproduction* (Paris, 1995) 中反对人们对功能主义的指控；查尔斯·泰勒在 "Foucault on Freedom and Truth", in D. C. Hoy ed., Foucault (Oxford, 1986) 中指责福柯是功能主义的。

［2］J. Derrida, "Structure, Sign, and Play in the Discourse of the Human Sciences", in J. Derrida, *Writing and Difference* (London, 1978). 佩里·安德森在结构/能动性论争的语境中批判性地评论了后结构主义，参见 *In the Tracks of Historical Materialism* (London, 1983).

［3］A. Giddens, *Central Problems in Social Theory* (London, 1979), and *The Constitution of Society* (Cambridge, 1984). R. Bhaskar, *The Possibility of Naturalism* (Brighton, 1979), and A. Callinicos, *Making History* (2nd edn, Leiden, 2004).

［4］E. Laclau and C. Mouffe, *Hegemony and Socialist Strategy* (London, 1985), p. 110.

［5］当然，后结构主义者往往否认任何主体的融贯性或创造性力量，他们可能将话语从心理中分离出来以做出回应，但是，我们可以通过将实在论重新表述为社会独立于心灵和话语而实存，以回应其观点。

［6］K. R. Popper, *The Open Society and Its Enemies* (2 vols., London, 1973), II, ch. 14.

［7］G. A. Cohen, "Introduction to the 2000 Edition", *Karl Marx's Theory of History* (2nd cdn., Oxford, 2000), p. xxiii. 亦参见 J. Elster, *Making Sense of Marx* (Cambridge, 1985), J. Roemer, ed., *Analytical Marxism* (Cambridge, 1986)；以及我对分析马克思主义的讨论，参见《创造历史》(*Making History*) 特别是第 xxiv-xxvii, 85-102 页，以及 "G. A. Cohen and the Critique of Political Economy", in *Science and Society*.

［8］M. Archer, *Realist Social Theory* (Cambridge, 1995), pp. 9-10.

［9］Archer, *Realist Social Theory*, pp. 3-4, 66.

［10］Archer, *Realist Social Theory*, pp. 121, 122, 124, 125. 总体上参见该书第四章，我批判吉登斯对结构概念的强调不充分，参见 "Anthony Giddens: A Contemporary Critique", *Theory and Society*, 14 (1985).

［11］Archer, *Realist Social Theory*, pp. 73, 70. 关于巴斯卡，参见该书第五章，以及 A. Collier, *Critical Realism* (London, 1994), ch. 8. 其中，科利尔对巴斯卡过度强调社会科学与物理科学之间的区别，做了一些类比性批判。

［12］Archer, *Realist Social Theory*, part Ⅱ.

［13］D. Davidson, *Inquiries into Truth and Interpretation* (Oxford, 1984), p. 137；可与 R. Grandy, "Reference, Meaning and Belief", *Journal of Philosophy*, LXX (1973) 相比较。更多关于这些问题的讨论，参见 Callinicos, *Making History*, chs. 1 and 3. 阿彻对人性原则的赞同，见其 *Realist Social Theory*, p. 281.

［14］Archer, *Realist Social Theory*, pp. 106, 177.

［15］F. de Saussure, *Course in General Linguistics* (New York, 1966), p. 120.

［16］P. Corcuff, "L'egalité, entre Marx et Rawls", *ContreTemps*, 1 (2001), pp. 148－149.

288
　　［17］P. Bourdieu, *The Rules of Art* (Cambridge, 1996).

［18］参见 A. Callinicos, *Social Theory* (Cambridge, 1999), pp. 287－295.

［19］W. H. Sewell Jr., "A Theory of Structure: Duality, Agency, and Transformation", *American Journal of Sociology*, 98 (1992), pp. 8－9.

［20］W. H. Sewell Jr., "Historical Events as Transformations of Structures: Inventing Revolution at the Bastille", *Theory and Society*, 25 (1996), pp. 843, 879 n. 4.

［21］Giddens, *Central Problems in Social Theory*, pp. 69－70.

［22］例如，参见 D. -H. Ruben, *The Metaphysics of the Social World* (London, 1985), 以及 A. Levine et al., "Marxism and Methodological Individualism", *New Left Review*, 162 (1987).

［23］Callinicos, *Making History*, 尤其是"第二版导言"，第一章、第二章以及结论。

［24］海基·帕托马奇在 *Democratizing Globalization* (London, 2001) 中对金融市场提供了一种批判现实主义的说明。

［25］Callinicos, *Making History*, ch. 4.

［26］Callinicos, "Plumbing the Depths: Marxism and the Holocaust", *Yale Journal of Criticism*, 14 (2001).

［27］Lockwood, "Social Integration and System Integration", pp. 400, 405.

［28］Archer, *Realist Social Theory*, p. 69；也参见该书第七章。

［29］Cohen, *Karl Marx's Theory of History*, p. 62.

［30］Cohen, *Karl Marx's Theory of History*, p. 111. 然而，科恩却将物质生产关系从生产力中排除出去：参见 Callinicos, *Making History*, pp. 43－46, 以及 "G. A.

Cohen and the Critique of Political Economy".

[31] 关于这个问题最好的讨论可以在 M. Rosen, *The Hegelian Dialectic and its Criticism* (Cambridge, 1982) 以及 J. Rees, *The Algebra of Revolution* (London, 1998) 中找到。齐泽克对黑格尔做了原创的却是不合理的拉康式解读，试图消解绝对和辩证法的目的论结构：例如，参见 *The Ticklish Subject* (London, 1999), ch. 2, 以及拉克劳的有力的批判，参见 "Identity and Hegemony", in J. Butler et al., *Contingency, Hegemony, Universality* (London, 2000), pp. 59-64.

[32] R. Bhaskar, *Dialectic* (London, 1993), p. 62.

[33] G. W. F. Hegel, *Logic* (Oxford, 1975), § 120 Zusatz; p. 174.

[34] Bhaskar, *Dialectic*, pp. 73, 62. 在这些讨论中，"唯物主义"涵盖了实在论——特别是实在论独立于心灵而实存的观点——和马克思的实质性历史理论。

[35] L. Colletti, "Marxism and the Dialectic", New Left Review, 93 (1975). 亦参见 Colletti, Marxism and Hegel (London, 1973).

[36] E. Laclau, "Metaphor and Social Antagonisms", in G. Nelson and L. Grossberg eds., *Marxism and the Interpretation of Culture* (Basingstoke, 1988), pp. 255-256.

[37] E. Laclau, "Identity and Hegemony", p. 70.

[38] Laclau and Mouffe, *Hegemony and Socialist Strategy*, p. 113.

[39] Laclau, "Metaphor and Social Antagonisms", pp. 254-255.

[40] Laclau and Mouffe, *Hegemony and Socialist Strategy*, p. 113.

[41] Laclau, "Identity and Hegemony", pp. 58, 72, 79.

[42] Bhaskar, *Dielatic*, pp. 4-5, 49, 48. 关于这本书的批评性评价，参见 A. Callinicos, "Le Réalisme critique et au-delà", in J. Bidet and E. Kouvelakis, *Dictionnaire Marx contemporain* (Paris, 2001) 以及 S. Craven, "The Pulse of Freedom? Bhaskar's Dialectic and Marxism", *Historical Materialism*, 10 (2002).

[43] Bhaskar, *Dialectic*, p. 58.

[44] Callinicos, *Making History*, p. 56.

[45] R. Harré and E. Madden, *Causal Powers* (Oxford, 1975).

[46] 例如，参见 T. Smith, *The Logic of Marx's "Capital"* (Albany, NY, 1990), C. J. Arthur, *The New Dialectic and Marx's "Capital"* (Leiden, 2002), 而对此的批评——A. Callinicos, "Against the New Dialectic", *Historical Materialism*, 13.2 (2005).

[47] 这是一个颇具争议的主题，特别是参见 Cohen, *Karl Marx's Theory of History*, Callinicos, *Making History*, "Introduction to the Second Edition", 以及第二章。

[48] Marx, *Capital*, Ⅲ (Harmondsworth, 1981), p. 319. （马克思，恩格斯. 马克思恩格斯全集：第46卷. 2版. 北京：人民出版社，2003：237.）利润率下降

趋势再次成为一个高度争议的主题：参见 M. C. Howard and J. E. King, *A History of Marxist Economics* (2 vols., London, 1989, 1992)，特别是第二部。罗伯特·布伦纳（Robert Brenner）对战后资本主义的分析引起了激烈争论，这很好地体现了对这个问题讨论的当前状态：参见 *Historical Materialism*, 4 and 5 (1999). 关于马克思主义政治经济学中的理论问题的一项最新研究，参见 A. Saad-Filho, *The Value of Marx* (London, 2002).

［49］将营利能力危机视为利润率下降趋势和上升趋势之间的互动导致的一种周期性现象，参见 B. Fine and L. Harris, *Rereading "Capital"* (London, 1979)，以及 G. Reuten, "'*Zirkel Vicieux*' or Trend Cycle? The Course of the Profit Rate in Marx's *Capital* Ⅲ", *History of Political Economy*, 36 (2004).

［50］Marx, *Capital*, Ⅰ (Harmondsworth, 1976), ch. 23. （参见《资本论》第 1 卷第 23 章）。

［51］R. Brenner, "The Social Basis of Economic Development", in Roemer, ed., *Analytical Marxism*.

［52］K. Marx, *Grundrisse* (Harmondsworth, 1973), pp. 100, 101. （马克思，恩格斯. 马克思恩格斯全集：第 30 卷. 2 版. 北京：人民出版社，1995：41. ）

［53］Rees, *The Algebra of Revolution*, p. 7；特别是参见该书第二章。

290   ［54］Laclau, "Metaphor and Social Antagonisms", p. 254.

［55］Laclau and Mouffe, *Hegemony and Socialist Strategy*, p. 88 n. 1. 亦参见该书第 105、113 页。

［56］顺便一提，米歇尔·曼恩的社会理论观点即应将社会视为开放的网络，而非封闭的总体，不会威胁这里讨论的马克思主义总体性观念：参见 *The Sources of Social Power*, Ⅰ (Cambridge, 1986), ch. 1. 这个观点主要是针对那些认为社会必须被视为具有清晰的空间边界（典型地与民族国家共延）的观念。但是，可以认同这个观点，同时仍然坚持社会具有如这一节勾勒的以这种方式整理的结构上的属性。如果认为社会的无边界特征与马克思主义总体性概念相冲突，那就混淆了两个不同层次的规定。

［57］K. Marx, *Theories of Surplus-Value* (3vols, Moscow, 1963—1972), Ⅱ, p. 500. （马克思，恩格斯. 马克思恩格斯全集：第 26 卷 II. 北京：人民出版社，1972：576，571. ）

［58］K. Marx, *Theories of Surplus-Value* (3vols, Moscow, 1963—1972), Ⅲ, p. 88. （马克思，恩格斯. 马克思恩格斯全集：第 26 卷 III. 北京：人民出版社，1974：91. ）参见瑞斯对这段话及其相关段落的讨论，*The Algebra of the and the Revolution*, pp. 99-107.

［59］参见 A. W. Wood, *Hegel's Ethical Thought* (Cambridge, 1990), A. Callinicos, *Social Theory* (Cambridge, 1999), ch. 2, 以及 S. Kouvelakis, *Philosophy and*

Revolution（London，2003），ch. 1.

　　［60］Letter to Engels，30 April 1868，in K. Marx and F. Engels，*Selected Corre-spondence*（Moscow，1965），p. 208.（马克思，恩格斯. 马克思恩格斯全集：第 32 卷. 北京：人民出版社，1974：75.）

　　［61］J. Holloway，*Change the World without Taking Power*（London，2002），p. 1.

　　［62］参见 A. Callinicos，"Sympathy for the Devil? John Holloway's Mephistophele-an Marxism"，*Capital and Class*，85（2005），J. Holloway and A. Callinicos，"Can We Change the World without Taking Power?"，*International Socialist*，2nd ser. ，106（2005），以及 D. Bensaïd，"Le Pouvoir et la révolution"，in Bensaïd，*Un monde à changer*（Paris，2003）.

　　［63］Laclau and Mouffe，*Hegemony and Socialist Strategy*，chs. 1 and 2.

　　［64］D. Bensaïd，*Marx for Our Times*（London，2002），p. 23. 关于这些话题更多的讨论，参见本萨义德的杰作 "La Politique comme art stratégique"，in Bensaïd，*Un monde à changer*，Callinicos，*Making History*，chs. 4 and 5，以及 Callinicos，*Theories and Narratives*（Cambridge，1995），chs. 3 and 4。

　　［65］I. Kant，*The Critique of Judgement*（Oxford，1973），p. 5.

　　［66］例如，参见 S. H. Holtzmann and C. M. Leich，eds. ，*Wittgenstein*：*To Follow a Rule*（London，1981），以及 S. Kripke，*Wittgenstein on Rules and Private Language*（Oxford，1982）.

　　［67］L. Colletti，"A Political and Philosophical Interview"，*New Left Review*，86（1974），p. 16.

　　［68］J. Roemer，"'Rational choice' Marxism"，in *Analytical Marxism*，p. 191.

　　［69］Bhaskar，*Dialectic*，pp. 150−152.

　　［70］T. Pinkard，*Hegel's Phenomenology*（Cambridge，1994）.

　　［71］G. W. F. Hegel，*Philosophy of Nature*（Oxford，1970），§ 247 Zusatz；p. 14.

　　［72］F. Engels，*Dialectics of Nature*（Moscow，1972），pp. 24，27.（马克思，恩格斯. 马克思恩格斯选集：第 3 卷. 3 版. 北京：人民出版社，2012：852，854.）总体上参见 P. McGarr，"Engels and Natural Science"，*International Socialism*，2. 65（1994）.

　　［73］Bensaïd，*Marx for Our Times*，p. 288.

　　［74］Engels，*Dialectics of Nature*，p. 63.（马克思，恩格斯. 马克思恩格斯文集：第 9 卷. 北京：人民出版社，2009：463.）

　　［75］关于对比各种否定之否定，参见 L. Althusser，"Marx's Relation to Hegel"，in Althusser，*Politics and History*（London，1972），Bhaskar，*Dialectic*，p. 152，

291

Rees, *The Algebra of Revolution*, pp. 103 – 104, 以及 Arthur, *The New Dialectic and Marx's "Capital"*, ch. 6.

［76］P. Pomper, ed., *Trotsky's Notebooks 1933—1935* (New York, 1986), pp. 88, 89. 参见 Rees, *The Algebra of Revolution*, ch. 6.

［77］P. Pomper, ed., *Trotsky's Philosophical Notebooks 1933 – 1935*, p. 92.

［78］例如, Richard Dawkins, *The Blind Watchmaker* (London, 1991), D. Dennett, *Darwins Dangerous Idea* (London, 1995), N. Eldredge, *Reinventing Darwin* (London, 1995), S. J. Gould, *The Structure of Evolutionary Theory* (Cambridge, MA, 2002), R. Levins and R. Lewontin, *The Dialectical Biologists* (Cambridge, MA, 1985), S. Rose, *Lifelines* (London, 1995), E. Sober, *The Nature of Selection* (Chicago, 1993).

［79］B. Greene, *The Elegant Universe* (London, 2000), ch. 14.

［80］例如, I. Prirogine and I. Stengers, *Order Out of Chaos* (London, 1984), P. McGarr, "Order Out of Chaos", *International Socialism*, 2. 48 (1990), 以及 S. Kauffman, *At Home in the Universe* (London, 1996). 本萨义德比较了马克思《资本论》中的方法与混沌理论：*Marx for Our Times*, ch. 10.

［81］Prirogine and Stengers, *Order Out of Chaos*, p. 252.

［82］J. H. Holland, *Emergence* (Oxford, 1998), pp. 225 – 229.

［83］Bhaskar, *Dialectic*, p. 98. 我要感谢菲尔·贾斯珀在提出多样的自然辩证法方面的帮助。

［84］R. Dawkins, *River Out of Eden* (London, 1996), p 155.

［85］Kauffman, *At Home in the Universe*, pp. 304, 217.

第七章　正义和普遍性

292

［1］关于这两个有趣的讨论以及相关难题, 参见 R. Geuss, *The Idea of a Critical Theory* (Cambridge, 1981), 以及 E. Renault, *Marx et l'idée de critique* (Paris, 1995).

［2］史蒂芬·卢克斯在 *Marxism and Morality* (Oxford, 1986) 中清楚地提出这个问题。特里·伊格尔顿在 *After Theory* (London, 2003) 特别是该书第五章和第六章中提出了一种对道德强有力的辩护。

［3］F. Jameson, *Postmodernism, or, The Cultural Logic of Late Capitalism* (London, 1991), p. 46.

［4］S. Kouvelakis, *Philosophy and Revolution* (London, 2003), pp. 23, 18.

［5］例如, G. Comninel, *Rethinking the French Revolution* (London, 1987); 对照 E. J. Hobsbawm, *Echoes of the Marseillaise* (London, 1989), 以及 A. Callinicos and P. McGarr, *Marxism and the Great French Revolution* (London, 1993).

〔6〕 Kouvelakis, *Philosophy and Revolution*, p. 18.

〔7〕 此外，德里达对法律与正义进行反思，探究了这个术语的模糊性：*Force de loi*（Paris, 1994）.

〔8〕 库维拉基斯在 "La Politique dans ses limites, ou les paradoxes de Alain Badiou", *Actuel Marx*, 28（2000）中从一种同情而批判的视角讨论了巴迪欧，这与齐泽克的思路有很强的亲缘性（参见上面第三章第三节）。

〔9〕 N. Geras, "The Controversy about Marx and Justice", *New Left Review*, 100（1985）.

〔10〕 K. Marx, *Capital*, III（Harmondsworth, 1981）, p. 911.（马克思，恩格斯. 马克思恩格斯全集：第 46 卷. 2 版. 北京：人民出版社，2003：878.）

〔11〕 例如，参见 G. A. Cohen, *Self-Ownership, Freedom, and Equality*（Cambridge, 1995）, 以及 *If You're an Egalitarian, How Come You're So Rich*（Cambridge, M A, 2000）.

〔12〕 A. Callinicos, "Having Your Cake and Eating It", *Historical Materialism*, 9（2001）.

〔13〕 D. Bensaïd, *Marx for Our Times*（London, 2002）, p. 158；总体上参见该书第五章。然而，本萨义德确实修饰了他对正义的忽视："科层制管理的经济体的崩溃以及在生态危机中包含的诸问题迫使我们用比马克思更准确的术语，将转向社会主义（包括其司法维度）的问题概念化。当原则和实践不再尖锐对立时，一种批判的正义论在这个语境中就会做出可贵的贡献。因为'资产阶级法权的狭隘视域'只有在旷日持久的过程的终点，才能被实证地超越。"（同上，第 155 页）但是，这似乎限定了正义的相关性（正如库维拉基斯，确实将其等同于司法），以转向马克思在《哥达纲领批判》中所说的"共产主义社会的高级阶段"：关于正义在这个文本中各种混淆的讨论，参见 A. Callinicos, *Equality*（Cambridge, 2000）, pp. 81-82. *293*

〔14〕 Callinicos, *Equality*, 特别是第四章。

〔15〕 B. A. O. Williams, *Ethics and the Limits of Philosophy*（London, 1985）.

〔16〕 M. Walzer, *Spheres of Justice*（Oxford, 1983）, 以及 M. Sandel, *Liberalism and the Limits of justice*（Cambridge, 1982）.

〔17〕 B. Barry, *Culture and Equality*（Cambridge, 2001）, p. 331 n. 27.

〔18〕 参见 A. Callinicos, *Against the Third Way*（Cambridge, 2001）, ch. 3, 以及 P. Anderson, "Arms and Rights", *New Left Review*, 2nd ser, 31（2005）.

〔19〕 K. Marx, *Theories of Surplus-Value*（3 vols, Moscow, 1963—1972）, II, p. 174.（马克思，恩格斯. 马克思恩格斯全集：第 26 卷 II. 北京：人民出版社，1972：103.）

〔20〕 G. A. Cohen, "On the Currency of Egalitarian Justice", *Ethics*, 99（1989）

对这些辩论的相关研究，参见 J. Roemer, *Theories of Distributive Justice*（Cambridge，
MA，1996），以及 Callinicos, *Equality*, pp. 52−64.

［21］A. K. Sen,"Equality of What?", in Sen, *Choice, Welfare and Measure-ment*（Oxford，1982），以及 *Inequality Reexamined*（Oxford，1992）.

［22］Dworkin, *Sovereign Virtue*（Cambridge，MA，2000），ch. 1.

［23］Dworkin, *Sovereign Virtue*, ch. 2.

［24］E. S. Anderson,"What is the Point of Equality?", *Ethics*, 109（1999）.

［25］Dworkin, *Sovereign Virtue*, p. 287.

［26］例如，A. K. Sen, *Development as Freedom*（Oxford，1999）.

［27］Sen, *Development as Freedom*, p. 75.

［28］G. A. Cohen,"Equality of What? On Welfare, Goods, and Capabilities",
in M. Nussbaum and A. K. Sen eds., *The Quality of Life*（Oxford，1993），p. 28. 亦
参见 G. A. Cohen,"On the Currency of Egalitarian Justice".

［29］Roemer, *Theories of Distributive Justice*, pp. 249，309；以及 Callinicos,
Equality, pp. 62−64，关于适应性偏好，参见 J. Elster, Sour Grapes（Cambridge，
1983）.

［30］例如，R. Arneson,"Equality and Equal Opportunity for Welfare", *Philo-sophical Studies*, 56（1989）.

［31］J. Griffin, *Well-Being*（Oxford，1986），pp. 56，62，70. 总体上参见该
书第四章。

［32］L. Doyal and I. Gough, *A Theory of Human* Need（Basingstoke，1991）.

［33］Griffin, *Well-Being*, pp. 46，53，54.

294 ［34］Griffin, *Well-Being*, pp. 372 n. 26，11，30，105. 关于主观与客观、愿
望与理解的二元论的不充分性，亦参见该书第 29~30、137、155 页。

［35］Griffin, *Well-Being*, pp. 122，137，156−157，208，210，239.

［36］I. Kant, *Groundwork of the Metaphysics of Morals*, in *Practical Philosophy*
（Cambridge，1996），p. 80. 关于罗尔斯对效益主义的批评，参见，例如，*A Theory
of Justice*（Oxford，1999），pp. 19−24，160−168，以及，格里芬对这些问题的讨论，
参见 *Well-Being*, chs. Ⅸ and Ⅹ.

［37］尼采对道德话语批判的重要性，当然是阿拉斯戴尔·麦金太尔的 *After
Virtue*（London，1981）的主题之一。

［38］Griffin, *Well-Being*, p. 38.

［39］J. Raz, *The Morality of Freedom*（Oxford，1986），pp. 289，318，370. 关
于"愿望的依赖理由的特性"，参见该书第 140~142 页。格里芬和拉兹对理由与愿
望之间关系的见解，很值得拿来与 T. M. 斯坎伦在 *What We Owe to Each Other*
（Cambridge，MA，1998）的第一章中对这个主题的杰出处理相比较。

［40］ Griffin, *Well-Being*, pp. 89, 90；总体上参见该书第五、六、七和十章。

［41］ Raz, *The Morality of Freedom*, p. 346. 总体上参见该书第十三章。

［42］ Raz, *The Morality of Freedom*, p. 240. 总体上参见该书第九章。

［43］ 关于这些问题，参见 T. M. Scanlon, "The Diversity of Objections to Inequality", D. Parfit, "Equality or Priority?", 以及 L. Temkin, "Equality, Priority, and the Levelling Down Objection", in M. Clayton and A. Williams eds, *The Ideal of Equality* (Basingstoke, 2000).

［44］ J. Waldron, "Two Essays on Basic Equality", www. law. nyu. edu, 30 April 2001, pp. 3, 21.

［45］ 例如，参见 D. Miller, *Principles of Social Justice* (Cambridge, 1999), ch. 7.

［46］ Waldron, "Two Essays on Basic Equality", p. 71. 沃尔德伦在该书第 62～68 页提出了范围属性的理念；可比较 Rawls, *A Theory of Justice*, pp. 444－445.

［47］ Rawls, *A Theory of Justice*, pp. 442, 443.

［48］ Waldron, "Two Essays on Basic Equality", p. 74.

［49］ Raz, *The Morality of Freedom*, p. 228.

［50］ 引自 Waldron, "Two Essays on Basic Equality", pp. 8, 9. 我要感谢克里斯·伯特伦使我注意到这个段落，以及沃尔德伦这篇被我引用的论文。

［51］ "100, 000 Excess Civilian Deaths After Iraq Invasion", *The Lancet*, 29 October 2004.

［52］ M. Hastings, *Overlord* (London, 1984), p. 50.

295

［53］ T. W. Pogge, *World Poverty and Human Right* (Cambridge, 2002), pp. 97－98. 迈克·戴维斯在其杰作《晚期维多利亚时代的大屠杀》 (*Late Victorian Holocausts*, London, 2001) 中将饥荒导致的大量人口死亡置于更长的历史过程即自由资本主义对非欧洲社会的影响的语境中加以考察。

［54］ United Nations Development Programme, *Human Development Report* 1999 (New York, 1999), p. 3. 博格和桑杰·瑞迪强烈批判世界银行表示全球贫困和不平等已经锐减的统计方法：例如，参见 "Unknown：The Extent, Distribution, and Trajectory of Global Income Poverty" (2003), www. columbia. edu.

［55］ Pogge, *World Poverty and Human Rights*, p. 2.

［56］ T. W. Pogge, "Priorities of Global Justice", in Pogge ed., *Global Justice* (Oxford, 2001), p. 13.

［57］ US Department of Defense, News Release, 7 February 2005, www. dod. mil.

［58］ Pogge, "Priorities of Global Justice", p. 14.

［59］ Pogge, "Priorities of Global Justice", p. 19. 博格提出一些用以限制这些特权的制度性改革措施，参见 *World Poverty and Human Right*, ch. 6.

〔60〕关于发展中国家的不平等，参见 Callinicos，*Equality*，pp. 3−12.

〔61〕Pogge，*World Poverty and Human Rights*，pp. 132，144.

〔62〕例如，参见 Griffin，*Well-Being*，p. 333 n. 19.

〔63〕参见 Barry，*Culture and Equality*，pp. 32，37−38；以及 Barry，*Why Social Justice Matters*（Cambridge. 2005），ch. 2.

〔64〕亦可参见 A. Callinicos，Making History（2nd edn，Leiden，2004）.

〔65〕M. Mann，*The Sources of Social Power*（2 vols，Cambridge，1986，1993）.

〔66〕J. Bidet，*John Rawls et la théorie de la justice*，尤其是第五章。

〔67〕J. Rawls，*The Law of Peoples*（Cambridge，MA，1999），p. 117。总体上参见该书第 105~120 页。

〔68〕Rawls，*A Theory of Justice*，p. 89. 博格也指责罗尔斯有双重标准：*World Poverty and Human Rights*，ch. 4.

〔69〕B. Barry，"Statism and Nationalism：A Cosmopolitan Critique"，in I. Shapiro and L. Brilmayer，eds，*Global Justice：Nomos XLI*（New York，1999），p. 36. 查尔斯·贝茨为世界主义正义原则提出一个经典陈述，参见 *Political Theory and International Relations*（rev. edn.，Princeton，NJ，1999）. 亦参见收录在 Pogge，ed.，*Global Justice* 以及上面提到的 *Nomos XLI* 中的文章。

296 〔70〕G. Arrighi，"The African Crisis"，*New Left Review*，2nd ser.，15（2002），pp. 35−36. 可以将这个分析与森在《以自由看待发展》（*Development as Freedom*）所做的贫困研究相比较，尽管难以捉摸，但森的研究还是危险地靠近"华盛顿共识"的观念。

第八章　结　论

〔1〕在 M. 罗斯的著作《黑格尔的辩证法及其批判》（*Hegel's Dialectic and its Criticism*，Cambridge，1982）第一章中有对内在地批判观念的很好的讨论，他认为内在地批判积极结果这个主张依赖于黑格尔规定即否定这一思辨观念。

〔2〕P. K. Feyerabend，*Science in a Free Society*（London，1978），p. 34.

〔3〕R. G. 科林伍德在《形而上学论》（*An Essay on Metaphysics*，Oxford，1940）中阐述了形而上学何以将科学的"绝对前提"凸显出来，尽管他从相对主义角度论述这一过程，但在很多方面看仍然是引人注目的。哥白尼革命的复杂性在 H. 布鲁门伯格的《哥白尼世界的起源》（*The Genesis of the Copernican World*，Cambridge，MA，1987）一书中得到了出色的表达。

〔4〕M. C. Howard and J. E. King，*A History of Marxist Economics*（2 vols，London，1989，1992），特别是这部著作的第一卷。

〔5〕D. Harvey，*The New Imperialism*（Oxford，2003），pp. 26，30. 哈维最重要的早期著作是《限制资本》（*The Limits to Capital*，1982）和《后现代性的条件》

（*The Condition of Postmodernity*，1989）。阿瑞吉的杰作是《漫长的 20 世纪》（*The Long Twentieth Century*，1994）。我考察了哈维对马克思主义总体上的贡献，参见 "David Harvey and the Classics"，in N. Castree and D. Gregory，eds. *David Harvey：Critical Perspectives*（Oxford，2006）。

[6]　我自己的解读开始于与哈维非常相似的理论前提，参见 *The New Mandarins of American Power*（Cambridge，2003）。

[7]　关于这项计划的重要讨论包括 J. Rancière，"Le Concept de critique et la critique de l'éconmie politique dès les *Manuscrits* de 1844 au *Capital*"，in L. Althusser et al.，*Lire le Capital*（4 vols，Paris，1973），E. Renault，*Marx et l'idée de critique*（Paris，1995），以及 H. G. Backhaus，"Some Aspects of Marx's Concept of Critique in the Context of his Economic-Philosophical Theory"，in W. Bonefeld and K. Psychopedis，eds，*Human Dignity*（Aldershot，2005）。

[8]　莱因哈特·科塞雷克走得更远，他认为启蒙运动对绝对主义的批判是现代社会危机的根源。参见 Reinhart Koselleck，*Critique and Crisis*（Oxford，1988）。

[9]　S. Žižek，*The Ticklish Subject*（London，1999），p. 137.　*297*

[10]　G. Lukács，*History and Class Consciousness*（London，1971），p. 168.

[11]　G. Lukács，*History and Class Consciousness*（London，1971），pp. 172，149.

[12]　A Callinicos，Making History（2nd edn，Leiden，2004），pp. 152-156.

[13]　G. Lukács，*History and Class Consciousness*（London，1971），pp. 121-122，149. 对卢卡奇的超级黑格尔主义的重要批判，参见 G. Stedman-Jones，"The Marxism of the Early Lukács"，*New Left Review*，70（1971）.

[14]　A. Callinicos，*Social Theory*（Cambridge，1999），p. 208.

[15]　P. Bourdieu，*Pascalian Meditations*（Cambridge，2000），p. 99.

[16]　F. Jameson，*The Political Unconscious*（London，1981），pp. 52-53. 在此基础上，詹姆逊试图调和卢卡奇和阿尔都塞，主张"如同所有马克思主义，阿尔都塞的结构必然坚持认为社会形态中的所有因素都是相关的；只是由于各种因素的结构性差异与各种因素彼此的距离将它们联系起来……差异在这里就被理解为一个关联性概念，只是被不相关的多样性列出一张纯粹的惰性清单罢了。"（第 41 页）

[17]　例如，参见 G. Guttiérrez，*A Theology of Liberation*（London，1974），特别是第 13 章，以及 M. Löwy，*The War of Gods*（London，1996）.

[18]　E. Dussel，*Towards an Unknown Marx*（London，2001），特别是第一章、第十四章和附录二（引文来自第 8 页）。

[19]　K. Marx and F. Engels，*Collected Works*，XXX（Moscow，1988），pp. 170-1；也参见 Marx，*Grundrisse*（Harmondsworth，1973），pp. 295-296.（马克思，恩格斯. 马克思恩格斯全集：第 30 卷. 2 版. 北京：人民出版社，1995：254.）

［20］然而，这种结合采取了高度复杂的形式：例如，参见 M. Davis，"Planet of Slums"，*New Left Review*，2nd ser.，26（2004）．尽管涵盖了杜塞尔推荐的关于贫困的论述，但哈特和奈格里在《诸众》第 152～153 页得出了同我在这里一样的见解。

［21］Zizek，*The Ticklish Subject*，pp. 198－199.

［22］对这个观点的最好的阐述仍然是尼克斯·普兰查斯最后一部著作《国家、权力和社会主义》（*State*，*Power*，*Socialism*，London，1978），最好一起阅读克里斯·哈曼的权威论文"The State and Capitalism Today"，*International Socialism*，2nd ser.，51（1991）．两个试图定位今日马克思主义国家理论的有用尝试是 B. Jessop，*The Future of the Capitalist State*（Cambridge，2002）以及 M. Rupert and H. Smith eds.，*Historical Materialism and Globalization*（London，2002）.

298　　［23］参见 A. Callinicos，*The Revenge of History*（Cambridge，1991），pp. 118－133.

［24］关于民主的经济结构及其指导原则的讨论，参见 M. Albert，*Parecon*（London，2003）以及 A. Callinicos，*An Anti-Capitalist Manifesto*（Cambridge，2003），ch. 3.

［25］Hardt and Negri，*Multitude*，p. xiv.

［26］戈帕拉·克里希南至少部分地与这里采取的理路相一致，并以这种方式援引了马基雅维利："Future Unknown"，*New Left Review* 2nd ser.，32（2005）.

索　引

译后记

批判是哲学的基本工作方式，对现存生活的不满以及对理想生活的向往乃哲学超越之思的现实所系。在德国古典哲学批判语境中生成的马克思主义哲学以实践的批判思维解析由资本主导的现代社会，形成了以历史唯物主义为根基的政治哲学，这种政治哲学自19世纪中叶以来产生了具有世界历史意义的广泛而深远的实践效应。自马克思以降，各种具有现实指向的社会批判理论及其碰撞构成了丰富多彩的理论景观，通常也被视为西方马克思主义哲学的代表性成就。梳理并评价这些"批判的资源"，是把握社会批判理论的运思方式及其边界的必要路径，但这项研究因理论内涵的深邃和思想范围的广延而存在着相当的难度。英国著名政治哲学家与马克思主义政论家卡利尼科斯教授以深厚的理论学养解析这些难题，从历史唯物主义角度得出了很多富有启发性的答案，从而丰富了当代哲学"批判的资源"。

卡利尼科斯是19世纪英国著名历史学家和政治思想家阿克顿勋爵的后裔，阿克顿曾说过："权力会产生腐败，绝对的权力，产生绝对的腐败。"主编过《剑桥近代史》的这位学者是当时自由主义的巨擘，自由和道德是他最珍视的政治观念。但这些思想对卡利尼科斯的影响似乎很有限，他的父亲是在第二次世界大战期间坚决抵抗纳粹的希腊人，卡利尼科斯从小在非洲的英国殖民地南罗得西亚长大，少数白人统治那里多数的黑人，这让他感到严重的社会不公正。当他在20世纪60年代末到牛津大学学习的时候，周围是激进的学生运动和工人运动，正是在这时他开始研究马克思主义哲学、政治学和经济学，从中形成了系统的研究思路和方法，开始认真讨论当代世界中一些重大问题。

卡利尼科斯在政治经济学和政治哲学领域均有精深的研究，由于学养深厚且批判力透纸背，其著述读之令人难忘。他出版过《在改革与革命之

间的南非》《美国权力阶层的新官僚们》《大罢工》《变化中的工人阶级》
《新自由主义世界中的大学》《帝国主义与全球的政治经济》等多部以马克
思主义经典理论研究当今社会问题的著作，同时也在《卡尔·马克思的革
命理念》《马克思主义和哲学》《阿尔都塞的马克思主义》《马克思主义还
有未来吗?》《解码资本：马克思的〈资本论〉及其命运》等著作中阐述了
关于马克思主义哲学研究的诸多新见解，而《批判的资源》《理论与叙事：
历史哲学反思》《社会理论史导论》等著作则反映了他在社会批判理论与
历史哲学研究方面的学术功力。他是一个深刻而敏锐的高产作家，较之纯
粹思辨的哲学家而言，他优美的文笔和犀利明晰的批判话语令人印象尤深。

读过卡利尼科斯的著作并与他进行思想对话的人都会感到其观念的现
实活力，很多马克思哲学文本中的经典表述在他的阐释中以现实的方式跃
然纸上，而他批判资本逻辑的话语颇具力度。他注重将国际社会主义运动
的历史经验和现实进程融入理论著述，其深邃的学术沉思具有承接历史并
关注当下的现实视角，这与他作为英国社会主义工人党国际书记所从事的
社会活动紧密相关。他深谙马克思主义理论的实践指向，同时在严谨的学
术阐释中梳理和评价当代政治哲学的批判资源，以透彻的政治哲学理论和
可靠的社会学调查数据直指资本逻辑的问题所在，这种将严谨的学术致思
融入现实诉求的理论探索，恰如穿梭在浩如烟海的社会批判理论著述中寻
找航向，虽不辞辛劳，却也彰显出一种游刃有余的思想姿态。

2006 年英国政体出版社出版的《批判的资源》是卡利尼科斯探讨当代
社会批判理论的力作。他对这本书的构思长达数年之久，经过西雅图抗议、
"9·11"事件和伦敦爆炸案，卡利尼科斯意识到无辜者在承担这些不正常
的社会事件的代价，这时对当代资本主义严峻的社会问题做理性分析变得
愈益重要。他试图以缜密的规范政治哲学思路分析全球资本主义的关键问
题，当然这项工作是学术性的，但它浸润着饱满的问题意识。他在这本书
的扉页怀念保罗·福特——一个被看作近乎完美的英国左派，也以独特的
方式记录了一个时代的批判印记。可以说，这本书体现了卡利尼科斯对当
代资本主义和当代某些政治哲学主张的批判力度与反思向度，从学术角度
深化了他在《平等》和《反资本主义宣言》等政治哲学和社会批判理论著
述中的相关理路。尽管这本书迄今已经出版 10 多年了，其间当代社会批判
理论也有了很多新进展，但书中很多观点对我们深入理解当代批判理论资
源仍然是适用的。

比较而言，《平等》试图以马克思主义批判视角探究当代政治哲学的
核心问题，主要关注我们应当如何理解和实现这个时代的正义。自由主义

和平等主义对此无疑具有不同的立场，当平等的自由主义和自由至上主义围绕相关问题展开论争的同时，卡利尼科斯强调实践的平等主义，他在对平等的自由主义进行有限肯定的同时，提出以经典马克思主义为基础并运用当代话语表达的规范平等主义正义论。《反资本主义宣言》则以强烈的现实笔触揭示了当代资本主义导致的社会问题，他将这本书看作反对资本主义全球化运动的纲领性文本，其中基于诸多数据指出，新自由主义在经济增长率、预期寿命、婴幼儿死亡率、识字与受教育比率等方面遭遇了失败。他强调了一句颇富力度的口号："世界不是拿来卖的！"他期待在反对性别歧视、种族主义和暴力的基础上建立一个没有贫困、压迫、耻辱和团体暴力的社会。此外，在《反对第三条道路》《创造历史：社会理论中的行动、结构与变迁》《反后现代主义》《幻象之火》《历史的复仇》以及其他相关著作中，这些观点也得到了丰富的阐述。基于对《批判的资源》文本语境的解读，我们可以看到卡利尼科斯撰写这本书的思想意旨。

《批判的资源》由"导论"和八章——"现代性及其承诺：哈贝马斯和比岱""在相对主义和普遍主义之间：法国批判社会学""触摸虚空：巴迪欧和齐泽克""存在的慷慨：安东尼奥·奈格里""批判现实主义的本体论""结构和矛盾""正义和普遍性""结论"组成。前四章被统摄在题为"四种僵局"的第一部分，题为"发展的三个维度"的第二部分则包括后四章，仅从标题就可以看出，前者更多的是批判性的，而后者主要是建构性的。

卡利尼科斯在第一部分选择当代颇负盛名的一些批判理论家的思想个案做内在批判，这些思想家包括阿兰·巴迪欧、雅克·比岱、吕克·博尔坦斯基、夏娃·希亚佩洛、皮埃尔·布迪厄、于尔根·哈贝马斯、安东尼奥·奈格里和斯拉沃热·齐泽克。他们在当今学界的影响力是毋庸置疑的，但在卡利尼科斯看来，这些批判理论家"未能以他们自己的方式为社会批判提供一种可靠的哲学基础"，因而未能实现政治哲学的超越。一个卓越的批判理论家应当"有能力超越由现存的信仰和习俗所设定的限制"，特别是在马克思主义可能被边缘化的情景中，曾在不同程度上强调马克思主义哲学的这些批判理论家必须以令人醒目的方式超越资本逻辑在全球化进程中体现的实际能量，进而将社会批判置于当今政治哲学的重要位置。

卡利尼科斯遗憾地逐一指出这些批判理论家的局限性。他认为哈贝马斯过于草率地将规范性的政治哲学和解释性的社会理论融为一体，最终使实证话语失去了批判向度。而"赞同与反对马克思和罗尔斯"的比岱则缺乏严格的批判视角，在卡利尼科斯看来，反对还原论的他实际上最终陷入了还原论的泥淖。他认为博尔坦斯基、希亚佩洛和布迪厄这三位法国社会批判社会学家的思想在相对主义和普遍主义之间游弋，博尔坦斯基和希亚佩洛对资本主义新精神的阐释未能阻止商品化的无情蔓延，似乎意味着资本主义是这个时代不可逾越的思想地平线，而布迪厄的立场比较复杂，他的普遍和特殊的辩证法同样在批判力度上缺乏令人振奋的感觉。至于齐泽克和巴迪欧，他们的论述尽管精彩，却难免令人感到虚幻，实则是在激进的表述中"触摸虚无"。卡利尼科斯最后批判的是奈格里，通过解读奈格里对马克思《大纲》的研究，他认为这位激进的社会批判理论家拒绝对当代资本主义做出实质性的超越。

如果就此认为卡利尼科斯将上述社会批判理论家的思想看得一无是处，那实在是过于草率了，实际上他具体肯定了这些社会批判理论家的诸多思路，但他不满于这些批判理论的能指，也就是说它们未能在当今时代发挥如同马克思政治经济学和政治哲学在 19 世纪中后期的欧洲所发挥的实际效应。在卡利尼科斯看来，其原因或者是这些作者在立论上与马克思主义经典理论有所隔阂，或者是他们缺乏对当代资本主义进路的敏锐洞察力，总之这些社会批判理论需要被一种更合理的批判理论替代。这正是卡利尼科斯在这本书第二部分着力阐释的内容，他的替代方案主要体现为批判现实主义的本体论、马克思主义社会矛盾理论和平等主义的正义观念，而将这三种维度整合为一种理论体系，以之在理论完善的同时实际地批判资本主义新趋势，就是卡利尼科斯所强调的一种颇具发展前景的新社会批判理论。

卡利尼科斯在现实的批判语境中强化了本体论应有的位置，他认为本体论、认识论和实证科学是相互促进的，这就在批判现实主义中合理地开辟出形而上的空间。当然，更好地发展马克思主义社会矛盾理论一直是卡利尼科斯的重要理论取向，而他是在反复体会《资本论》的思想意旨和方法的过程中实现这种发展的。他不仅强调以《资本论》的方式推进当代资本主义批判的进路，而且特别看重辩证法在这种批判中的作用，从而恰当地把握了矛盾论与辩证法的关系并以之研究全球经济和地缘政治。同时，卡利尼科斯重申平等主义正义论的重要意义，这种平等主义正义论基于马克思主义经典理论而采用规范的政治哲学方法，从而以当代的分析视角和批判理路使马克思哲学精神在场，进而在更广泛的意义上实现社会平等。

综观《批判的资源》的文本结构可见，在批判当代著名社会批判理论家的过程中建构一种更合理有效的社会批判理论，是这本书的主导线索。卡利尼科斯的立足点是经典马克思主义，他解决现实社会问题的方案是共产主义，但他娴熟地整合了本体论、矛盾论和正义论的优势，从中可见重现马克思政治经济学批判的时代精神，进而在挑战现存世界秩序的过程中实现社会大多数人的幸福的合理性和必要性。尤其是在新自由主义遭遇诸多问题的现实情境下，卡利尼科斯强调不能再以后现代主义碎片化的方式解决严峻的社会难题，而应当构建一种浸润问题意识的完整的知识结构。理解这条主导线索，可以管窥全书的基本思路，其中丰富而宽广的学术研究视角以及作者对马克思主义理论复兴的强烈期待是引人深思的。

卡利尼科斯强调这是一本"哲学书"，他在批判诸多社会批判理论家的过程中形成的新批判理论体现了一种政治哲学旨趣，而马克思在当今时代仍然"是对的"无疑是其应有之义。卡利尼科斯在这里提出的批判现实主义的本体论是一种超越"现实的乌托邦"的有实际质感的希望之思，他探究的社会矛盾理论从根本上凸显了马克思主义哲学和政治经济学批判的问题导向与辩证方法，也就是要在有效批判和解决严峻的社会现实问题的过程中使社会批判理论成为一种具有合理性和正当性的政治哲学。当然，这在他论述平等主义正义论的过程中得到了更充分的发挥，而这种政治哲学思路所彰显的综合性和现实性是令人称道的。

卡利尼科斯在马克思哲学基本理路的基础上力图超越某些具体表述，他认为对自由和平等纯粹意识形态化的理解可能失去谋求在一个公正的社会里获得幸福的契机，为此需要发展一种面向全球化时代严峻现实问题的平等主义正义论。他是在重建反资本主义理论的马克思主义论域中讨论社会平等问题的，穷人经历着社会不公，但知识和资源的匮乏使之无力改变现实，他们只能以自己的方式抗争，但这种抗争会遭遇失业的危险，这甚至是一种比遭受剥削更大的不幸，问题在今天已经摆在那里，关键在于合理地解决。在卡利尼科斯看来，全球范围的工人斗争有助于实现社会公正，这实际上是一个"自下而上的全球化"过程。

当阐释这个过程的可能性时，卡利尼科斯将反资本主义全球化的运动视为"全球正义运动"，而维护公正被他看作这场运动的首要目标。在这种语境中可以直接体会到他批判当代诸多社会批判理论家的初衷，理论必须具有思辨的高度，但理论不是用来纯粹思辨的，面对诸多亟待解决的社会问题，理论必须创新且被合理地对象化。忽略这种初衷，理论将因其有效性的匮乏而在社会生活中找不到一席之地，相应的社会批判就会失去其应有的现实价值。在这个意义上，卡利尼科斯倡导的社会批判理论不是功能性的，而是内在的，因为其中确实有一种强大的本体论支撑。在这个意义上，这种新社会批判理论乃是一种激进的启蒙。

卡利尼科斯意识到社会批判理论必须具有现实的本体论向度，这固然是对后现代主义消解形而上学之后造成一地碎片的回应，却也强化了政治哲学应有的精神气质。类似主题在卢卡奇的《历史与阶级意识》中曾经得到深刻的讨论，卡利尼科斯强调这种本体论的批判现实主义特征，此举彰显了他多次提及的"超越"所具有的内在价值，以强烈的现实关怀拒绝使之泯然于传统本体论之一种。也就是说，这种批判现实主义的本体论并非传统形而上学的退守，而是在现实批判中浸润的形而上的境界。由此我们可以更好地理解卡利尼科斯对诸多社会批判理论家的质疑。他在日益复杂的资本逻辑演变的过程中看到了"悲惨世界"，而社会批判理论在他看来应当有一种必要的目的论意义，这关系到理论何为及其何以可能的问题。

对马克思主义社会矛盾理论的当代重释，是卡利尼科斯诊断当代社会的病症之后书写的一个颇具经典马克思主义色彩的哲学处方，这自然令人想起毛泽东在《矛盾论》和《关于正确处理人民内部矛盾的问题》等哲学文本中辩证阐释过的主题。卡利尼科斯将这种矛盾论视为马克思主义政治经济学批判的核心，而缺乏对社会矛盾的足够关心在他看来正是当代社会批判理论家未能成功实现批判的现实有效性的关键。他认为马克思主义不仅在今天仍然成立，而且仍然是理解当代世界的最好的方式，在经济危机和社会问题普遍存在的今天，有必要从社会矛盾和社会关系的角度理解资本逻辑蔓延的趋势，只有正确地理解社会矛盾的实质及其复杂的关系，才能在现实情境中合理地解决各种棘手或潜在的社会问题。

在社会批判理论及其对象化过程中实现广泛而实际的社会正义，是卡利尼科斯在内在批判中强化的现实主题，这种正义论的底色是平等。他坦言这种平等主义正义论受到著名政治哲学家 G. A. 科恩的影响，科恩在分析传统中释放了马克思主义正义观念的活力，而卡利尼科斯将这种活力安顿在对经典马克思主义的时代重释中。这种平等主义正义论并非致力于实现某种"拉平"，而指向一种广泛的"解放"。当诸多不平等的社会现实使穷人陷入无力挣脱的复杂境遇时，卡利尼科斯致力于探究超越资本逻辑的现实可能性，在他看来，这乃是"改变世界"的必需，也是当代政治哲学的必要探索，当然，在这方面还要走很长的一段路。

本书的翻译开始于 2013 年我在伦敦国王学院访学期间，其中很多章节是在图书馆、寓所以及往返于英国境内的火车上完成的，如今读到其中某些段落的时候，我还能约略想到最初翻译本书时的情景。访学结束后，本想尽快完成本书的翻译，但因各种事情耽搁，至今才完成译稿。由于本书涉及很多哲学家的文本和思想，为了更好地理解作者的意旨，我时常重读其中很多哲学名著的精彩段落。断断续续几年来的翻译与相关阅读，对我而言是一个加深理解的过程。在这里需要说明的是，书中引用的马克思和恩格斯的经典著作，译者在翻译时遵照马克思和恩格斯著作中文译本，并按中文版注明出处。对作者在书中提到的参见内容，则按原文注明马克思、恩格斯著作的英文版出处，主要包括《资本论》和《政治经济学批判大纲（草稿）（1857—1859）》。尽管勉力为之，但由于翻译水平有限，恐有误译之处，欢迎读者朋友批评指正。

在这个译本即将完成之际，首先要感谢卡利尼科斯教授的鼓励和帮助，他不仅为我指出了翻译本书的难度所在，而且慷慨地回答了我在翻译过程中遇到的所有问题。有时为了清楚地阐明某个概念的所指与能指，他特意绘制简洁而有趣的草图来呈现相关概念的异同。他还撰写了"中文版序言"，这有助于我们理解本书的主旨以及本书出版以来作者的新观点。我时常怀念当年与他进行学术对话的那些难忘的午后，他深邃的目光闪现着思想的力量。感谢蓝江教授和田洁博士对本书中一些哲学概念的译法提供宝贵建议。还要感谢中国人民大学出版社策划编辑徐小玲女士，她耐心地协调版权和编辑事宜，并尽力解决一切与出版相关的问题。最后感谢我的妻子姚颖博士，她对这个译本初稿提出的建议对我颇有启发，这种支持和理解已经溶化在我们学术生活的点滴之中。

2022 年深秋
于中国人民大学人文楼

图书在版编目（CIP）数据

批判的资源／（英）亚历克斯·卡利尼科斯
（Alex Callinicos）著；臧峰宇译. --北京：中国人
民大学出版社，2024.4
（马克思主义研究译丛：典藏版）
ISBN 978-7-300-32619-1

Ⅰ.①批… Ⅱ.①亚… ②臧… Ⅲ.①社会批判论
Ⅳ.①C91

中国国家版本馆 CIP 数据核字（2024）第 055621 号

"十三五"国家重点出版物出版规划项目
马克思主义研究译丛·典藏版
批判的资源
[英] 亚历克斯·卡利尼科斯（Alex Callinicos）　著
臧峰宇　译
Pipan de Ziyuan

出版发行	中国人民大学出版社	
社　　址	北京中关村大街 31 号	**邮政编码**　100080
电　　话	010－62511242（总编室）	010－62511770（质管部）
	010－82501766（邮购部）	010－62514148（门市部）
	010－62515195（发行公司）	010－62515275（盗版举报）
网　　址	http://www.crup.com.cn	
经　　销	新华书店	
印　　刷	涿州市星河印刷有限公司	
开　　本	720 mm×1000 mm　1/16	**版　　次**　2024 年 4 月第 1 版
印　　张	17.25 插页 3	**印　　次**　2024 年 4 月第 1 次印刷
字　　数	285 000	**定　　价**　98.00 元

马克思主义研究译丛·典藏版